A BÚSSOLA DO SUCESSO

PAOLO GALLO

PRINCIPAL EXECUTIVO DE RECURSOS HUMANOS
DO FÓRUM ECONÔMICO MUNDIAL

A BÚSSOLA DO SUCESSO

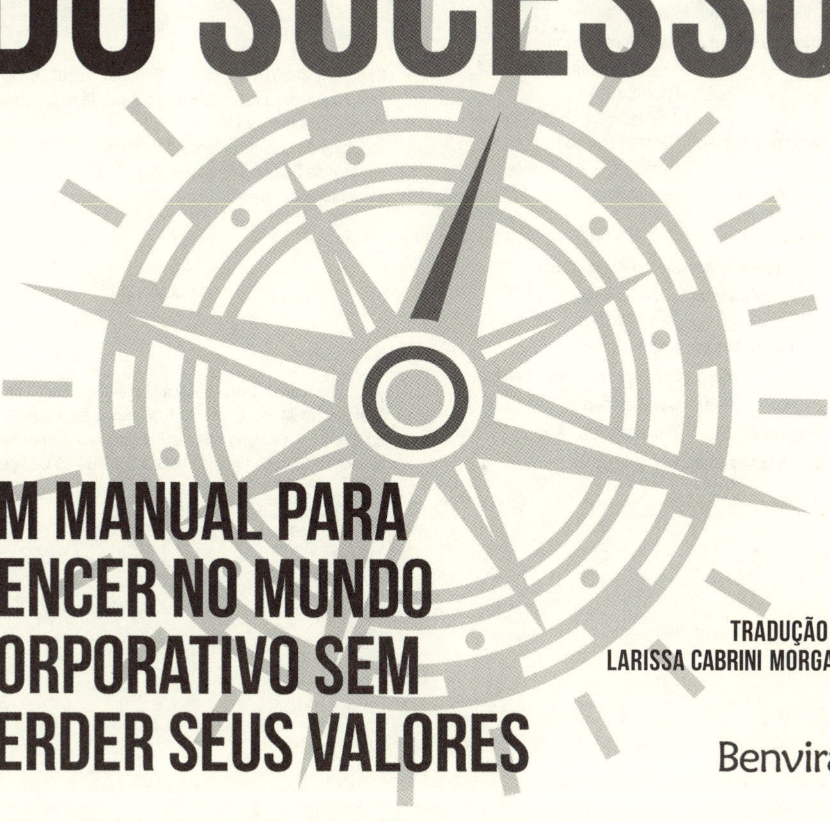

UM MANUAL PARA VENCER NO MUNDO CORPORATIVO SEM PERDER SEUS VALORES

TRADUÇÃO DE
LARISSA CABRINI MORGATO

Benvirá

SOMOS EDUCAÇÃO | Benvirá

Av. das Nações Unidas, 7221, 1º Andar, Setor B
Pinheiros – São Paulo – SP – CEP: 05425-902

SAC
0800-0117875
De 2ª a 6ª, das 8h às 18h
www.editorasaraiva.com.br/contato

Presidente	Eduardo Mufarej
Vice-presidente	Claudio Lensing
Diretora editorial	Flávia Alves Bravin
Editoras	Débora Guterman Paula Carvalho Tatiana Vieira Allegro
Produtoras editoriais	Deborah Mattos Rosana Peroni Fazolari
Suporte editorial	Juliana Bojczuk

Preparação	Diana Rosenthal Szylit
Revisão	Maísa Kawata Tulio Kawata
Diagramação	Nobuca Rachi
Mapa	Eric Fuzii / Arquivo da editora
Capa	Caio Cardoso
Imagem de capa	Thinkstock/Le_Mon
Impressão e acabamento	Edições Loyola

ISBN 978-85-5717-099-5

DADOS INTERNACIONAIS DE CATALOGAÇÃO NA PUBLICAÇÃO (CIP)
ANGÉLICA ILACQUA CRB-8/7057

Gallo, Paolo

A bússola do sucesso : um manual para vencer no mundo corporativo sem perder seus valores / Paolo Gallo ; tradução de Larissa Cabrini Morgato. – São Paulo: Benvirá, 2017.

288 p.

ISBN 978-85-5717-099-5

Título original: *La bussola del successo*: le regole per essere vincenti restando liberi

1. Carreira profissional – Sucesso 2. Emprego 3. Entrevistas (Seleção de pessoal) I. Título II. Morgato, Larissa Cabrini

17-0295 CDD-650.14
CDU-658.3

Índices para catálogo sistemático:

1. Carreira profissional – Sucesso

1ª edição, 2017

EDITAR 15902 CL 651169 CAE 620987

Este livro é dedicado ao meu pai, Renzo Gallo,
que sempre esteve ao meu lado desde que,
muito cedo, partiu.

Sumário

Prefácio

por Klaus Schwab[*]

Uma das características da quarta revolução industrial é que ela não muda apenas o que estamos fazendo, também transforma profundamente a nós mesmos e a nossa relação com o mundo: ela introduzirá mudanças a uma velocidade, tamanho e intensidade jamais vistos pela humanidade e que influenciarão a essência profunda da nossa experiência humana. Todos os setores verão seus modelos de negócio ser radicalmente transformados; os trabalhos que faremos serão muito diferentes dos atuais: as crianças de hoje se dedicarão a profissões que ainda não existem, enquanto os postos atuais desaparecerão. Cinquenta por cento da população mundial tem menos de 27 anos; possuímos tanto o maior número de vagas abertas quanto o maior número de desempregados. Como podemos ajudar essas pessoas a encontrar um emprego? Como podemos contribuir para que elas tenham um propósito, e não só um salário para viver com dignidade?

Precisamos refletir seriamente sobre como as mudanças da quarta revolução industrial influenciarão a nós e a nossa profissão.

Já na época em que eu era professor de Business Policy na Universidade de Genebra, e depois quando fundei e presidi o Fórum

* Fundador e presidente do Fórum Econômico Mundial.

Econômico Mundial, muitos alunos, colegas e amigos me pediam conselhos para suas carreiras: devo trabalhar em um banco? Em uma consultoria? Indústria? Universidade? Respondia a todos que, para ter uma carreira de sucesso, são necessárias duas ferramentas. Em primeiro lugar, uma bússola, que nos ajudará a encontrar o caminho certo, esta seria o nosso talento. E depois, um radar, que nos ajudará a evitar obstáculos, situações perigosas e caminhos inúteis. Precisamos dessas duas ferramentas em nossa jornada profissional e pessoal.

Albert Einstein disse: "Se eu tivesse apenas uma hora para resolver um problema, e a minha vida dependesse da solução, passaria os primeiros 55 minutos tentando descobrir qual seria a pergunta certa a fazer. Porque, sabendo a pergunta, eu poderia resolver o problema em menos de cinco minutos".

O autor deste livro, Paolo Gallo, é também um *coach*, um treinador mental: por isso, começa com perguntas importantes, nas quais ele – principal executivo de Recursos Humanos do Fórum Econômico Mundial – explica, com um mix criativo e envolvente, como se pode encontrar a bússola, a própria paixão e o trabalho que se adequa perfeitamente aos seus valores. Em seguida, ele nos ajuda a utilizar o radar de forma inteligente para que possamos compreender as empresas, suas culturas e suas complexidades e construir uma confiança e cooperação sincera.

Com perguntas e reflexões profundas, este livro oferece ferramentas práticas para encontrarmos um trabalho ancorado em nossa bússola moral, em nosso sistema de valores. Capítulos como "O pacto com o diabo" fornecem ferramentas práticas para que se façam as escolhas certas nos momentos difíceis que todos nós passaremos em nossas carreiras.

Como presidente do Fórum Econômico Mundial, conheci pessoalmente todos os líderes do mundo: posso garantir como é importante uma liderança baseada em valores morais, e como a confiança ética só pode ser restabelecida se formos realmente capazes de aprender a cooperar em vez de competir ou, muito pior, roubar no jogo.

A partir da leitura do livro de Paolo Gallo, acredito que o próprio conceito de carreira de sucesso se transformará completamente, tornando-se algo bem diferente do modelo que pensamos hoje em dia, mais profundo e mais importante para todos nós, e não só para poucos escolhidos. Esse novo conceito do que *realmente* é uma carreira de sucesso, e do que importa de verdade, está 100% alinhado com a missão do Fórum Econômico Mundial fundado por mim: melhorar o mundo, começando pelo modo como nos relacionamos uns com os outros como seres humanos.

Estamos no começo da quarta revolução industrial, em um período histórico de transformação radical e de mudanças profundas: precisamos ancorar nosso ser em nossos valores. *A bússola do sucesso* nos ajuda a refletir sobre o que realmente importa e a continuar a ser pessoas honestas, fazendo com paixão aquilo que amamos.

Introdução

O primeiro dia de aula

Certa vez, meu pai fez uma importante promessa para mim e para minha irmã gêmea: garantiu que estaria presente em nosso primeiro dia de aula. Ele trabalhava no Brasil e voltava para a Itália apenas duas vezes por ano, em agosto e no Natal. Quando o fatídico dia finalmente chegou, nós acordamos e vimos que nosso pai não estava em casa. Sentimos um grande desapontamento, amenizado, porém, pelo entusiasmo do início das aulas. O primeiro dia passou muito rápido, e, quando o sinal da saída tocou, nosso pai estava nos esperando no portão. Vê-lo ali foi para mim uma felicidade sem tamanho e, junto com a minha irmã, pulei nos braços dele. Durante o trajeto de volta para casa, nós o inundamos com as nossas histórias: o que tínhamos feito, os nomes dos novos amigos da escola, a professora, a lousa com todos os gizes coloridos, o mapa da Itália na parede.

Em casa, durante o almoço, a conversa continuou. Quando acabamos de comer, meu pai quis falar primeiro com a minha irmã e depois comigo; eu o segui até a sala e ele me pediu para sentar à sua frente. Ele ficou em silêncio durante alguns segundos, depois me olhou nos olhos e disse: "Paolo" – era a primeira vez que me chamava pelo meu nome; para toda a minha família sempre fui o Paolino. *"Paolo, a partir de amanhã, não conte o que você fez, mas pergunte a si mesmo se você ama o que faz, o que aprendeu e se conseguiu ajudar os outros: o resto não importa"*. Colocou a mão nas minhas costas, me olhou mais uma vez nos olhos, como se eu fosse um adulto, e se levantou. Algumas horas depois, pegou o avião de volta para o Brasil: ele tinha mantido sua promessa.

Entre os milhões de palavras que ouvi e li com o tempo, *aquela frase* do meu pai, pronunciada no dia 1º de outubro de 1969, foi a que influenciou a minha vida de forma mais profunda. O que aprendi com aquela frase? Aprendi a não pensar nas respostas certas se, antes, não tiver formulado as perguntas certas: eu amo o que faço? Estou aprendendo alguma coisa? Estou ajudando alguém? *O resto não importa.*

Há muitos anos trabalho como responsável pela gestão de pessoas, cargo também conhecido como gestor de Recursos Humanos. Durante meu trabalho, pude verificar como é mais importante começar com as perguntas certas do que tentar adivinhar as respostas. Albert Einstein disse: "Se eu tivesse apenas uma hora para resolver um problema, e a minha vida dependesse da solução, passaria os primeiros 55 minutos tentando descobrir qual seria a pergunta certa a fazer". Pude observar centenas de carreiras e me perguntei: "Por que apenas alguns de nós têm sucesso, enquanto outros se limitam a sobreviver, e muitos desistem?". Escolhemos uma profissão levando em consideração nossa paixão e nosso talento? Entendemos as regras do jogo, a cultura organizacional, para não ficarmos *lost in translation*, perdidos na tradução? Somos capazes de construir a confiança com pessoas em quem podemos confiar? Que preço estamos dispostos a pagar pela nossa carreira? Qual é o momento certo para ir embora? Como avaliamos o sucesso profissional? Como não perder a liberdade? O que realmente importa?

Este livro procura, partindo sempre de perguntas, fornecer pontos de reflexão, instrumentos e sugestões práticas para ter ou, melhor dizendo, *ser* uma carreira de sucesso. Mas uma carreira definida de acordo com parâmetros decididos por nós mesmos, não pelos outros, e que, sem dúvida, não se baseiam apenas no lucro ou no sucesso a qualquer custo, sem refletir sobre as consequências.

Eu sei, alguns irão me considerar louco ou, pior, vão me ver como uma pessoa mimada e *choosy*, difícil de agradar, e irão me lembrar de que ter um emprego nos dias de hoje pode ser considerado praticamente um milagre. São argumentos compreensíveis: até mesmo a chance de poder escolher um trabalho, considerando as taxas de desemprego altíssimas, pode parecer um meio caminho utópico entre um luxo de velhos tempos e um sonho pouco realista, ou até mesmo irrealizável. No entanto, tenho certeza do contrário. *Apenas escolhendo e construindo uma carreira alinhada com os nossos valores, com os nossos objetivos e com as nossas motivações profundas, seremos capazes de realizar um ótimo trabalho e, consequentemente, teremos sucesso e gratificações.*

Nesse pequeno jogo de palavras, esconde-se um dos segredos: se escolhermos conscientemente a profissão e a cultura correta para nós, *não faremos um trabalho, mas seremos o trabalho que fazemos*. Estou falando de autenticidade, de ser aquilo que fazemos, de não interpretar um papel oito horas por dia. Participei da festa de aposentadoria de uma pessoa que tinha passado 28 anos na mesma empresa. A sua última frase foi: "Eu vim para a empresa durante quase trinta anos, mas sempre deixei meu coração em casa". Uma tristeza infinita, uma vida profissional jogada no lixo, um talento desperdiçado em tantos anos de interpretação medíocre e, ainda por cima, mal retribuída. Vale a pena?

Se escolhermos uma carreira baseando-nos em critérios errados ou estabelecidos por outras pessoas, eventualmente seremos obrigados a interpretar um papel em uma desoladora peça escrita por outras pessoas, na qual temos apenas uma participação insignificante. Quando vamos jantar em um restaurante, quem escolhe o que vamos comer? Nós mesmos, não? Ótimo, então, se somos perfeitamente capazes de tomar uma decisão com autonomia sobre questões menores, como um prato no restaurante, nosso dever de agir do mesmo modo com relação à nossa carreira é maior ainda, porque somos os autores das nossas escolhas profissionais. A esse propósito, Viktor E. Frankl, autor do livro *Em busca de sentido*, nos deixou um ensinamento fundamental: podem nos privar de tudo, mas nunca da possibilidade de realizar escolhas autônomas, até mesmo nas situações mais desesperadoras.

Este livro foi escrito para contar histórias relevantes, retiradas de diversas fontes, como a mitologia grega, o esporte, a política norte-americana, a história, breves casos empresariais e pessoais, eventos do noticiário e alguns conceitos e teorias de administração e *coaching*, ao lado de muitas citações de livros, filmes, músicas, artigos, vídeos, discursos e *sites* que contribuíram à narrativa.

Reconheço que sempre *joguei fora de casa*. Passei 23 anos no exterior: doze em Washington, nove em Londres e dois em Genebra, onde moro atualmente. Tive a sorte de trabalhar com pessoas extraordinárias, em mais de sessenta nações diferentes. Essa experiência certamente contribuiu para me oferecer uma perspectiva particular, incluindo as lentes que uso para observar a Itália, que, como disse Leonardo Sciascia, "de longe dói menos". A minha experiência profissional e, sobretudo, humana me convenceram de que *todas as pessoas têm ao menos um talento particular que está apenas à espera de ser descoberto, encorajado e utilizado*. Tenho certeza de que posso ser útil, de que posso contribuir para convencê-los não apenas a não desistir, mas a utilizar estratégias e caminhos que vocês nem imaginavam existir. As histórias que vocês irão ler são todas verdadeiras: vou revelar segredos, mostrar truques e oferecer instrumentos, na esperança de que possam ser úteis, pragmáticos e também divertidos.

Ao mesmo tempo, quero esclarecer que não serei eu a lhes dar "a Resposta" que vocês estão procurando, e muito menos a lhes dizer o que devem ou não devem fazer. Que autoridade eu tenho para fazer isso? O meu papel será ajudá-los a formular a pergunta certa e acompanhá-los na viagem. De fato, ninguém pode nos fornecer as respostas corretas: devemos encontrá-las dentro de nós. O sucesso profissional não é um milagre ou um lançamento de dados; se não conseguirmos obter esse sucesso, não podemos culpar ninguém além de nós mesmos: nós é que guiamos a nossa vida, e sempre temos escolhas a fazer, como pessoas livres, sabendo que a felicidade consiste na viagem, e não no destino final. Na viagem nunca estaremos sozinhos, então cabe a nós escolher nossos parceiros de aventura.

O livro está dividido em três partes: "Paixão", "A bússola" e "Liberdade".

A pergunta que dá o tom do Capítulo 1 é: "Como descobrir qual é a nossa *Paixão*?". Aprendi o que é isso com um artista de rua, Geraldo, que pintava aquarelas na rua principal de Antígua, um incrível vilarejo colonial nos planaltos da Guatemala. Naquela rua havia muitos artistas que desenhavam paisagens, mas as obras de Geraldo me tocaram muito: elas tinham uma luz única. Durante uma tarde de chuva torrencial, notei que não havia nenhum outro artista além de Geraldo, que, debaixo de um grande guarda-sol, continuava pintando, imperturbável. Fui até lá para comprar uma de suas aquarelas, mas ele só tinha a que estava terminando. Perguntei o preço daquela obra e ele me respondeu: "Cinquenta dólares". Tentei negociar um desconto porque não estava terminada. Geraldo me respondeu que normalmente vendia suas aquarelas por 25 dólares, mas, por aquela que eu queria comprar, eu tinha de pagar cinquenta. Não entendi. Geraldo me explicou: "Você tem de pagar o dobro porque *está me negando a felicidade que sinto ao terminar um trabalho que amo*". Eu lhe dei cinquenta dólares, feliz de ter aprendido uma lição inesquecível e sem preço.

A segunda parte do livro, "A bússola", ajudará a nos orientarmos. Ela está dividida em vários capítulos baseados em uma série de perguntas.

No Capítulo 2, vamos nos perguntar: "Como entender qual é a praia, a cultura certa para nós?". Depois de uma introdução teórica sobre o que é a cultura, vocês terão à sua disposição instrumentos práticos para entender a cultura de uma organização.

No Capítulo 3, vamos responder à pergunta: "Como fazemos para chegar aonde queremos, para sermos contratados pela empresa certa para nós?". Nesse capítulo, vocês terão muitas sugestões práticas e úteis sobre como, por exemplo, escrever um currículo, enfrentar uma entrevista e saber se as empresas estão lhe dizendo a verdade.

O Capítulo 4 responde a uma questão-chave: "Como obter confiança, sabendo que ela é o ingrediente mais importante em todas as relações?". Aqui, vocês encontrarão uma fórmula com todos os elementos que contribuem para conquistar ou destruir a confiança.

O Capítulo 5 será dedicado às perguntas: "Em quem posso confiar? Como entender as regras do jogo?". Entraremos em um zoológico – ou, melhor, em uma selva – onde encontraremos vários tipos de *animais* que devemos necessariamente aprender a distinguir. Irei surpreendê-los demonstrando que estamos rodeados de heróis invisíveis ou que temos, aqui e agora, a possibilidade de nos transformar em heróis.

O Capítulo 6 nos colocará frente a frente com uma questão fundamental que nos obrigará a fazer uma escavação profunda em nossa alma: "Qual preço estamos dispostos a pagar para ter uma carreira de sucesso?". Compartilharei com vocês histórias de pessoas que fizeram um "pacto com o diabo".

A terceira parte do livro, "Liberdade", também será caracterizada por perguntas.

Os temas do Capítulo 7 serão: "Como ter uma carreira de sucesso? O que pode nos ajudar? Quais erros devemos evitar?".

"Should I stay or should I go?", diz o Capítulo 8: qual é o melhor momento para deixar uma organização? Como, de fato, somos avaliados?

O Capítulo 9 é o último: "O que realmente importa? O que quer dizer ter sucesso segundo os nossos valores individuais, e não de acordo com os critérios estabelecidos pelos outros? Por qual capital somos de fato responsáveis?".

Boa leitura, bom divertimento e boa viagem.

PRIMEIRA PARTE

PAIXÃO

1

O tesouro escondido

Os dois dias mais importantes da sua vida são:
o dia em que você nasce e
o dia em que você descobre o porquê.
MARK TWAIN

O tesouro e a viagem dentro de nós

Os deuses das trevas haviam se reunido para decidir onde esconder a felicidade, o tesouro mais precioso do homem.

"Vamos esconder a felicidade no topo da montanha mais alta", propôs um deles. "Não vale a pena", pensaram os outros, "mais cedo ou mais tarde o homem irá escalar as montanhas e a encontrará." "Então, vamos escondê-la no fundo do mar, no ponto mais profundo." "Não vale a pena, porque mais cedo ou mais tarde o homem aprenderá a chegar até mesmo ao fundo do mar." "Então vamos escondê-la nas terras mais distantes e inacessíveis", mas essa solução também foi descartada: não valia a pena, mais cedo ou mais tarde o homem alcançaria até mesmo aqueles lugares.

Passaram-se longos minutos de silêncio. Depois, o mais esperto e malvado dos deuses das trevas tomou a palavra e disse: "Eu encontrei a solução. Vamos esconder a felicidade no fundo do coração de cada homem: assim, eles ficarão tão absortos e preocupados em correr para terras distantes, escalar montanhas e atravessar mares que, com certeza, nunca olharão dentro do próprio coração; vamos condená-lo a uma caça ao tesouro por toda a eternidade!".

Os deuses das trevas ficaram muito contentes e riram satisfeitos da própria malícia, confiantes em sua escolha. Eles iriam triunfar, e o homem permaneceria para sempre infeliz, em uma busca perene pelo tesouro escondido: a própria felicidade.

Mas então, em um dia de primavera...

Continuamos juntos essa história? *O tesouro está dentro de nós.*

Vamos refletir sobre o significado dessa frase, inclusive de um ponto de vista profissional. Dizer que "o tesouro está dentro de nós" significa que a nossa felicidade não será o resultado de circunstâncias externas, alguma coisa ou alguém "fora de nós", que não podemos controlar. Pelo contrário, a felicidade no nosso trabalho será a consequência das escolhas que fazemos "dentro de nós": assim, nós é que guiaremos nosso destino profissional, mas com uma condição obrigatória. *Devemos saber quem somos, descobrir qual é a nossa verdadeira paixão, o nosso talento e os valores nos quais acreditamos profundamente.* Se aceitarmos esse princípio, nos tornaremos quem realmente somos, seremos autênticos, teremos confiança em nós e nas pessoas ao nosso redor.

Assim, a frase "conhece-te a ti mesmo", dita por Sócrates há quase 2.500 anos, torna-se o ponto de partida dessa viagem que faremos juntos. Se aprendi alguma coisa em 25 anos de carreira é que todos possuem um talento precioso que deve ser revelado, um verdadeiro tesouro; mas não basta descobri-lo: é necessário utilizá-lo e colocá-lo em prática, ao serviço dos outros. O mundo está cheio de pessoas com um enorme talento "mofando no porão", e muitos abandonam o palco sem sequer ter cantado a própria música. Mozart, Dante, Picasso,

Neruda, Mandela, Gandhi nos deixaram suas obras e seus ensinamentos – não se limitaram a constatar, satisfeitos, que tinham um talento imenso, um dom divino.

A viagem mais importante, significativa e fascinante da nossa vida não é a que fazemos ao topo das montanhas, à profundeza dos mares ou às terras mais distantes, mas sim a que realizamos dentro de nós para sabermos quem somos, o que queremos fazer da nossa vida e o que realmente importa. Não é uma viagem fácil, porque nela também encontramos impostores e charlatões que dizem possuir – mediante pagamento prévio – *a resposta* pronta para nós; resposta que, no entanto, *somente nós* podemos encontrar. A viagem, no início, nos coloca em uma posição difícil, uma espécie de ansiedade comparável àquela dos navegantes que deixam as costas e as terras conhecidas para se aventurar em mares e terras ainda misteriosos.

Iniciaremos explorando hipóteses, possibilidades e opções e, assim, exatamente como navegadores, começaremos a enxergar de longe um ponto de chegada. Então, novos caminhos e possibilidades irão surgir, e essa será a nossa nova direção. Descobriremos, como escreveu Mark Twain, que os dois dias mais importantes da nossa vida são o dia em que nascemos e o dia em que descobrimos o porquê.

Portanto, os objetivos deste livro são três: o primeiro é descobrir o nosso tesouro escondido; o segundo é encontrar e entender a empresa e a profissão que desejamos; e o terceiro é permanecer livres, porque entendemos o que realmente importa.

Tenho uma tarefa e uma promessa: durante essa viagem que faremos juntos, terei dois papéis. Começando neste primeiro capítulo, serei, antes de mais nada – mas somente se vocês o permitirem –, seu *coach* e treinador mental, por meio das perguntas que lhes farei.

Além disso, serei seu consultor, colocando a minha experiência à sua disposição para que vocês possam encontrar a profissão que desejam, para que adquiram confiança *nos outros* e *dos outros* como pessoas honestas, para que evitem armadilhas e escolhas erradas, para que aprendam a conhecer uma organização e as pessoas que fazem parte dela, construindo uma carreira de sucesso.

Mas o papel mais importante será o de vocês: como se diz em inglês, vocês estarão *on the driving seat*, no lugar do motorista. Estar no volante significa também saber escolher quem serão os seus companheiros de viagem, uma escolha importantíssima, pois nunca estaremos sozinhos. Para que a viagem seja bem-sucedida, partindo de algumas perguntas, devemos criar as seguintes condições.

- Condições psicológicas para encontrar o tesouro: como ser criativos, ter tempo para refletir e confiar em nós mesmos?
- Como descobrir e criar a nossa *core identity*, nossa identidade pessoal, a base para a busca do nosso trabalho? No que acreditamos?
- Como podemos entender e evitar os obstáculos ao longo da nossa viagem em busca do tesouro escondido? O que conseguiríamos fazer se não tivéssemos medo?

Criatividade

Muitos de nós frequentamos academias, esquiamos, jogamos tênis ou futebol, praticamos natação, fazemos cursos de ioga ou corremos, reconhecendo a sagrada necessidade de nos manter em forma, conscientes de que devemos exercitar o nosso corpo. Pergunta: também mantemos o cérebro em movimento para melhorar nosso modo de raciocinar? Não podemos resolver um problema com a mesma mentalidade que o criou. Se nunca havíamos pensado nisso antes, ainda temos a chance de exercitar a nossa mente para readquirir as capacidades que não praticamos, exatamente como os músculos do corpo que não foram treinados nem exercitados. Para poder encontrar o nosso tesouro escondido precisamos ser criativos. Antes de começar, vamos fazer alguns exercícios mentais de aquecimento.

Exercício 1

Una todos os pontos desta figura com quatro linhas, e sem tirar a ponta da caneta da folha:

Exercício 2

Calcule, em menos de um minuto, a soma dos números de 1 a 1.000.

Exercício 3

Explique o que é um *nanossegundo*.

Vamos resistir por um momento à tentação de olhar as respostas, e refletir para entender o que acontece na nossa cabeça quando tentamos resolver um problema.

No primeiro exercício, o dos nove pontos, muitos pensam que estão observando um quadrado. A consequência lógica será, então, procurar a solução dentro do quadrado, mas a solução "dentro do quadrado imaginário" não existe se NÓS mesmos colocamos limites que só existem na nossa cabeça. A solução será traçar linhas fora do quadrado.

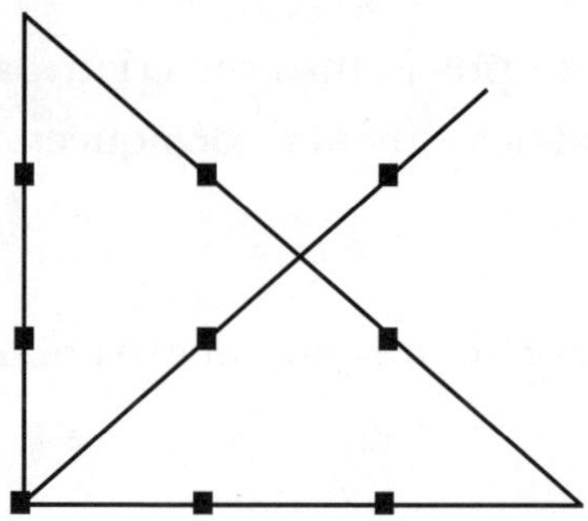

No segundo exercício, começamos de imediato a fazer as contas: 1 + 2 = 3, 3 + 4 = 7, 5 + 6 = 11; em seguida, depois de outras adições, nos confundimos e perdemos o ânimo, porque sabemos que com a nossa velocidade e capacidade de cálculo um minuto não será suficiente para somarmos os números de 1 a 1.000.

Vamos considerar o problema de outra maneira, de um ponto de vista visual, colocando os números em uma linha contínua.

1, 2, 3,...998, 999, 1.000

Temos uma série de duplas de números: 1 e 1.000 nas pontas, cuja soma é 1.001, depois 2 e 999, cuja soma é sempre 1.001, 3 e 988, sempre 1.001. Quantas duplas? A metade de 1.000, obviamente, então temos quinhentas duplas de números cuja soma é sempre 1.001. O resultado será, portanto 500 x 1.001 = 500.500.

A resposta do terceiro exercício é: existe um bilhão de nanossegundos em um segundo. Tecnicamente, essa é a resposta correta. Podemos também nos deslocar do conceito de tempo para o de espaço: a velocidade da luz é de aproximadamente 300.000 quilômetros por segundo, então podemos calcular a distância que a luz percorre em um nanossegundo? Vamos dividir a velocidade (300.000 quilômetros por segundo) pelo tempo (um milionésimo de segundo) e eis a distância percorrida: aproximadamente 30 centímetros, o tamanho do nosso pé: de fato, na física, o nanossegundo se chama *light foot*!

Esses breves exercícios de aquecimento para desenvolver a nossa agilidade mental nos ajudam a entender que, com frequência, enquadramos os nossos problemas em uma lógica rígida que não nos permite enfrentá-los e resolvê-los. Do que precisamos para ser criativos? Muitas disciplinas já trataram dos processos de tomada de decisão. Para dar indicações práticas e divertidas, vou recorrer a um dos meus livros preferidos: *A Kick in the Seat of the Pants*, de Roger von Oech.[1] O autor nos diz que, quando tomamos decisões com o objetivo de ser criativos, devemos ser, ao mesmo tempo, exploradores, artistas, juízes e guerreiros.

Exploradores: quando procuramos informações, dados e novos caminhos para nosso trabalho, devemos nos comportar como exploradores. Lembremo-nos de que, como disse o filósofo Émile-Auguste Chartier, nada é mais perigoso do que uma ideia se esta é a única que possuímos. As regras para nos transformarmos em exploradores são: ser curioso, sair da zona de conforto, quebrar esquemas mentais, interrogar-se sobre os porquês e não se impor limites que não existem (por exemplo, "ver" um quadrado que não existe). O que isso quer dizer na prática? Vou contar a história de Jeff: ele trabalhava como funcionário público na Receita Federal e tinha um bom salário. Uma vez, ouvindo seus dois filhos conversarem com amigos, todos estudantes universitários, ele desenvolveu um grande interesse, quase uma paixão, por ajudar estudantes universitários a identificar seu próprio percurso profissional. Jeff, então, obteve o certificado para se tornar um *coach*, um treinador mental, e desenvolveu um projeto de negócio. Em seguida, enviou uma apresentação às universidades mais renomadas, propondo um serviço de suporte e de aconselhamento de carreira para estudantes. Cerca de dois anos depois, Jeff recebeu seis ofertas de trabalho: um verdadeiro explorador que se aventurou em terras desconhecidas e encontrou seu trabalho ideal.

Artistas: quando os recursos se transformam em ideias, nos tornamos artistas. Picasso escreveu: "Alguns pintores transformam o sol em um ponto amarelo, outros transformam o ponto amarelo em um sol". Conseguimos visualizar um futuro profissional diferente e melhor? Como conectamos elementos aparentemente diferentes? Quais regras podemos quebrar ou modificar? Perguntamos com frequência "o que aconteceria se..."? Como conseguimos colocar em prática a nossa paixão e o nosso talento no trabalho? Vamos pensar nos empreendedores que conseguiram criar, por meio de ideias próprias, produtos e serviços extraordinários. Lembro de Nerio Alessandri, que, com apenas 22 anos, começou a criar equipamentos de ginástica, lançando a pedra fundamental da criação da Technogym, companhia italiana líder no mundo, uma preciosidade. Não é necessário ser um empreendedor para pensar como um deles. Estamos observando o que há ao nosso redor, enxergando oportunidades para resolver problemas de trabalho? Há alguns anos, quando eu trabalhava na International Finance Corporation, li um relatório que evidenciava como alguns projetos tinham gerado perdas volumosas porque não tínhamos conduzido uma análise detalhada da gestão das empresas em que investíamos. Escrevi uma proposta com o intuito de incorporar um novo serviço que cobrisse essa deficiência. Ela foi aprovada e, assim, consegui unir a minha paixão por viagens à minha experiência profissional.

Juízes: quando avaliamos de modo sério e objetivo se as nossas ideias podem ser postas em prática, nos tornamos juízes. Para serem exequíveis, nossas aspirações devem ser realistas e estar conectadas ao nosso potencial. Por exemplo, aos 50 anos de idade é impossível se tornar um atleta ou um músico aclamado se estamos começando do zero, mas podemos nos tornar empresários de esportistas ou de músicos, trabalhando em ambientes que nos aproximam de nossas aspirações. Devemos avaliar os dados, ponderar os prós e os contras, entender se a época é propícia, saber quais são nossas premissas, escutar quem está próximo de nós. Um erro clássico é confundir a nossa paixão com o nosso talento. Podemos ser apaixonados por música, mas isso não nos torna automaticamente cantores com os dons de Pavarotti ou Bono Vox. O programa de TV *X Factor* mede exatamente a distância entre a paixão (abundante em todos os concorrentes) e o talento (apenas alguns concorrentes possuem um talento verdadeiro). Ao sermos juízes de nós mesmos em âmbito profissional temos de avaliar continuamente as nossas capacidades e evitar a arrogância. Napoleão disse aos seus generais antes da batalha de Waterloo: "Wellington não é um bom general e os ingleses não são bons soldados. Liquidaremos essa tarefa até a hora do almoço".

Guerreiros: tendo acionado o explorador, o artista e o juiz, só nos resta vestir a armadura e, como guerreiros, avançar decididos em direção aos nossos sonhos profissionais, para traduzir as nossas ideias em ações, em nossa nova profissão. Todos querem ter uma profissão cheia de realizações, mas poucos estão dispostos a lutar por ela. Uma bela expressão em inglês diz "*fire in the belly*", "fogo no umbigo": uma espécie de chama sagrada que nos motiva a não parar e a não desistir jamais. Quando encontrei Lance Mackey,[2] conheci um verdadeiro guerreiro: nascido em Fairbanks, pequena cidade do Alasca, Lance tivera um tumor na juventude. O que ele decidiu fazer? Participar da famosa corrida de trenó de cães do Yukon, de aproximadamente mil quilômetros, a temperaturas que chegam a até quarenta graus abaixo de zero. Lance venceu durante quatro anos consecutivos, de 2005 a 2008; em 2007 se inscreveu na corrida de trenó de cães de Iditarod, a mais difícil de todas, de cerca de 2 mil quilômetros, no Alasca, no inverno, no escuro, coisa de doido. Lance venceu de novo por quatro anos seguidos, de 2007 a 2010, conseguindo a façanha – definida por todos como impossível – de vencer as duas corridas no mesmo ano. Eu lhe perguntei qual é a sensação de conseguir fazer algo definido como impossível. Ele me respondeu: "A definição obviamente não foi dada por mim; eu queria provar para mim mesmo que era possível". Lance me disse também que seu êxito deveu-se sobretudo aos cães que puxavam o trenó, que ele adorava, e me revelou um segredo: "É muito simples, eles também me adoram, porque sabem que eu jamais os abandonaria e que me alimento só depois deles". Uma lição extraordinária de liderança: o verdadeiro líder não abandona ninguém e se alimenta depois, não antes. Lance é um verdadeiro guerreiro. A pergunta é: estamos dispostos a lutar pela nossa profissão?

Refletir e confiar em nós mesmos

O mundo ao nosso redor está mudando com uma velocidade impressionante, mais rápido do que somos capazes de mudar a nós mesmos. Para encontrar o tesouro dentro de nós, precisamos parar, e se a velocidade aumenta, precisamos nos dar uma pausa, refletir e nos fazer algumas perguntas. O que já aprendemos?

Para encontrar o tesouro dentro de nós, precisamos de silêncio e de reflexão. O termo *mindfulness*, "meditação", está alcançando enorme sucesso: significa estar presente *aqui e agora*, experimentar uma sensação de liberdade psicológica que pode ser vivida somente quando estamos tranquilos por dentro, sem fazer julgamentos. Pensemos no nosso trabalho, nos momentos em que estamos totalmente imersos naquilo que fazemos, em que perdemos a noção do tempo, felizes de aplicar o nosso talento à elaboração de algo que amamos. Reflitamos sobre o denominador comum das decisões profissionais que tomamos: se, por exemplo, sempre escolhemos trabalhos e ocupações pensando na retribuição e no lucro, esquecemos alguma coisa importante? Reflitamos sobre as escolhas profissionais que fizemos: conscientes do que sabemos agora, faríamos a mesma escolha de novo? Já tentamos demonstrar que tínhamos razão – com os nossos colegas de trabalho, por exemplo – mesmo quando estávamos errados? É melhor procurar ter razão ou ser feliz?

Confiança em nós mesmos: entre 0 (= não tenho confiança em mim mesmo) e 10, que nota nos damos? Para preparar este capítulo, contei quantas vezes em um mês ouvi pessoas relatarem uma total falta de confiança em si e parei quando cheguei ao centésimo exemplo. "Não tenho habilidade para aprender línguas", "Não sou bom com números", "Não entendo quase nada de política, tecnologia, computadores...", "Não sou um bom chefe", "Não consigo encontrar tempo", "Nunca fui um bom advogado como...", "Nunca conseguiria fazer um discurso para um público tão grande", "Não sou bom em aconselhar pessoas", "Não tenho energia para administrar esse projeto", "Não vou mandar meu currículo para aquela vaga pois há muitos candidatos, nunca vão me contratar", "Não consigo ser um bom pai e um bom colega", "Existem tantos candidatos mais jovens, melhores do que eu", "Não tenho nem recursos nem tempo para aprender e estudar sozinho", "Não tenho coragem para tentar", "Agora já é tarde demais, eu sou muito velho para começar", "Sou jovem demais, não tenho experiência, nunca vou conseguir", "Ninguém me dá atenção, melhor deixar pra lá". E os exemplos podem continuar... O problema é que, se repetirmos três vezes qualquer uma dessas frases, realmente vamos acreditar no que dizemos e, depois de um tempo, os outros também acreditarão.

Vamos fazer outro exercício: pense agora nos momentos em que você teve sucesso. Uma prova na escola, um trabalho bem realizado, uma competição esportiva, um objetivo alcançado, uma língua aprendida, um livro lido até o fim, uma pessoa com a qual você conseguiu criar uma boa relação de amizade, uma oferta de trabalho, uma mudança de cidade ou de país, um projeto complexo que você conseguiu terminar. Precisamos confiar em nós: ninguém nos oferecerá um trabalho se não tivermos fé em nossas capacidades. Como crianças que aprendem a andar, vamos cair algumas vezes, mas não serão derrotas, e sim tentativas para chegar lá sozinhos, com as nossas próprias pernas. Na minha vida profissional, já encontrei inúmeros candidatos e colegas sem confiança em si *sem nenhum motivo para isso*. Cíntia me disse com muita tristeza que havia falhado, que não era tão eficiente quanto uma colega sua porque levou dois dias a mais para escrever um relatório. Ela esqueceu, contudo, que tem dois filhos pequenos para cuidar e que escreveu o relatório usando sua terceira língua, enquanto estava viajando e organizando um congresso para duzentas pessoas. Eu mostrei isso a ela, e a sua "derrota" se transformou em um sorriso maravilhoso. Tenham confiança em si, vale a pena!

Tempos atrás, tive a oportunidade de ver uma apresentação de um famoso fotógrafo da *National Geographic*: ele nos mostrou algumas fotografias incríveis tiradas em uma ilha do Caribe, com suas praias maravilhosas, mar cristalino, palmeiras e céu azul, que confirmavam o nosso imaginário quando visualizamos mentalmente uma praia caribenha. Depois, nos mostrou outras fotografias, clicadas nos mesmos lugares, mas com lentes diferentes e em vários momentos do dia. Os mesmos lugares nos pareceram irreconhecíveis, nem melhores nem piores, mas em uma perspectiva diferente, uma outra luz e um outro ângulo. O fotógrafo nos perguntou: "Quantas lentes vocês têm na própria vida? Se usarem sempre a mesma lente, vão tirar sempre as mesmas fotografias".

Vamos refletir sobre essa pergunta com um breve exercício visual: imaginem o mapa do mundo. Fechem os olhos por dez segundos até que vocês o *vejam à sua frente*.

Agora abram os olhos: vocês imaginaram *o mapa* desta página?

Aposto que, assim como eu, vocês não imaginaram *esse* mapa. O motivo é que, desde o primário, nós observamos e estudamos apenas mapas desenhados com uma perspectiva diferente, com a Europa no centro, a África no sul, a Ásia no leste e a América no oeste. Se vocês forem para a Austrália, verão que eles desenham o mapa "ao contrário": mas ao contrário em relação a quê? Entenderam? É assim que, refletindo profundamente, poderemos saber se possuímos uma única lente, se analisamos os problemas através de uma única perspectiva, ou se, em vez disso, conseguimos ler os mapas ou, em outras palavras, a realidade ao nosso redor com lentes e perspectivas diferentes.

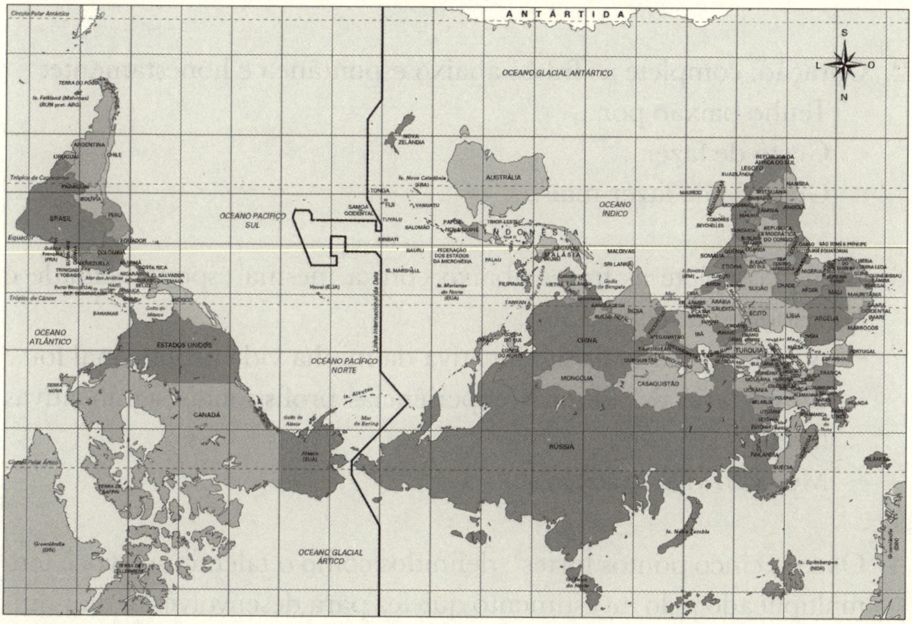

Identidade pessoal e profissional

Eu os convido a pegar um lápis, sentar em um lugar confortável e silencioso, e se presentear com uma hora de atenção total sem interrupções. Desliguem o *smartphone*, a televisão, fechem a porta e mantenham-se conectados *apenas com vocês mesmos*. Tudo pronto? Vou lhes fazer algumas perguntas que pedem uma reflexão séria sobre um assunto extraordinariamente interessante: vocês, só vocês. As reflexões baseiam-se em seis perguntas.

1. Escolha as cinco palavras que melhor descrevem quem é você, não o que você faz:
   –
   –
   –
   –
   –

2. Coração: complete as frases abaixo espontânea e honestamente:
   – Tenho paixão por...
   – Gosto de fazer...
   – Gostaria de fazer mais...

3. Alma: complete as frases abaixo com a mesma espontaneidade e honestidade das anteriores:
   – A experiência mais significativa da minha vida profissional foi...
   – Eu gostaria de adquirir experiências profissionais significativas fazendo...
   – Me sinto vivo quando...

4. Os seus cinco pontos fortes[3] (definidos como o talento que você tem multiplicado pelo investimento que fez para desenvolvê-lo) mais importantes são:
   –
   –
   –
   –
   –

5. O que mais te deu felicidade e energia no passado, e o que isso significou para você?
Exemplos: "O primeiro salário significou independência econômica"; "Obter uma oferta de trabalho significou um reconhecimento das minhas capacidades profissionais".
–
–
–
–
–

6. Quais são os cinco valores, princípios e palavras com os quais você se identifica, que mais te inspiram e te motivam?
Exemplos: Reflexão, Competição, Espiritualidade, Ordem, Integridade, Criatividade, Felicidade, Liberdade, Conhecimento, Amizade, Responsabilidade, Poder, Amor, Sabedoria, Família, Segurança econômica, Fidelidade, Aventura, Coragem, Transformação, Heroísmo, Paz, Equilíbrio, Riqueza, Solidariedade, Desenvolvimento pessoal, Beleza, Arte, Paixão, Inovação, Flexibilidade.
–
–
–
–
–

Antes da última pergunta, vamos fazer uma pausa por alguns minutos e reler com atenção o que escrevemos. O que observamos? Quais temas e princípios aparecem com frequência? Refletindo sobre o que emergiu dessa breve análise introspectiva, aprendemos algo novo sobre nós mesmos? Na primeira pergunta, escolhemos palavras semelhantes às da pergunta 5? Quais são os nossos pontos fortes? Vamos unir as palavras que melhor nos descrevem, aquilo que nos dá energia e felicidade, as palavras e os valores que mais nos motivam: como é esse quadro? Em uma primeira reação instintiva, sem pensar, conseguimos ver como algumas carreiras e profissões estão mais próximas de nós do que outras? Por quê? Conseguimos identificar um traço particular, um tema comum, uma pista visível?

No que acreditamos?

Edward R. Murrow foi um famoso jornalista americano que, entre 1951 e 1955, conduziu um programa de rádio na CBS chamado *This I Believe.*[4] Na transmissão, as pessoas eram convidadas a escrever uma pequena redação que pudesse ser lida em menos de cinco minutos, na qual elas deviam mostrar no que acreditavam, apresentando um ensinamento que quisessem compartilhar com os outros. A redação não podia falar sobre temas religiosos ou políticos e não podia ser escrita "contra" alguém. O programa teve um sucesso extraordinário e foi retransmitido pouco depois. As histórias, disponíveis *on-line* e publicadas em livros e antologias, são verdadeiras pérolas de sabedoria escritas por pessoas como nós. Um desses relatos me tocou: a história de James T. Harris,[5] presidente da renomada Universidade de San Diego. Quando ele tinha 17 anos, para se sustentar enquanto estudava, James limpava os banheiros de uma fábrica próxima à sua casa. O que mais o marcou nessa experiência foi o fato de ter se tornado *invisível*: as pessoas que passavam por ele o ignoravam. A indiferença dos outros o feria, e ele jurou a si mesmo que nunca trataria como *invisíveis* as pessoas que fazem até mesmo os trabalhos mais humildes. A pergunta que nos fazemos para descobrir o tesouro que carregamos dentro de nós torna-se a seguinte: no que acreditamos?

Agora, vamos tentar encontrar um espaço e pelo menos uma hora para escrever a nossa breve redação, a nossa história. No que acreditamos? Depois de escrevê-la, vamos tentar ler nossas palavras em voz alta, gravando o que escrevemos (existem aplicativos gratuitos para isso). No que acreditamos? Quais são os nossos valores? Quais são as nossas raízes?

In the zone

Pensem na última vez em que estiveram tão absortos e concentrados em uma tarefa que mal notaram o tempo passar. Vocês não sentiam tédio nem estresse: era como se tivessem sido tomados por um redemoinho mágico, completamente presentes e concentrados, cheios de energia e entusiasmo. Observem as crianças brincando, o artista que pinta por paixão, uma pessoa que ouve música ou está concentrada na leitura de um livro fascinante. Essas pessoas estão – de acordo com o psicólogo húngaro Mihaly Csikszentmihalyi – em um estado de graça chamado *flow*. Durante o estado de *flow*, também chamado de *in the zone*, ficamos concentrados no que estamos fazendo, com uma motivação genuína ligada ao prazer de fazer o que estamos fazendo, sem nenhum outro objetivo. Para ter um indicador real sobre qual é a nossa paixão e o nosso talento, pensemos nas vezes em que estivemos *in the zone*. Em âmbito profissional, devemos levar em conta três condições: objetivos claros, uma situação ideal entre oportunidade e capacidade unidas a um *feedback* imediato e construtivo que nos permita aprender e melhorar. Pensem em seus dias de trabalho: alguns voam sem que a gente perceba, outros parecem que nunca irão terminar. Se refletirmos sobre a diferença entre esses dois tipos de dia, notaremos a presença de momentos de *flow* nos do primeiro tipo e de tédio, definido como falta de atenção, no segundo. Para mim, estar *in the zone* é a *felicidade em seu estado puro*. Um pequeno esclarecimento: o estado *in the zone* não deve partir do uso de drogas ou substâncias artificiais, que já é outra coisa.

Os outros no nosso crescimento

Não somos uma ilha; isso significa que para encontrar um tesouro precisamos de outras pessoas, pessoas em quem confiamos e que nos conhecem bem. Vamos começar compartilhando as respostas que demos às perguntas deste capítulo com duas ou três pessoas, nosso melhor amigo, por exemplo, nosso marido, nossa esposa, algum parente. O que eles dizem? As nossas respostas coincidem com as de quem nos conhece bem? Escutar a opinião deles, pedir um *feedback* será um passo muito importante para descobrirmos nosso *self-awareness*, nosso autoconhecimento. Se, por exemplo, dissermos que uma palavra que nos descreve é "gentil", e as pessoas mais próximas a nós nos olharem surpresas, teremos acabado de aprender uma lição.

Para ajudar a compreender a importância dos outros na descoberta do tesouro dentro de nós, vamos usar o gráfico (ou janela) de Johari, criado em 1955 por dois psicólogos americanos, Joseph Luft e Harry Ingram (o nome deriva justamente da combinação das iniciais dos nomes dos autores). O gráfico[6] é formado por um quadrado dividido em quatro quadrantes. O eixo horizontal considera o grau de conhecimento que a pessoa tem de si no que se refere, por exemplo, a personalidade, a comportamentos, a impressões e a emoções transmitidas aos outros; esse último tipo de conhecimento só pode ser obtido pela pessoa através da interação com o "externo" e, portanto, um modo de identificar um valor nessa escala está na frequência com que o sujeito pede explicitamente um *feedback* aos outros sobre o seu comportamento e sobre as impressões que gerou. Já o eixo vertical indica o grau de conhecimento que os outros têm do sujeito. A combinação dessas duas variáveis leva à identificação de quatro áreas.

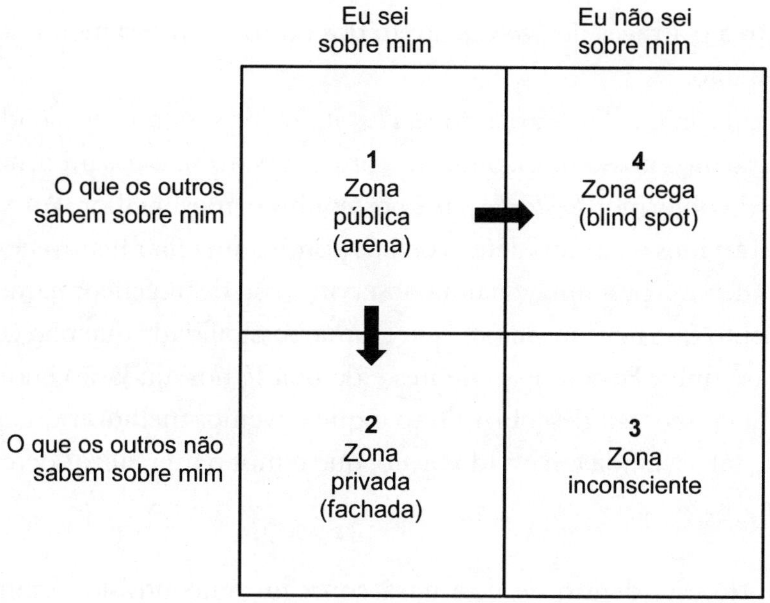

O quadrante 1 é a zona "pública", também chamada de "arena": aqui as informações – entendidas, em 360 graus, como o conjunto formado pela personalidade, pelos conhecimentos, pelas emoções e pelas habilidades pessoais – são conhecidas pelo sujeito e também pelos outros.

O quadrante 2 é a zona "privada", ou também "fachada", onde ficam as informações que são conhecidas pelo sujeito, mas que ele não deseja compartilhar com os outros.

O quadrante 3 é a zona "inconsciente", a que representa as informações desconhecidas tanto pelo próprio sujeito quanto pelos outros, já que estão enterradas no subconsciente, que se revela somente em situações particularmente emotivas. Não existe um modo de adquirir diretamente as informações contidas nesse quadrante.

No quadrante 4, a zona "oculta" ou "zona cega" (em inglês, *blind spot*), estão as informações conhecidas pelos outros, mas não pela própria pessoa. O único modo que a pessoa tem de adquirir as informações dessa área é através do *feedback* direto dos outros, expressamente solicitado ou não.

Quanto maior for a área do *blind spot*, maior será a necessidade de aumentarmos nosso autoconhecimento e, assim, maior será a necessidade de obtermos *feedbacks* para nos conhecermos melhor. Por vezes encontraremos o tesouro dentro de nós porque um olhar neutro notará, através de uma pergunta, de uma observação ou de um encorajamento, um talento que nem suspeitamos ter, uma possibilidade que não consideramos antes. Pessoas experientes e de boa-fé nos ajudarão enormemente a crescer e a descobrir tanto o que devemos melhorar quanto o talento, talvez ainda em estado bruto, que temos para realizar determinada coisa.

O tesouro está dentro de nós: para conseguir encontrá-lo, usamos a nossa criatividade, transformando-nos em exploradores, artistas, juízes e guerreiros; fizemos uma pausa para refletir, conscientes de que devemos confiar em nós. Depois, respondendo a algumas perguntas-chave, esclarecemos qual é a nossa identidade profissional e pessoal, concentrando-nos especialmente nos nossos valores e na importância dos outros no nosso crescimento humano e profissional.

SEGUNDA PARTE

A BÚSSOLA

2

Antes de partir

Entender qual praia é a certa para nós

Se você não sabe para onde está indo,
todos os caminhos o levarão até lá.

LEWIS CARROLL,
Alice no País das Maravilhas

O que é a cultura?

Na primeira etapa da nossa viagem, aprendemos um segredo simples, mas de importância vital: o tesouro que buscamos desde sempre, que às vezes chegamos até a achar que não existe, na realidade já foi encontrado. Ele está escondido dentro de nós. No nosso coração, na nossa mente, nos nossos olhos. *O caminho certo para descobrir o tesouro é aquele que conduz a perguntas novas, em vez de levar a adivinhar respostas velhas.* Como o escritor francês Marcel Proust escreveu, a verdadeira descoberta não consiste em encontrar novas paisagens, mas em olhar o mesmo panorama com novos olhos.

Chegou, então, o momento de olharmos para fora, de abrirmos as janelas para distinguir no horizonte a praia certa para nós. Em outras palavras, decidiremos qual é a cultura mais adequada aos nossos valores ou, vice-versa, se os nossos valores estão alinhados com a cultura da qual fazemos ou queremos fazer parte e se podem se adaptar a ela.

Como disse anteriormente, trabalho com Recursos Humanos há 25 anos e durante muito tempo fui diretor de Gestão de Pessoas. Conheci centenas e centenas de histórias pessoais e profissionais e *aprendi que somente quem entende de verdade a cultura organizacional tem uma chance real de crescimento e de sucesso em uma empresa.*

Quase todas as pessoas que trabalham são preparadas e motivadas, porém poucas avançam com sucesso. Tenho convicção de que o fator decisivo é a capacidade de compreender profundamente a cultura da qual fazemos parte, evitando ficar *lost in translation*. Todos conhecem o provérbio "Quando em Roma, faça como os romanos", que realça a capacidade essencial de se adaptar a um sistema de referência e a uma cultura diferentes dos próprios. O problema é que ninguém sabe o que fazem os "romanos", ou seja, os indivíduos de determinado lugar ou sistema social.

Precisamos considerar a cultura da organização *como aquilo que a empresa é, e não como aquilo que ela faz*, vende ou lucra, temas que dizem respeito à produção, à pesquisa, ao marketing, às finanças e à contabilidade. Se nos detivermos por um momento para refletir, vamos ver que fazemos o mesmo tipo de análise quando escolhemos os nossos melhores amigos e o nosso parceiro para o resto da vida: precisamos compreender, antes de mais nada, quem eles são, não apenas o que fazem ou o que possuem. Neste capítulo, portanto, vamos tentar entender como as empresas são, condição imprescindível para encontrarmos um significado profundo em nosso trabalho.

Mas o que é cultura? O termo "cultura" está, sem dúvidas, batido: embora todos falem sobre ela, dificilmente duas pessoas concordam sobre o seu significado. Até as definições que podemos ler em vários dicionários evidenciam aspectos muito diferentes desse vocábulo que abrange áreas do saber como estética, moral e antropologia.

E justamente essa última será a chave de leitura utilizada neste capítulo: uma característica da cultura, em sua acepção antropológica, é que ela não precisa ser obrigatoriamente explícita. Um grupo pode viver segundo seu próprio modelo de cultura sem que tenha consciência dele, ou só compreendendo quanto esse modelo difere de outros ao sair das próprias fronteiras que lhe são conhecidas.

As pessoas podem reagir de diversas formas quando entram em contato com novas culturas. Por exemplo, durante a faculdade, fui guia e intérprete de grupos de estudantes italianos em Londres, muitos deles pela primeira vez no exterior. Vários jovens, depois de perceberem quanto eram diferentes dos ingleses, se esforçavam para permanecer ainda mais fechados e unidos entre si: procuravam restaurantes italianos e não só não aprendiam o inglês como voltavam para casa com o sotaque dos amigos italianos que haviam conhecido durante o intercâmbio na Inglaterra. Outros estudantes, ao contrário, divertiam-se absorvendo uma nova cultura, apreciavam o típico *fish and chips* e arranjavam novos amigos e namorados nativos para algumas semanas intensas, aprendendo perfeitamente a nova língua.

Compreender a cultura é, portanto, fundamental para a própria sobrevivência e crescimento pessoal e profissional. Assim, é válido nos perguntarmos como podemos defini-la de forma prática.

Selecionei três definições que, na minha opinião, podem esclarecer esse aspecto. Em *Cultures and Organizations*, do psicólogo social holandês Geert Hofstede, a cultura é o *software* da mente, o nosso *sistema operacional*, ou seja, a nossa programação, da qual somos parcial ou completamente inconscientes.

Uma segunda definição é dada por Peter Senge, fundador da Society for Organizational Learning e autor do livro *A quinta disciplina*, que identifica a cultura como um *mental model*, um esquema mental feito de hipóteses, generalizações e imagens que permitem decifrar a realidade e tomar decisões de acordo com os próprios modelos individuais.

Por fim, na minha experiência, sempre considerei a cultura pessoal como uma *lente* que usamos para observar o mundo. A terceira definição é, em termos organizacionais, considerar a cultura como a *cola invisível* que mantém unida uma sociedade ou empresa. *Lentes e cola: funciona!* Explico com um exemplo: pode ser considerada cultural a reação dos americanos ao 11 de Setembro. George Bush era um presidente detestado por muitos, mas 48 horas depois do atentado ele já tinha a aprovação incondicional de mais de 90% dos cidadãos. O saudável patriotismo americano, esse valor compartilhado e transmitido desde a escola primária, em que todas as crianças cantam o hino nacional com a mão no coração, funcionou como cola. O forte sistema de valores compartilhados manteve unida uma nação devastada em um momento histórico terrível.

Como entender a cultura de uma organização?

Andrew Pettigrew[1] acrescenta mais um elemento à definição de cultura como cola: "A cultura é o sistema de significados publicamente aceitos que funciona para um determinado grupo em um determinado momento". Pettigrew enfatiza que esses valores podem mudar e que, em geral, mudam quando aparece um novo líder ou há uma crise a ser enfrentada. Então, para decifrar a cultura de determinada praia, entendida aqui como uma empresa, é necessário observar seus símbolos, seus heróis, seus rituais, suas regras escritas e não escritas, as histórias que são contadas e os valores compartilhados pelos membros em determinado momento, nos perguntando: "Eles são compatíveis com os nossos valores e com o nosso *background* cultural?".

Mas quais fatores devemos considerar para avaliar nossa compatibilidade? Entre as centenas de estudos e análises sobre os conceitos de cultura, Hofstede fornece uma chave de leitura extremamente eficaz. No livro *Culture's Consequences: International Differences in Work-Related Values*, são elencadas diversas características, como: o individualismo, a desigualdade, a distância do poder, a aversão à incerteza. Vamos analisá-las detalhadamente:

- **Individualismo**: em uma cultura individualista, esperamos que cada um tome conta de si, e exaltam-se concepções de vida baseadas na autonomia absoluta. A cultura dos Estados Unidos é fortemente orientada nessa direção. Exemplos disso são a proliferação contínua dos heróis de produção hollywoodiana e a resistência crônica contra qualquer forma de controle de armas, percebida como uma limitação à liberdade. Por sua vez, em uma cultura coletivista são mais relevantes valores como a ordem, a segurança, a família, o bem comum. As pessoas nascem e crescem em famílias numerosas ou clãs que as protegem em troca de lealdade.

- **Desigualdade**: o conceito de desigualdade é definido com base no nível de tolerância que uma nação, ou uma empresa, possui dentro de si. Pensem, por exemplo, em países como o México ou a Rússia: neles, existem poucas centenas de pessoas incrivelmente ricas, enquanto a maior parte da população vê suas condições econômicas e sociais piorarem cada vez mais. O que isso quer dizer? Estaremos talvez tolerando, com uma contagiosa indiferença no nosso modo de pensar, que uma taxa exponencial de desigualdade é normal e aceitável?

- **Distância do poder**: outra dimensão importante para entender as culturas é a distância do poder, que indica quanto uma sociedade aceita que o poder seja distribuído de forma desigual. Anos atrás, tive um chefe indiano, nascido em uma casta privilegiada, que não perdia uma chance de mencionar isso a qualquer pessoa, reivindicando no exterior os mesmos privilégios que possuía em casa. Não tinha nenhum escrúpulo em utilizar a sua posição para pedir a todos, inclusive a mim, favores pessoais, tarefas privadas e até um café. No começo, atendi a seus pedidos, mas, depois de dois meses, me vi obrigado a lhe dizer que não faria mais nada que não fizesse parte do meu escopo de trabalho. Ele reagiu com sincero espanto por eu me rebelar contra um hábito consolidado. Num outro cenário, muitos anos mais tarde, me vi em uma situação completamente oposta, dessa vez com um chefe suíço. Um dia ele saiu do trabalho muito cedo, mas o vi voltar ao escritório cerca de duas horas depois porque tinha esquecido as chaves de casa. Eu lhe disse que ele poderia ter me telefonado, que eu teria lhe levado as chaves com prazer, já que iria para casa e morávamos muito perto. "Nós abolimos a escravidão na Suíça; eu nunca lhe pediria isso", ele me respondeu. Esses exemplos elucidam diferentes concepções de distância do poder, entendida como o grau de aceitabilidade social das desigualdades: a Índia tem um grau de aceitabilidade muito alto e a Suíça, ao contrário, muito baixo.

- **Aversão à incerteza**: uma alta aversão à incerteza – que deve ser entendida como instabilidade econômica e empregatícia – comporta um nível elevado de agressividade que se traduz num impulso a trabalhar duro e a ser intolerante em relação aos que não seguem essa regra. A incerteza é sentida como uma ameaça contínua à própria estabilidade, pela qual é preciso lutar. Há uma exigência para que as regras, escritas e não escritas, sejam observadas e respeitadas de forma absoluta. Examinemos como se vestem ou falam as pessoas que fazem parte de determinada empresa. São todas iguais? Como são tratados aqueles que não se adaptam a essas regras?

As características elencadas por Hofstede são importantes para avaliar a cultura das organizações. A partir delas, podemos compreender a identidade de uma empresa e nos perguntar se realmente queremos fazer parte dela.

Se pensarmos na *cultura como um instrumento que nos ajuda a viver*, segundo a definição magistral de Jomo Kenyatta, presidente do Quênia de 1964 a 1978, podemos utilizar o que aprendemos com Hofstede. Isso nos ajudará a rapidamente termos uma noção do grau de desigualdade aceito pelas empresas, observando, por exemplo, a decoração e a dimensão das salas, um privilégio visível que sempre esteve ligado ao poder. Na União Africana, o equivalente à União Europeia com sede em Addis Abeba, cada comissário, o grau hierárquico mais alto, possui um andar inteiro à disposição. No Fórum Econômico Mundial, ninguém tem uma sala, todos trabalham em um ambiente *open space*.

Da teoria à prática

"Em 1951, comecei minha carreira no Japão em uma renomada empresa, com grandes esperanças e ambições. Encontrei regras rígidas e não escritas de trabalho – ou de *fora* do trabalho – como: nunca sair da empresa antes do meu chefe e sempre participar dos intermináveis porres no bar com meus colegas. Nesse ambiente, ideias novas eram rejeitadas, e a única coisa que importava era a absoluta devoção e fidelidade do subordinado ao chefe, que em troca o protegeria. Nesse ambiente, não havia nenhum espaço para mulheres de talento, não só para que tivessem uma carreira de sucesso, mas também para que sobrevivessem. Até mesmo para um homem como eu era impossível ver algum futuro... Nada mudou no Japão. Felizmente, depois de suportar anos de *sufoco e sofrimento*, fui contratado pela filial japonesa de uma empresa americana, onde trabalhei pelo resto da vida, antes de me aposentar nos Estados Unidos." Essa mensagem foi enviada por Muneyuki Nakano, leitor da *The Economist*, e publicada na revista em 19 de abril de 2014; em poucas linhas, compreendemos o sofrimento real de uma pessoa que se sentia sufocada por uma cultura impossível de ser digerida.

Saguão de entrada, letras garrafais: Integridade, Comunicação, Respeito e Excelência. Estávamos na Enron. Quase todos os seus dirigentes foram presos por fraude; a empresa não existe mais: falência fraudulenta. E ainda assim expunham exatamente essas palavras, chamadas de missão, visão e valores, com grande destaque. É evidente que as coisas não eram realmente assim.

Muitas empresas usam palavras semelhantes. Cabe a nós identificar quais são os verdadeiros valores, a real cultura da organização, e nos questionar sobre o que é anunciado.

Como é possível, então, entender qual é a cultura certa para nós? Neste capítulo, revelo alguns truques – todos absolutamente legais – úteis para descobrir a alma das empresas e para evitar erros potencialmente onerosos.

Na Introdução, já mostrei como é fundamental avaliar um trabalho a partir de critérios que nós mesmos estabelecemos. Para garantir a chance de efetuar a melhor escolha possível, precisamos observar, entender, estudar determinadas características da organização na qual queremos trabalhar:

1. Como são realizadas as entrevistas?
2. Que linguagem eles falam?
3. Quem é contratado e promovido, e por quê?
4. O que aconteceu com a pessoa que ocupava esse cargo antes?
5. Quais são os sistemas de motivação?
6. Quais são os cinco números nos quais devemos prestar atenção?
7. Quais são as regras do jogo, as escritas e as não escritas?

Observando esses aspectos, fazendo perguntas pertinentes, obteremos informações úteis para tomar as decisões certas, como uma verdadeira bússola que nos guia conectada a um radar para evitar obstáculos. Para saber se uma praia é adequada para nós, não precisamos de um diploma em administração, já temos todo o necessário. E digo mais: se, por acaso, temos um diploma em administração, vamos por favor nos esquecer do que achamos que já sabemos. Precisamos apenas prestar atenção, observar, fazer as perguntas-chave, pesquisar um pouco, usar a intuição, ser uma figura intermediária entre o arqueólogo, o pesquisador e o explorador. Para explicar melhor, vou contar algumas histórias reais, vividas, que se relacionam àquelas sete perguntas.

Como são realizadas as entrevistas?

Vamos começar pelas entrevistas. As narrativas utilizadas para ilustrar essa questão pertencem à minha experiência pessoal: o candidato nas entrevistas de trabalho sou eu. Ao final de cada breve história, seguirão algumas perguntas que chamam a atenção para alguns elementos observados nas entrevistas e que nos ajudam a entender se a cultura daquela organização é compatível com os nossos valores e com o nosso modo de ser.

Encontros de perto com seguranças

Acabei de receber um *e-mail*: fui convocado para uma entrevista daqui a duas semanas nos Estados Unidos. Obviamente, mudo todos os meus programas para poder viajar, e, depois de quase nove horas de avião, estou em um quarto de hotel, na frente de um envelope com as instruções para os próximos dois dias. Na manhã seguinte, devo me apresentar às 8h30 para a primeira das nove entrevistas do dia, para depois fazer outras sete. No total, dezesseis entrevistas com pessoas de quem não conheço nada além do sobrenome: não sei o que elas fazem, qual cargo ocupam, nem por qual razão estão ali para me fazer perguntas. Cada entrevista vai durar uma hora e tenho cerca de vinte minutos para o almoço. Na manhã do primeiro dia, chego às 8h15, um pouco adiantado, e quando estou prestes a ultrapassar a entrada principal, começa um zigue-zague interminável entre seguranças que me solicitam, um depois do outro, que eu me dirija a tudo quanto é entrada. E quando finalmente consigo entrar, já apreensivo porque são 8h22, começa o procedimento para conseguir o crachá, atrasado pela fila criada por uma delegação numerosa e pelo horário de pausa para o café de um dos funcionários encarregados de tirar a foto para o documento (com certeza, não se pode dizer que estou num dia de sorte!). Terminados todos os procedimentos de entrada, começo a correr: já são quase nove horas. Outro segurança me diz aonde devo ir e, assim, entro em um lugar tão grande quanto a estação de trem de Florença. Finalmente encontro a pessoa que está me esperando desde as 8h30, que não sabe nada sobre a corrida de obstáculos que precisei enfrentar. Caminhamos rapidamente através de longos corredores onde vejo salas grandes e lindas, mapas de vários países e estações de trabalho muito pequenas com três ou quatro jovens apertados em cada uma. A primeira sessão começa então às 9h15, e não às 8h30. Mas, pelo menos, tive a oportunidade de conhecer sete seguranças, todos muito gentis! Quando finalmente começa a entrevista, escuto: “Seja muito bem-vindo, embora você esteja absurdamente atrasado”. Desorientado pelo fuso horário, pela noite praticamente passada em branco e pelos 45 minutos de caça à porta certa, o cumprimento soa irônico e zombeteiro.

- O que percebemos observando o edifício, a sua arquitetura e a disposição das salas, a idade média de quem as ocupa, o número de pessoas encontradas e a duração do processo de seleção?

- Como nos sentimos ao ver seguranças armados e sistemas de controle de acesso como os de aeroportos apenas para entrar em um escritório?

Cappuccino e sofás azuis

A viagem de trem foi muito rápida. Chego adiantado e, depois de entrar na sede da empresa, noto a presença de seis lindas mulheres vestidas de branco e laranja. Uma delas se aproxima, pede que eu me acomode em uma das mesas do bar e me pergunta o que quero beber. Peço um *cappuccino*, que ela me traz em poucos minutos. Pouco tempo depois, Mark, a pessoa que devo encontrar, se apresenta e me acompanha num passeio pelas salas, onde pequenos grupos de pessoas trabalham em um ambiente informal, mas disciplinado. Há sofás de cores chamativas à disposição de todos, e algumas poltronas pretas um pouco isoladas para favorecer a concentração de quem precisa de espaço e de silêncio. Depois de duas entrevistas, me levam para almoçar com um grupo de cinco funcionários que, com receptividade, me explicam por que decidiram trabalhar ali e não em outras empresas onde receberiam um salário maior. Eles passam a impressão de se divertir muito: são animados e cheios de energia, jovens, mas maduros. Em seguida, me deixam a sós com a pessoa da posição mais alta, que talvez também fosse a mais jovem. Passo quase duas horas com ela, uma mulher muito inteligente: é uma entrevista, não um bate-papo informal; ela está me avaliando, mas me deixa à vontade. Já se foram oito horas desde o *cappuccino* da manhã, e eu quase não vi o tempo passar.

- Que impressão nos causaram as pessoas que encontramos?
- Fazendo uma comparação com a história anterior, o que significa quando um dirigente desce para nos recepcionar no saguão de entrada, em vez de nos fazer passar por incontáveis controles de segurança?

- Ficamos com a impressão de que ali se trabalha em grupos animados, onde o esforço e a competência contam?

O tigre de Dubai

Gente, que hotel! Depois de uma viagem de primeira classe, vieram me buscar e me levaram a um hotel cinco estrelas. Na manhã seguinte, me apresento na sede da empresa em que farei a entrevista, e me pedem para esperar no saguão de entrada. Durante a espera, noto um jardim com plantas tropicais às minhas costas, isolado por uma vidraça espessa. Depois de alguns minutos, escuto um rugido: viro o rosto e vejo um tigre passeando pelo jardim. Imediatamente, paro de me preocupar com a entrevista: o tigre é mil vezes mais aterrorizante. Pouco depois, abrem uma portinha que dá para o jardim, e um infeliz animal (talvez uma pequena cabra) é jogado dentro da jaula e devorado pelo tigre em poucos minutos, diante dos meus olhos perplexos. Durante o primeiro encontro, pergunto o que faz um tigre em um jardim tropical no meio do deserto, e por que eles mostrariam para todo mundo a sua refeição sangrenta. Respondem-me que a refeição do tigre é visível a todos para *motivar os funcionários*, para dar energia a eles e transformá-los em verdadeiros guerreiros. Encontro ao todo nove dirigentes: mesma nacionalidade, mesmas roupas, mesma idade. Entendo que, mesmo se eu trabalhasse com eles, jamais poderia ser um deles. Pergunto aos dirigentes se não falta um pouco de diversidade; me respondem sarcasticamente que para eles diversidade significa sapatos italianos, vinho francês, carros alemães e mulheres russas. E, rindo, me oferecem uma cerveja. Ainda são onze horas da manhã.

- Que reflexão podemos fazer se não nos sentimos confortáveis com o modo como uma entrevista é realizada ou com comentários estúpidos ou vulgares?

- Somos "um do grupo"? Podemos nos transformar em um? Bebemos cerveja no trabalho às onze da manhã? Se nos oferecerem muito dinheiro, uma bela casa e um carro alemão, seremos capazes de aceitar a oferta?

Duas cervejas para comemorar

Mando o meu currículo e depois de duas semanas me respondem que o diretor do RH, Franco, quer falar comigo. Conversamos por telefone; ele acha o meu perfil interessante, me faz muitas perguntas inteligentes, com lucidez e honestidade. Quando sou confrontado com a hipótese de alguns problemas reais, por duas vezes digo que não tenho a menor ideia de como enfrentá-los, mas que geralmente aprendo rápido. Ao final da conversa, ele diz que me enviará a descrição do cargo, o organograma e o salário que estão dispostos a oferecer e ressalta que, caso eu esteja interessado em fazer a entrevista, devo responder em dois dias. Aceito a entrevista e na semana seguinte encontro Franco; ele me acompanha até sua sala e me explica quem vou conhecer dentro de instantes e os tipos de perguntas que irão me fazer. Depois de nove horas, são sete da noite, volto à sua sala; ele me pergunta se já tenho compromissos à noite e me convida para jantar. "Então, como foi?" Respondo que me diverti – o que é verdade –, mas que não tenho nem mais voz depois de todas aquelas entrevistas. "Então, quando você quer começar? Eu já falei com todas as pessoas que você conheceu, e ficaríamos muito felizes de ter você na nossa equipe. O que acha?" Ele abre a bolsa e me mostra o contrato. "Leia tudo com calma e me ligue quando quiser. Nos encontramos em seguida." Antes de pagar a conta, ele pede duas cervejas. "Para comemorar", explica, e me dá os parabéns. Depois, diz que dias difíceis estão por vir e que terei toneladas de trabalho desde o meu primeiro dia na empresa. Estamos em pleno mês de julho, faz um sol maravilhoso e, quando saio, parece que estou caminhando sobre as nuvens. Não posso acreditar que a minha vida está mudando novamente, e começo a pensar na minha mulher, na milésima mudança que teremos de fazer.

- Eles foram claros, rápidos e honestos?
- Eles fizeram aquilo que disseram?
- Como nos sentimos quando estávamos diante de nosso futuro chefe?
- Ele nos inspira confiança?

Ao final dessas histórias, nós fizemos as perguntas certas? Trata-se tanto de analisar o que observamos quanto de "escutar nosso estômago", ou seja, as sensações que tivemos durante as entrevistas.

Antes de continuar com outras histórias, precisamos refletir. Examinemos com atenção a nossa experiência pessoal. Percorrendo de novo os nossos passos, tenho certeza de que encontraremos muitas dicas valiosas com a ajuda de algumas das perguntas que nos fizemos.

É importante lembrar que as entrevistas de trabalho são uma via de mão dupla. De um lado, está a avaliação que os potenciais chefes fazem de nós; do outro, a avaliação *que nós fazemos e devemos fazer deles*. Quanto mais preparados estivermos, quanto mais observarmos e quanto mais prestarmos atenção ao que está ao nosso redor, mais capazes seremos de tomar a decisão certa.

Pode parecer estranho, mas o principal objetivo de uma entrevista não é conseguir um trabalho a qualquer custo, e sim entender de que trabalho se trata e em qual organização, cultura e tipo de ambiente será realizado. Muitas pessoas se arrependem da própria escolha durante os primeiros dias no novo trabalho: completamente focadas em conquistar a vaga, elas não se perguntaram se era ou não aquilo que elas realmente procuravam. Por isso, é necessário entender a cultura organizacional, saber "o que fazem os romanos quando você está em Roma", antes mesmo de tentar conseguir uma proposta.

Nos casos em que não temos a possibilidade de participar de uma experiência direta ou de uma entrevista, a melhor estratégia é conversar com pessoas que já trabalharam naquela organização, entrando em contato com elas através do LinkedIn, por exemplo. Ou então investir ao menos duas horas navegando no *site* da empresa e ler o que dizem sobre ela no www.glassdoor.com, uma fonte de riqueza inesgotável para obter informações sobre diferentes empresas, sua cultura e seu modo de gerenciar candidatos e funcionários.

Utilizar com inteligência todas as mídias sociais pode ser útil: muitas vezes, é possível encontrar amigos de amigos que já trabalharam naquele lugar. Não estou falando do "QI" (Quem Indica) – um péssimo hábito que, infelizmente, não é só italiano –, mas de ter contatos que podem nos fornecer perspectivas e informações relevantes.

Se possível, sugiro entrar discretamente no saguão da empresa e olhar ao redor: aprendemos muito com isso. Acredito sinceramente que é possível descobrir mais sobre uma empresa observando com olhar curioso a sua entrada do que lendo seu último documento estratégico, geralmente um concentrado de clichês escrito para o consumo de investidores ou para agradar um conselho de administração distraído.

Que linguagem eles falam?

Paro quando quiser é um filme de 2014 dirigido por Sydney Sibilia. Depois de várias tentativas fracassadas de encontrar um trabalho à altura de suas competências, um grupo de pesquisadores decide dar um rumo completamente novo a suas vidas: eles formam uma verdadeira quadrilha e entram no mercado de tráfico de drogas. Em certos momentos, o filme provoca um sorriso amargo e nos leva a refletir sobre quanto a pesquisa científica e a carreira universitária são pouco valorizadas. Em uma cena muito significativa, um dos pesquisadores consegue uma entrevista de emprego. O interlocutor, um homem vulgar, depois de "captar" a linguagem acadêmica não "alinhada" com o lugar onde a entrevista é feita, grita para o pesquisador: "Eu não contrato pessoas com ensino superior, eu já disse!". O entrevistado percebe que estava falando com palavras muito elaboradas, como a pessoa instruída que ele efetivamente é, e tenta remediar: "Não, veja bem, me formar na universidade foi um erro da juventude, e fora que eu já me arrependi". As desculpas chegam tarde demais: *game over*, a linguagem é muito diferente, e a esperança da contratação desaparece completamente.

Gary Chapman, no livro *As cinco linguagens do amor*,[2] explica que cada um de nós tem uma linguagem própria para se comunicar com as pessoas que ama, utilizando mensagens que reforçam continuamente o amor. As dificuldades nascem quando duas pessoas não usam a mesma linguagem. Se, por exemplo, um homem comprar muitos presentes para sua mulher e repetir o quanto a ama usando uma linguagem sentimental demais enquanto ela, ao contrário, espera dele ações concretas que a ajudem, como fazer supermercado ou levar os filhos para a escola (ou seja, uma linguagem ligada a atos concretos), os dois estarão destinados à incompreensão. Mais ou menos como acontece quando encontramos uma pessoa que não fala a nossa língua e, para nos fazer entender, aumentamos o tom de voz: vamos continuar a nos desentender, só que fazendo mais barulho.

As empresas são organismos vivos em contínua evolução e têm uma linguagem própria que devemos literalmente traduzir e aprender para não ficarmos *lost in translation*. O psicólogo americano David Kantor[3] explica que as linguagens podem ser divididas em três grupos: 1) poder--ação, 2) sentimento-afeto e 3) significado-princípios. Em outras palavras, para entender uma organização precisamos escutar suas palavras e, com particular atenção, seus verbos. Por exemplo, referindo-se a um plano de reestruturação empresarial, ainda de acordo com Kantor, a frase *"Precisamos fazer com que todos trabalhem duramente e supervisioná-los"* pertence à linguagem do poder, da ação e do controle; já *"Me pergunto como as pessoas irão se sentir em relação às decisões que nós tomamos"* faz parte da linguagem do afeto, das relações e do sentimento, enquanto *"Precisamos avisar que a decisão tomada é a correta porque está alinhada à estratégia"* faz parte da linguagem do significado, da teoria e dos princípios.

É necessário tentar escutar e traduzir a linguagem de uma organização baseando-nos nesses parâmetros, lendo entrevistas de seus diretores, observando seus *sites*, vídeos e tudo o que tivermos à nossa disposição. Assim, nos tornaremos "tradutores de linguagens".

Daniel Pink, no livro *Motivação 3.0*,[4] sugere outra metodologia simples para entender, através da linguagem, a cultura de uma organização. Os funcionários se referem à empresa em que trabalham utilizando o pronome *eles* ou *nós*? "Eles" sugere, obviamente, uma forma de divisão, de indiferença e até mesmo de antagonismo. Usando "nós", o efeito é exatamente o contrário: as pessoas realmente sentem que fazem parte de uma cultura organizacional e se identificam com ela.

Um segundo passo é fundamental para aprender a reconhecer a nossa linguagem e a avaliar com atenção o quanto ela é compatível com a da organização.

Uma vez, fui chamado para uma entrevista em uma empresa que precisava reduzir drasticamente o número de funcionários em pouco tempo. Quando eles me mostraram o plano de reorganização, compartilhei com eles as minhas reflexões quanto ao fato de que o plano iria devastar a confiança e o moral dos funcionários. A entrevista terminou naquele exato momento: eu estava usando uma linguagem vinculada às relações e ao sentimento, enquanto os meus interlocutores usavam uma linguagem de ação, de poder e de redução de custos. Ou seja, não havíamos sido feitos um para o outro.

Outro exemplo da importância da compreensão da linguagem também vem da minha experiência pessoal. Quando comecei a trabalhar no Banco Mundial, precisei traduzir a linguagem deles, elegantemente burocrática e criptografada: "Vamos avaliar o problema o mais rápido possível" significava "Espero que o problema seja logo esquecido por todos"; "Precisamos analisar o problema mais profundamente" queria dizer "Vamos passar os próximos meses recolhendo dados e informações, até os mais inúteis, de modo que ninguém possa nos criticar por falta de análise"; "Precisamos criar um consenso" era o mesmo que "Não vamos decidir absolutamente nada até que todos estejam de acordo" (uma eventualidade raríssima, na verdade).

Quem é contratado e promovido, e por quê?

Se vocês acham que a contratação de pessoas, principalmente de dirigentes, é uma tarefa puramente técnica, baseada nas competências dos candidatos, estão enganados. Contratar funcionários significa, acima de tudo, gerenciar e construir um sistema de poder. Bertrand de Got, arcebispo de Bordeaux, sabia bem disso. Ao ser nomeado papa em 1305, escolheu se chamar Clemente V, e como primeiro ato nomeou nove cardeais, todos franceses como ele. O papado de Avignon durou até 1377, e os nove papas que o sucederam foram, que coincidência, franceses, justamente para que ficasse claro quem estava no comando.

Kim Jong-un despertaria quase ternura se não fosse o despótico e terrível ditador da nação mais misteriosa, obscura, pobre e isolada do mundo: a Coreia do Norte. Ele se tornou líder do país em 2011 quando herdou o poder do pai, que, por sua vez, herdara o comando do avô de Kim Jong-un. Nepotismo diabolicamente perfeito, fruto da hábil criação de um culto à personalidade de tipo fanático-religioso radical conectado à figura de Kim Il-sung. Pouparei vocês da longa lista de títulos honoríficos de Kim Jong-un e me limito a mencionar apenas um: os cidadãos o chamam carinhosamente de *Abogi*, que significa "Deus" – pouca coisa, não?! Menos mal que a Coreia fica a milhares de quilômetros daqui! Imagina se nós nos comportaríamos assim... Ou nos comportaríamos?

Em seu livro *Dar e receber*, Adam Grant explica como podemos entender uma organização não apenas lendo seu balanço, mas observando se existem fotografias, imagens – e de quais tamanhos – do diretor executivo ou do presidente nos corredores da empresa ou no relatório anual.

Já observamos ao longo da nossa experiência comportamentos de estilo semelhante ao papado de Avignon ou à Coreia do Norte? Sobre esse assunto, tenho uma história para lhes contar: Carla, mulher de sucesso, jornalista e *ghostwriter*, escrevia discursos e artigos para o vice-presidente de uma importante organização. Ela era muito competente no seu trabalho e reconhecida por todos. Quando foi apresentada ao presidente, ele a contratou para trabalhar diretamente para ele; depois de quase dois anos, foi premiada e promovida para um cargo que não tinha nada a ver com a sua experiência. Embora isso fosse nítido para todos, ela foi promovida novamente pouco tempo depois, confirmando o famoso princípio de Peter, segundo o qual algumas pessoas são promovidas até atingir o mais completo nível de incompetência. Como se não bastasse, para o constrangimento de todos, menos de dois anos depois ela se tornou o braço direito do presidente, tendo responsabilidade sobre programas e funções que mal conhecia, mas sobre os quais sempre emitia sentenças em tom solene. Três promoções em menos de cinco anos, e assim ela conseguiu o que queria: chegou lá, no lugar mais alto, mas era temida e malvista. Eu trabalhei muitas vezes com ela, em diversas ocasiões, e observei com quanta falta de escrúpulo e de generosidade ela julgava e dava *on the spot guidance*[*] sobre dezenas de assuntos diferentes. Um dia, enquanto a escutava, me surpreendi pensando que a Coreia do Norte, afinal, não estava assim tão longe de nós. Percebi que a Coreia do Norte não é apenas um lugar geográfico, mas

---

* *On the spot guidance*: "aula *in* loco". O termo é usado pela imprensa para se referir às orientações práticas que o ditador norte-coreano dá presencialmente a militares e industriais em seus próprios locais de trabalho. [N. T.]

um modo de ser ou, melhor dizendo, *de não ser*. Para terminar a história, quando elegeram um novo presidente um ano depois, Carla foi convidada a fazer outras coisas da vida, e todos os meus colegas e eu nos encontramos espontaneamente em um bar para festejar até tarde.

Existem histórias muito diferentes em que mérito, competência, integridade, experiência, qualificação, criatividade, paixão, diversidade e empenho são, ao contrário, os ingredientes para o sucesso.

Penso em Fabiola Gianotti, a primeira mulher chamada para dirigir o CERN de Genebra: ela é a terceira diretora italiana, depois de Carlo Rubbia e Carlo Maiani. É uma cientista de inquestionável fama internacional, a quem a revista *Time* dedicou uma capa em dezembro de 2012. Desde janeiro de 2016, ela comanda cerca de 10 mil cientistas de todas as partes do mundo e é a prova viva de que a Europa pode funcionar perfeitamente quando os países colaboram com honestidade intelectual. Quando trabalharmos em uma organização cujo responsável é uma Pessoa, escrita de propósito com P maiúsculo, como Fabiola Gianotti, entenderemos a importância do mérito e das capacidades individuais e estaremos a anos-luz da Coreia do Norte.

A observação e a compreensão de como as pessoas chegaram ao topo das empresas é um elemento relevante que deve ser avaliado. Elas são competentes e eficientes? Têm credibilidade? Ou não são nada disso? Elas têm protetores por todos os lados e são nepotistas? O que acontece quando uma pessoa é promovida muitas vezes e rápido demais para uma posição que não corresponde à sua experiência? Como essa pessoa será tratada quando for embora? E nós, onde queremos trabalhar?

O que aconteceu com a pessoa que ocupava esse cargo antes?

Podemos responder a essa pergunta de várias formas. A primeira é que a pessoa que nos antecedeu foi promovida; isso, em geral, é um bom sinal, mas pode se revelar algo negativo se a pessoa promovida se tornar nosso chefe e, contagiada pela "síndrome da separação" do *seu* brinquedo, começar a se intrometer no nosso trabalho.

A segunda resposta é que a pessoa foi mandada embora. Nesse caso, precisamos descobrir o motivo, se possível falando diretamente com ela. Pode ser, paradoxalmente, uma boa notícia, caso a empresa tenha decidido apostar em nós e virar a página, mas precisamos entender qual foi *a falta* cometida. No entanto, a notícia será muito negativa se o hábito de mandar os funcionários embora for algo consolidado na empresa. Por exemplo, existem alguns clubes de futebol na Itália em que o presidente muda o treinador pelo menos três vezes na mesma temporada. Deixando de lado o fato de que esses times nunca vencem, nós gostaríamos de ser o treinador de algum deles?

Uma terceira possibilidade é que a pessoa tenha ido embora por vontade própria, mas também nesse caso precisamos entender o porquê. Uma amiga minha recebeu uma boa proposta de trabalho, mas em seguida soube que as três pessoas que a antecederam se afastaram em menos de seis meses de trabalho por causa de um colapso nervoso.

Precisamos nos fazer ainda uma outra pergunta: trata-se de uma posição nova? Se a resposta for afirmativa, é necessário considerar de antemão as dificuldades ligadas à criação de um novo cargo em espaços já ocupados por outras pessoas, além do fato de que isso sempre gera tensões internas.

Sobre esse ponto, há ainda outra questão: existem candidatos internos para a posição que desejamos? Vou dar um exemplo concreto: se vamos a um restaurante e percebemos que os garçons, os cozinheiros e o gerente trazem a própria refeição de casa, que informação recebemos sobre a qualidade da comida do estabelecimento? Eu sairia correndo! Se nenhum candidato interno está interessado na vaga, deve haver uma razão. Mas qual? Precisamos descobrir.

Se, pelo contrário, muitos candidatos internos querem aquela posição, precisamos considerar que de cara enfrentaremos vários inimigos mascarados, os quais tentarão demonstrar constantemente quanto *nós* somos inadequados para a função. Nesse caso, é de se esperar que seremos *eaten by the locals*, devorados por aqueles que mal veem a hora de nos encontrar para o almoço, não como convidados, mas como prato principal, talvez tendo até mesmo que levar uma batatinha para acompanhar. O mundo não é povoado por pessoas dispostas a reconhecer o talento dos outros. E, honestamente, algumas vezes elas até que têm razão.

Quais são os sistemas de motivação?

Agora precisamos entender qual é a verdadeira questão a ser colocada. É óbvio que, diante da pergunta "Quero ganhar mais?", a resposta de todos será, em alto e bom som: "Claro!". Mas talvez a remuneração não seja o único elemento que deva ser considerado. Para explicar o conceito, apresento outras duas histórias.

Uma vez entrevistei um candidato muito competente. Ao final da seleção, precisei negociar a remuneração com ele e, naturalmente, lhe perguntei quanto ganhava. Ele respondeu que não sabia. Eu não acreditei, pois todo mundo sabe quanto ganha. Ele me pediu alguns minutos, depois voltou à minha sala e contou que havia ligado para sua esposa e que ela tinha lhe dito quanto ele ganhava. Era um valor bastante baixo, mas ele deixou claro que esse salário fixo, apenas o bastante para cobrir as despesas do mês, aumentava muito se ele alcançasse as metas de vendas; os bônus, que superavam em muito a remuneração fixa anual, atingiam um valor absurdo e quase me fizeram cair da cadeira. Ele disse ainda que trabalhava pelo menos oitenta horas por semana, que não tirava férias havia três anos e que voltaria para o trabalho logo depois da nossa entrevista, ainda que fossem sete da noite. Ele tinha menos de quarenta anos, mas aparentava mais de cinquenta.

Numa outra ocasião, conheci um funcionário de uma organização muito burocrática, na qual os salários aumentavam de acordo com a idade, a cada dezoito meses, independentemente do cumprimento das metas. Ele me contou que ia embora todos os dias às quatro da tarde e que nunca o demitiriam.

São dois exemplos extremos, é claro, mas relevantes para reconhecermos alguns aspectos que distinguem as organizações. Nos sistemas de bônus, por exemplo, é importante saber não apenas a quantidade, mas *o modo como* é estruturado o valor que você poderia vir a receber. Na primeira narrativa, é nítido que, para obter uma retribuição adequada, o funcionário precisa fazer um esforço descomunal: é nossa tarefa avaliar se o objetivo prefixado é realizável. Se preferirmos estabilidade a um sistema competitivo que premia resultados, então provavelmente nos adequaremos melhor a sistemas menos dinâmicos e, em alguns aspectos, mais fechados. E é por esse motivo que o valor absoluto da remuneração deve ser avaliado não só em termos numéricos, mas também de acordo com as nossas preferências, com a nossa propensão ao risco. Dito isso, podem existir cargos que pagam literalmente zero, mas que oferecem grandes possibilidades de aprendizado, para, em seguida, capitalizar. E há ainda trabalhos que, na teoria, oferecem uma ótima perspectiva de remuneração, mas com objetivos que, na prática, são inalcançáveis; ou que nos mantêm estagnados no mesmo nível por dez anos seguidos.

Em outras palavras, escolher um trabalho pensando exclusivamente no salário pode se revelar um equívoco. Como sempre, para tomar uma decisão precisamos de mais do que apenas uma informação. Quando compramos um carro, o preço é com certeza um dado relevante, mas nunca o único.

Alan Clark, número um da maior produtora de cerveja do mundo, a SabMiller, recebe 8 milhões de euros por ano, somando seu salário e os bônus: quando sai do trabalho no dia 1º de janeiro, ele já ganhou em um dia a mesma quantia que um funcionário médio da sua empresa recebe em um ano inteiro. Em Londres, os dirigentes das maiores sociedades com capital na bolsa ganham, em média, 131 vezes mais do que os seus subordinados. Na Itália, a diferença pode chegar a 84 vezes (segundo dados do banco italiano Mediobanca).

Para avaliar uma organização, é útil levar em consideração a diferença salarial nos níveis mais altos e nos mais baixos: quanto maior for a diferença, maior será a tendência a gerar falta de confiança, sentimento de injustiça, funcionários insatisfeitos e a desigualdade e distância do poder que mencionamos no início deste capítulo. Levem isso em consideração quando chegar a hora.

Quais são os cinco números nos quais devemos prestar atenção?

Balanço contábil, número de funcionários, média de idade, rotatividade de funcionários e diversidade: essas são as cinco estatísticas importantes para avaliarmos uma organização. Não se preocupem, não quero entediá-los com dados e números. Vamos fazer uma única pergunta, partindo dessa hipótese: depois de muita pesquisa, precisamos decidir entre duas ofertas de trabalho para posições semelhantes, em duas empresas diferentes, com o mesmo salário e ambas a menos de trinta minutos de casa. Como fazer a melhor escolha?

A primeira opção é uma empresa que faz parte de um grupo multinacional com 200 mil funcionários, capital aberto na bolsa e uma pequena sede na Itália com quinhentas pessoas e um elevado percentual de rotatividade de funcionários. A filial acabou de contratar um diretor executivo muito dinâmico, com uma ótima reputação, e quer seguir contratando pessoas jovens, mas tem apenas dois anos para colocar as contas no azul, depois de cinco anos de perdas.

A opção número dois é uma empresa com uma única sede na nossa região e cerca de 2 mil funcionários, todos da nossa cidade, todos há trinta anos na folha de pagamento. Por causa da crescente concorrência com a economia asiática, os lucros estão diminuindo rapidamente e fortes perdas estão previstas para daqui a dois ou três anos, no máximo. A empresa é controlada por uma família muito rica e influente na cidade há muitas gerações, a tal ponto que os filhos do fundador e as respectivas esposas trabalham todos na empresa, obviamente em funções importantes. Ninguém quer sair dali, eles não estão ligados a sindicatos e não fazem greves, os funcionários têm em média mais de 50 anos e, geralmente, quando se aposentam seus filhos ocupam seus lugares. Além disso, depois de dez anos na empresa, obtêm importantes benefícios, como auxílio-alimentação e descontos na compra de automóveis, entre outros.

Como dissemos, mesmo trabalho, mesmo salário, mesma distância de casa; mas, apesar da aparência, nada poderia ser mais diferente do que essas duas situações.

Para onde devemos ir? Como avaliar o risco de trabalhar em uma dessas duas empresas? O que quer dizer fazer parte de um grande grupo, mas em uma sede periférica, ou de uma empresa local com uma única sede? O que quer dizer trabalhar em uma empresa onde os funcionários têm em média menos de 30 anos ou então mais de 50? Quais são os resultados atuais e qual é a expectativa para o futuro? É um problema sabermos que nunca chegaremos ao topo, lugar exclusivo dos membros da família?

Conhecer a média de idade dos funcionários das empresas é importante, assim como a rotatividade e a diversidade das pessoas. Tudo isso são dados e informações que nos ajudarão a entender a sua cultura.

Quais são as regras do jogo, as escritas e as não escritas?

Durante o século 18, em pleno Iluminismo, filósofos e cientistas sociais franceses do calibre de Rousseau, Voltaire e Montesquieu deram uma contribuição essencial para a compreensão do conceito de poder, refletindo sobre seus diversos tipos, sobre os seus detentores e sobre a sua gestão. Em particular, Montesquieu, na obra-prima *O espírito das leis*, escreveu que um governo deveria ter um poder legislativo, um executivo e um judiciário bem separados. Se, por exemplo, o poder legislativo e o executivo estiverem unidos, não poderá existir liberdade.

O mesmo princípio vale para as organizações. Elas têm regras claras? Quem as estabelece? Nosso contrato respeitará as leis ou estaremos à mercê de um jogo sem regras claras, não compartilhadas? Ou, pior ainda, teremos de lidar com déspotas e ditadores que mudam as regras como bem entendem? O respeito pelas regras é, portanto, a base de uma organização, assim como de uma sociedade responsável.

3

Destino escolhido

Como chegar à praia certa para nós

A vida é uma história que nós inventamos.

BEN ZANDER,
A arte da possibilidade[1]

Uma história encorajadora

No primeiro capítulo olhamos para dentro de nós, para entender o que queremos, quais são os nossos valores, as nossas fraquezas, as nossas paixões; no segundo capítulo, nos tornamos exploradores, para descobrir qual é a nossa *cultura*, para encontrar a *praia* onde nos sentimos "em casa", aquela que corresponde a quem somos, não só ao que fazemos. Neste capítulo, vamos debater um assunto muito prático: como fazemos para *entrar na praia*, ou seja, como sermos contratados pela empresa que escolhemos?

Para que vocês compreendam como as motivações e as estratégias que nos levam a ser contratados podem ser decisivas, vou compartilhar uma história real.

Rama é uma indiana que trabalha na minha equipe. Muitos colegas haviam me falado bem dela, então eu a convido para um almoço, para conhecê-la melhor. Eu lhe pergunto por que trabalha no Banco Mundial e ela me conta a sua história: tem menos de 30 anos, e cerca de três anos atrás trabalhava na administração de uma empresa americana em Mumbai; ali conheceu um rapaz da sua cidade, na Índia, que trabalhava em Washington. Começam a namorar com a esperança de que Rama, depois do casamento, possa se mudar para os Estados Unidos. Ela nunca saíra da Índia antes, fala muito mal inglês e tem apenas um ano para se preparar, mas é uma mulher independente, com um olhar profundo e inteligente, e sente que a ideia de ser dona de casa não tem nada a ver com ela. Então, decide seguir uma estratégia clara para encontrar não um bico qualquer, mas *o trabalho* que ela realmente quer. Durante dois meses, pesquisa com cuidado as oportunidades de trabalho em Washington. O Banco Mundial é o único lugar que desperta seu interesse. Apesar da opinião contrária dos amigos, ela investe muitas horas estudando o Banco Mundial e melhorando sua formação, adequando o seu nível de inglês e o seu diploma às qualificações exigidas.

Assim que chega a Washington, o seu primeiro passo é conseguir a lista telefônica do Banco Mundial, com nomes, telefones e outros dados dos cerca de seus 17 mil funcionários. Ela seleciona os sobrenomes indianos da sua região, e dessa seleção consegue o *e-mail* de cinquenta pessoas. Então, entra em contato com cada uma delas através de cartas personalizadas em que pede vinte minutos de tempo para pedir conselhos. Na primeira semana, ela recebe 22 respostas, e até o final do mês já se encontrou com todas as pessoas que responderam. Esses primeiros contatos geram outros, até que ela conhece um gestor que está à procura de um colaborador com qualificações semelhantes às suas. Ele lhe oferece um contrato de apenas três meses, mal pago, mas Rama o aceita imediatamente: começa a trabalhar no dia seguinte. Na época, "queria ser a primeira a chegar ao escritório e a última a sair".

Apesar da enorme quantidade de trabalho, ela está determinada a causar uma ótima impressão e ainda consegue ajudar outros colegas.

Enquanto isso, segue fazendo perguntas para aprender coisas novas. Ao término do contrato, pedem que ela continue, mas lhe oferecem um salário ainda pior, devido à falta de recursos. Mesmo desapontada, Rama aceita a proposta, sabendo que, naquele momento, ela não tem alternativa. Depois de outros três meses, finalmente lhe oferecem um trabalho estável com condições aceitáveis. Rama assina o contrato com a condição de poder participar de um projeto que lhe interessa muito. Seu chefe concorda: um ano depois, ela é promovida e começa a trabalhar na minha equipe.

Quando o almoço termina, eu lhe dou meus mais sinceros parabéns. Rama diz que gostaria de ter uma reunião de vinte minutos comigo, porque ela tem algumas sugestões sobre como melhorar um procedimento que nos faria economizar tempo e dinheiro. No dia seguinte, ela me manda um *e-mail* de agradecimento e duas páginas cheias de ideias. Rama tem razão, seus conselhos nos ajudarão a economizar tempo e dinheiro, e – como poderia ser diferente? – ela se oferece para ser a gestora do projeto. Eu lhe dou o cargo, e um ano depois ela recebe outra promoção. Dessa vez, sou eu que lhe peço uma reunião; dessa vez sou eu que agradeço.

A história de Rama, uma pessoa muito determinada, é um exemplo eficaz de uma estratégia vencedora para obter o trabalho que desejamos. *Procurar um trabalho é um trabalho*, se feito com seriedade. Rama fez muitas jogadas corretas, mas também uma errada, quando me enviou o seu projeto passando por cima do próprio chefe, e uma arriscada, ao apostar tudo em uma única empresa quando procurava por um emprego: seguindo o bom senso, ela teria mantido mais de uma opção em aberto. Contudo, a sua indiscutível capacidade de entender rapidamente onde havia uma oportunidade, combinada a um pouco de sorte, fez com que ela tivesse sucesso em seus objetivos.

* * *

O que fazer, então, para conseguir o trabalho que queremos? Com certeza são necessários uma boa dose de realismo, um pouco de sorte, e, sobretudo, uma estratégia eficaz. Vamos seguir passo a passo o percurso certo para chegar aonde queremos, para sermos admitidos e conseguirmos uma contratação.

Nas próximas páginas, vamos aprender a usar as redes sociais para aumentar a nossa visibilidade, a avaliar as possibilidades reais de contratação e a escrever o nosso CV e a nossa história resumidamente. Tentaremos entender quem pode nos ajudar em nossa busca e quais erros devemos evitar durante as entrevistas, identificando, para isso, alguns truques usados pelas empresas para... nos tirar da competição.

Vamos avaliar as cinco principais técnicas de entrevista e o modo como devemos nos posicionar em relação a cada uma delas. Vamos falar também da avaliação que *nós faremos da empresa*, para descobrir se não estamos falando com Pinóquio. As próximas páginas refletem, em parte, a estrutura de um manual "histórico" sobre a busca de empregos, *Qual a cor do seu paraquedas?*, escrito por Richard N. Bolles mais de quarenta anos atrás e atualizado todos os anos.

Internet e redes sociais

Qual é a sua comida preferida? Eu adoro sorvete. Vamos fazer de conta, por exemplo, que posso ter quanto sorvete quiser na minha casa. Tudo isso de graça, 365 dias por ano. Seria o paraíso, não é? Pelo menos para quem ama sorvete como eu.

Agora vamos substituir a palavra "sorvete" por "dados e informações" e entenderemos a dimensão da revolução tecnológica que está acontecendo. A diferença entre dados e informações é simples: os dados se tornam informações que nos ajudam a tomar decisões. Afirmar "Hoje é 7 de dezembro" é apenas um dado, mas se torna uma informação se nos faz lembrar que amanhã é o aniversário da pessoa que amamos, levando-nos a correr para comprar um presente. A internet disponibilizou gratuitamente milhões de dados que se tornam informações quando nos ajudam a tomar decisões. E há mais: as informações passaram a estar *sempre* disponíveis, armazenadas na nuvem, ou seja, em arquivos virtuais cada vez maiores e, em sua maioria, gratuitos. É impressionante a velocidade exponencial dessa mudança. Vocês sabem quanto tempo foi necessário para que 50 milhões de pessoas utilizassem o telefone? Setenta e cinco anos. A televisão? Treze anos. Facebook? Pouco menos de quatro anos. Quanto tempo se passou até que 50 milhões de pessoas baixassem o aplicativo Angry Birds? 37 dias.

Estamos no começo de uma revolução tecnológica que está transformando profundamente tudo o que fazemos em todos os setores, quem somos e as lentes que usamos para observar o mundo.

Uma área que mudou radicalmente com a tecnologia é justamente a do mercado de trabalho. Se, por um lado, temos à disposição inúmeras notícias sobre ofertas de trabalho – pensem, por exemplo, em um *site* como www.monster.com ou www.indeed.com, portais com milhares de vagas disponíveis em todo o planeta –, por outro, qualquer organização ou empresa consegue obter informações sobre a nossa vida sem que saibamos. O Google permite que qualquer um, a qualquer hora, saiba quase tudo sobre nós gratuitamente. O conceito de privacidade mudou muito nos últimos dez anos, sobretudo para as novas gerações, os *millennials*, nascidos depois dos anos 1990: precisamos tomar muito cuidado com o que publicamos *on-line*, porque hoje temos certeza de que aquilo que compartilhamos na rede nunca mais ficará em segredo.

Algum tempo atrás, quando eu era diretor de RH de uma organização, antes de enviar uma proposta de trabalho a um dos candidatos que havia feito uma ótima entrevista, resolvi estudar o seu perfil do Facebook: pelas fotos, notei que todos os anos ele comemorava seu aniversário com uma festa à fantasia. Até aí, nada de mais; o problema apareceu quando vi que por seis anos consecutivos ele tinha escolhido se fantasiar de general nazista, com direito à suástica, a bandeiras e a retratos de Hitler pendurados no próprio quarto, e tudo acompanhado por comentários indescritíveis. Decidi não contratá-lo.

Precisamos, então, aprender a usar as redes sociais com inteligência e prudência e, ao mesmo tempo, podemos e devemos utilizá-las a nosso favor. Um perfil profissional no LinkedIn ou no BranchOut, CrunchBase, DataFox, InsideView, por exemplo, ajuda a criar muitas oportunidades em potencial, desde que se saiba como fazer isso, começando com uma boa fotografia profissional que evite poses sensuais, ridículas ou pomposas, ou simplesmente que não seja de mau gosto nem de qualidade ruim. Em geral, devemos evitar fazer comentários negativos sobre nossos chefes nas redes sociais e sempre lembrar que até a privacidade do nosso *e-mail* pode ser violada.

A internet e as redes sociais não precisam ser temidas – exceto se postarmos conteúdo inapropriado –, mas utilizadas da melhor forma possível. Um perfil escrito de forma inteligente no LinkedIn ou no Monster.com pode contribuir para nos tornar conhecidos ou "procurados". Só o currículo, ainda que bem escrito, não é suficiente. É necessário também mostrar o que sabemos fazer, por exemplo, criando um *blog*, postando fotografias dos produtos que vendemos, divulgando frases e comentários de clientes que usaram os nossos serviços, compartilhando artigos que escrevemos. O objetivo, em qualquer rede social (LinkedIn, Facebook, Twitter etc.), é ter contatos de qualidade, e não acumular contatos em quantidade. Os nossos perfis nas redes sociais devem contar uma história e explicar por que somos diferentes – não melhores – do que os outros. É preciso usar poucas palavras, bem escolhidas, para explicar, de forma detalhada, quem somos, o que fazemos e por qual motivo podemos agregar valor. Precisamos acrescentar também informações sobre as atividades que já realizamos, por exemplo, voluntariado ou trabalhos como *freelancer* que demonstrem a nossa capacidade de ser altruístas e de tomar a iniciativa.

Lembrem-se da fotografia e tentem fazer um exercício: abram o perfil de uma série de pessoas no LinkedIn e "decidam" a quem ofereceriam um trabalho olhando apenas a fotografia de cada um em menos de três segundos. Depois, com calma, reflitam sobre a própria decisão. Quem vocês escolheram e por quê? Quem vocês eliminaram? Qual foi o fio condutor da escolha? O que os fez pensar que um candidato não passava uma boa imagem profissional ou não inspirava confiança?

Vou lhes contar uma história real. Egomnia, fundada em 2012 por Matteo Achilli, um jovem com então 19 anos, é uma plataforma italiana que conecta a demanda e a oferta de trabalho de forma inovadora. A ideia por trás da Egomnia é simples e genial: criar uma rede social para que empresas e candidatos se *encontrem*. Os inscritos, guiados pelo *site*, carregam suas próprias informações, contando com um grande banco de dados já inserido na plataforma (universidade e curso de graduação, todas as tipologias de diplomas, certificações, proficiência em línguas) que facilitam o preenchimento. Assim, o *site* cria automaticamente um currículo semelhante a um perfil de rede social. Além disso, o portal memoriza muitas variáveis que, graças aos algoritmos da Egomnia, atribuem uma pontuação aos currículos inscritos. O usuário pode alterar, apagar e acrescentar informações em tempo real, e o sistema permite que as empresas visualizem currículos sempre atualizados. Essa nova abordagem ao mundo do *e-recruitment* funciona muito bem com jovens e candidatos experientes, público-alvo da Egomnia.

Avaliar as possibilidades de sucesso

"A única coisa importante que se aprende em Harvard é que é mais fácil criar um trabalho novo do que encontrar um velho" (do filme *A rede social*, dirigido por David Fincher em 2010). É uma citação emblemática: antes mesmo de pensar em como escrever nosso currículo, precisamos considerar se existe uma vaga disponível e para quem vamos enviá-lo. Todas as grandes empresas publicam as vagas disponíveis em páginas na internet, controladas por plataformas de informação. Devemos entender para qual trabalho nos candidatar e como e quem tomará a decisão final: informações importantes que nos ajudam a elaborar a nossa candidatura para a vaga. O mercado de trabalho na Itália é um caso muito singular porque cerca de 80% das empresas são pequenos ou médios empreendimentos administrados por uma família: nesse caso, é ainda mais importante saber quem cuida das contratações. O departamento de Gestão de Pessoas (também conhecido como Recursos Humanos) é, geralmente, evitado como a peste. Acho isso um erro, porque as pessoas que trabalham no RH de uma empresa podem se revelar importantes, fornecendo informações úteis ou até mesmo nos ajudando a entender como funciona o processo seletivo.

Outro aspecto fundamental que deve ser avaliado é a existência de uma posição *aberta*, ou seja, uma vaga disponível. Como apontamos no Capítulo 2, devemos saber o motivo pelo qual uma vaga abriu; em geral, pode ser uma boa notícia, se significa que a empresa está crescendo ou se, pelo menos, não está dispensando funcionários. Se não existe uma vaga, podemos tentar uma abordagem menos tradicional, porém mais criativa. Uma possibilidade seria oferecer nosso trabalho por um período breve, ligado a um projeto específico da empresa, ou então fazer uma proposta diferente que valha a pena ser levada em consideração. E, nesse ponto, para avaliarmos a situação, é necessária uma boa dose de realismo para reconhecer qual é a nossa chance real.

A história de Rama, no começo deste capítulo, é encorajadora, mas precisamos ser realistas e pragmáticos. Nós gostaríamos de trabalhar para o Facebook? Com mais de 1,3 bilhão de usuários e quase 1,5 milhão de clientes, o Facebook tem, porém, apenas 8 mil funcionários entre os milhares de candidatos potenciais que sonham em trabalhar ali. Se estamos realmente interessados em trabalhar no Vale do Silício, na Califórnia, podemos definir como meta a Salesforce, a maior empresa de *cloud computing* do mundo, sempre em expansão, onde trabalham 15 mil pessoas. Na Itália, por exemplo, podemos tentar a Cisco, empresa internacional de primeiríssimo nível com sede em San José, na Califórnia, com cerca de 65 mil funcionários e um forte interesse pela responsabilidade social e pela capacitação de seus funcionários.

Devemos avaliar as chances reais de sermos contratados levando em conta não só as estatísticas (por exemplo, existem trinta candidatos para duas vagas disponíveis), mas também ponderando o risco que as empresas veem em nossa contratação. Explico melhor: no gráfico a seguir estão ilustrados dois parâmetros (meu trabalho-ocupação atual e o que eu gostaria de ter; o setor em que trabalho no presente e onde eu gostaria de trabalhar) com quatro variáveis diferentes.

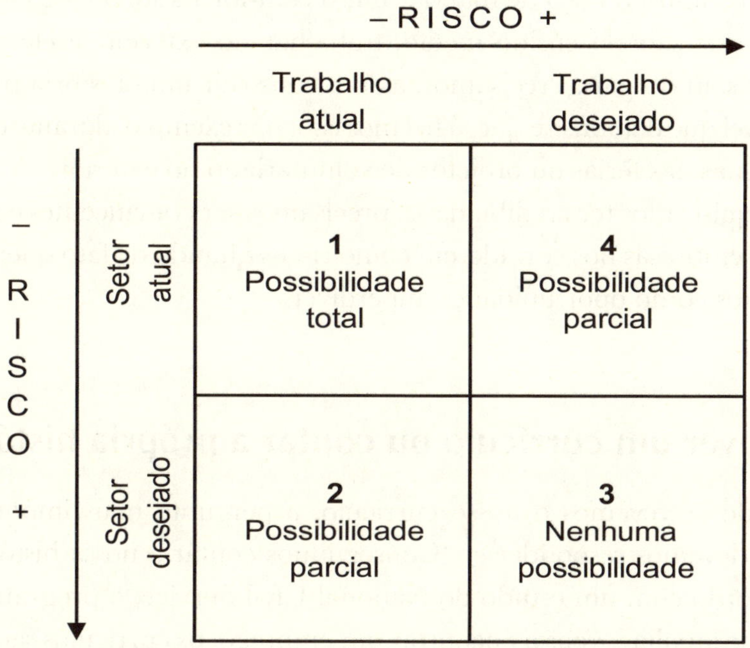

Autor: Anthony McAlisdair.

Se procurarmos um trabalho no nosso setor no mesmo ramo da nossa profissão (quadrante 1) – por exemplo, um analista financeiro que migra de um banco para outro – temos muita chance de sucesso. Se decidirmos, por outro lado, fazer o mesmo trabalho, mas em um novo setor, ou então procurar um trabalho diferente no mesmo setor (quadrantes 2 e 4), nossa chance de sucesso será parcial ou limitada. Mas se quisermos, por fim, trocar de setor e de trabalho ao mesmo tempo (quadrante 3), a nossa chance de sucesso pode se reduzir a zero, já que as empresas estariam assumindo um risco grande demais.

Por isso, quando enviamos o nosso currículo, precisamos avaliar em qual quadrante nos encontramos e para onde gostaríamos de ir, de acordo com esse gráfico.

Devemos acrescentar a tudo isso um terceiro parâmetro, representado pela dimensão geográfica. Por exemplo, dificilmente uma empresa assumirá o risco de mandar um recém-formado, ou alguém que acabou de sair do ensino médio, trabalhar no exterior se ele nunca sequer saiu do país. Precisamos, assim, construir uma história pessoal plausível que demonstre que já fizemos isso: por exemplo, durante cursos de línguas nas férias ou projetos de voluntariado no exterior.

Se quisermos ter credibilidade, precisamos ser convincentes e evitar que as empresas nos considerem como riscos quando de fato queremos ser vistos como oportunidades imperdíveis.

Escrever um currículo ou contar a própria história?

Quando escrevemos o nosso currículo, a pergunta mais importante a que devemos responder é: "Conseguimos contar a nossa história?". De acordo com um estudo do National Civil Service, o programa inglês que auxilia jovens a encontrar um emprego, os currículos são lidos e avaliados em menos de um minuto. Estamos assistindo à *tinderização* do mercado de trabalho, termo cunhado pelo jornal *The Independent* a partir do aplicativo Tinder, no qual o usuário aceita ou rejeita o perfil do potencial parceiro em poucos segundos. Muitas empresas usam *softwares* que eliminam automaticamente currículos com mais de duas páginas. Em suma: precisamos ter o dom da concisão para comunicar quem somos e, sobretudo, convencer alguém sobre o que somos capazes de fazer.

Vou me permitir uma palavra de incentivo e duas sugestões concretas. Primeiro: seja você mesmo, não interprete um papel. Segundo: não se deixe intimidar pela síndrome do "eu não tenho o currículo perfeito", se é que ele realmente existe. É verdade, com certeza alguns candidatos podem exibir um *pedigree* de renome, com diploma das melhores universidades e experiências profissionais nas melhores empresas: muitas vezes pude ver como candidatos desse tipo têm um caminho menos árduo, facilitado, talvez, por pertencerem a uma família poderosa ou com contatos influentes, além de contarem com altos investimentos na sua formação. Eles também têm o próprio mérito, mas obviamente nem todo mundo tem as mesmas oportunidades e a mesma sorte. A maior parte dos candidatos, de fato, não teve, como se diz em inglês, *the silver spoon*, "a colher de prata", o berço de ouro, mas tem um ótimo par de luvas de boxe: são candidatos que tiveram de lutar por tudo, partindo de situações difíceis e tendo que se adaptar, por exemplo, a exercer funções tradicionalmente consideradas humildes. Vocês trabalharam lavando louça, como babá, garçom, guia turístico etc. para pagar a própria faculdade? Excelente! Não só nunca escondam isso, mas falem sobre essa experiência para demonstrar que vocês não desistem e que as dificuldades não os assustam. Eu, particularmente, prefiro dar uma chance a candidatos que lutaram ou, ainda, que sofreram para conquistar aquilo que possuem ou que desejam obter, demonstrando ter "CPT", Crescimento Pós-Traumático.[2]

Voltemos ao currículo. Existem, fundamentalmente, dois tipos de CV: o *cronológico* e o *funcional*. O currículo cronológico, mais tradicional, é uma linha do tempo dos cargos ocupados e dos trabalhos realizados durante a carreira do candidato, começando pelo atual ou pelo mais recente. O currículo funcional resume em poucos pontos, no mínimo três e no máximo sete, as competências amadurecidas ao longo dessa carreira, limitando-se a fornecer informações básicas sobre os locais onde o candidato já trabalhou. Por exemplo: vamos supor que trabalhamos a vida toda no setor de vendas de uma empresa de tecnologia. No começo da nossa carreira, éramos vendedores em uma loja, depois nos tornamos subgerentes na mesma loja, sendo em seguida promovidos a gerente de vendas na cidade, no estado e, finalmente, na região: uma responsabilidade crescente, mas sempre no mesmo setor. O currículo funcional poderia afirmar em uma linha: "Experiência de muitos anos no setor de vendas, incluindo a gestão de x funcionários, com faturamento anual de x milhões de reais, com rendimento de y%".

Esses dois tipos de currículo são adequados, desde que saibamos *o que não devemos fazer ou escrever neles.* Pela minha experiência (já li milhares deles), posso marcar "com a caneta vermelha", com muita sinceridade, alguns erros que devem ser evitados. Muitos parecem óbvios e, ainda assim, muita gente continua cometendo. São os seguintes:

- **currículo longo demais**: ninguém lê mais do que duas páginas. Melhor se for uma página só, mas bem escrita;
- **erros de ortografia, sinais de pontuação errados**: causam a mesma impressão que uma mancha de molho de tomate na camisa do noivo no dia do casamento;
- **mentiras**: são um "suicídio" garantido, motivo certo de demissão se formos contratados. Não se escreve, por exemplo, "formado no curso X na Universidade Y" se frequentamos apenas um curso de dois meses ou se largamos a graduação depois de alguns semestres. É surpreendente constatar que muitos candidatos acreditam piamente que isso é aceitável. Scott Thompson, CEO do Yahoo, precisou se demitir apenas quatro meses depois de assumir a posição, pois descobriram que ele não possuía o diploma em informática que constava em seu currículo;

- **buracos negros**: períodos em que não se sabe bem o que o candidato fez e o currículo não oferece nenhum esclarecimento ou indicação;
- **dados não verificáveis**: ou seja, que indicam resultados ou objetivos vagos, do tipo: "melhorei a reputação da função que estava sob minha responsabilidade";
- **informações confidenciais**: de todos os tipos: legais, financeiras ou pessoais;
- **informações irrelevantes ou obsoletas**: não devem ser inseridas notícias de vinte anos atrás, como: "capitão do time de vôlei do colégio em 1998";
- **pedido explícito ou pretensão exagerada de salário**: por exemplo, "retribuição mínima mensal". No Capítulo 4, falaremos sobre como negociar o aspecto econômico;
- **tons triunfantes ou puramente subjetivos para descrever o próprio currículo como**: "profissional excelente com visão global sobre todos os problemas estratégicos, sociais e econômicos internacionais";
- **efeito Arlequim**: páginas coloridas, fotografias, bagunça, desenhos estranhos.

O Fórum Econômico Mundial recebe todo ano cerca de 20 mil candidaturas de trabalho. Dessas, 90% não passa pela primeira peneira exatamente pelos motivos elencados acima. Como dissemos, o currículo não deve ser apenas um resumo das atividades realizadas, mas uma página que traz informações sobre quem somos, quais resultados alcançamos, o que nos interessa fazer e por quê. É por isso que a famosa *cover letter*, quero dizer, a carta de apresentação que acompanha a nossa candidatura, deve ser sincera e convencer o responsável pela seleção de que vale a pena nos encontrar.

Agora vamos pensar, por exemplo, no que fizemos quando conhecemos a pessoa que amamos: nós lhe dissemos "eu preciso de um(a) homem/mulher" ou "eu quero só você"? As empresas podem ser comparadas, em alguns aspectos, às pessoas: elas querem saber *se naquele momento* o candidato "quer" realmente estar ali, sem que ele seja um "mercenário" ("Eu só aceito o trabalho se vocês me derem..."), apresente uma falta de interesse legítimo pela empresa ou esteja desesperado.

Quem pode nos ajudar?

Qual é a função dos *headhunters* e das agências? Como criar um *network*, evitar indicações e obter referências?

Vamos entender, antes, o papel dos famosos "caçadores de talentos", os *headhunters*, quero dizer, as organizações que cuidam da seleção dos funcionários de nível médio-alto das empresas. Desde 1980, o mercado está dominado por sete assessorias: Egon Zehnder, Korn Ferry, Spencer Stuart, Heidrick & Struggles, Boyden, Russell Reynolds e Odgers Berndtson. O restante está fragmentado em milhares de pequenas firmas especializadas em determinados mercados, segmentos, profissões e até mesmo em certos clientes.

Lembrando que os *headhunters* são pagos pelas empresas que contratam o serviço (por exemplo: "encontre o novo responsável pelo departamento financeiro") e não pelos candidatos. Compreensivelmente, eles vão atender ao interesse do seu cliente: se precisarem cobrir uma posição em sintonia com o nosso perfil, tentarão nos convencer a concorrer pela vaga; caso contrário, se não houver *naquele momento* uma vaga aberta que corresponda às nossas competências e aptidões, irão nos ignorar completamente.

De um modo ou de outro, a minha sugestão é escutá-los caso eles procurem um de nós para uma vaga. E se perguntarem: "Você conhece alguém que possa se interessar por essa fantástica oportunidade?", ajudem-nos fornecendo ideias ou sugestões; geralmente, não se esquecem de quem se mostrou disponível e atencioso. Resumindo: eles podem nos ajudar? Sim, mas antes nós é que precisamos resolver o problema *deles*.

Existem também *sites* especializados para níveis médio-altos: o www.bluesteps.com e o www.execunet.com, por exemplo, podem nos ajudar – pagando-se pelos seus serviços, é claro – a aumentar nossa visibilidade, a nos tornar mais conhecidos e a escrever um currículo.[3]

Para níveis não executivos, as agências de trabalho podem ser úteis. Uma agência séria irá se empenhar para *nos apresentar* a uma empresa e só deverá ser paga depois que o candidato for contratado. Exemplos de agências desse tipo são os portais www.indeed.com, www.monster.com, e www.infojobs.com, mas uma simples busca no Google nos abrirá um grande leque de *sites* com indicações sobre os trabalhos disponíveis. Existem também organizações como www.manpower.com ou ainda www.michaelpage.com que fornecem constantemente centenas de notificações sobre vagas abertas, geralmente apenas por poucos meses.

Malcolm Gladwell, autor do livro *O ponto da virada*, explica quanto é importante o papel daqueles que ele chama de comunicadores,[4] pessoas com uma rede de contatos – um *network* – muito vasta e eficiente. Gladwell cita um estudo feito na região de Boston segundo o qual 56% das pessoas, já na década de 1970, encontrara um emprego graças a contatos pessoais. Esse percentual não deveria surpreender a nós, italianos, que somos bons em criar uma rede informal de contatos pessoais e sabemos bem quanto é importante cultivá-la. O que surpreendeu os pesquisadores, porém, foi que as pessoas que haviam ajudado os candidatos a encontrar um trabalho não eram os seus melhores amigos, mas simples conhecidos. Em seu livro, Gladwell cita uma definição eficaz para o fenômeno cunhada por Mark Granovetter: "*the strenght of weak ties*", a força dos laços fracos, quer dizer, de pessoas que fazem parte de outros grupos sociais e que têm acesso a informações novas e variadas.

Acredito que é importante saber o que significa *networking*, termo que indica a capacidade de construir e manter uma rede de contatos.

Normalmente, pensamos em recorrer a ela apenas quando precisamos, e, assim, erramos. Criar uma rede de contatos significa, essencialmente, *dar mais do que receber*, tentar ser útil para resolver o problema dos outros e ser ponte entre pessoas com interesses semelhantes. O livro *Dar e receber*, de Adam Grant,[5] citado no Capítulo 2, explica que aqueles que estabelecem uma sólida reputação como pessoas que "doam" são também os melhores *networkers* do mundo. Se conseguirmos nos tornar conhecidos como pessoas disponíveis e honestas, conseguiremos utilizar a rede que construímos. Funciona exatamente como uma conta no banco: primeiro depositamos, acumulamos um crédito, e só então podemos sacar; não o contrário.

Eu de fato acredito que cultivar constantemente relações profissionais é uma chave fundamental para termos contatos úteis no futuro. Por isso, é absolutamente crucial continuar investindo nos contatos que se tornarão nosso capital de relacionamentos, um capital de valor inestimável.

E chegamos às contratações por influência de terceiros, através de cartas ou da pressão de pessoas influentes ou poderosas que pesam sobre quem vai decidir a contratação. *Não recorram a esse meio*, em nenhuma hipótese! Essas contratações devem ser evitadas a qualquer custo, por um motivo muito simples: se entrarmos em uma empresa graças a um "empurrãozinho" desse tipo nunca mais seremos livres: teremos sempre uma dívida com alguém e nunca saberemos exatamente qual "pagamento" nos pedirão em troca. Geralmente, são favores pesados e que podem colocar em risco a integridade e a carreira de qualquer pessoa. Além disso, mesmo se tivermos algum sucesso dentro da empresa na qual entramos graças a uma indicação, carregaremos para sempre a suspeita de que tal sucesso não foi fruto da nossa capacidade, mas do mérito de outra pessoa ou de outra coisa.

Fornecer referências é completamente diferente, aliás, é possível e recomendável; dizer, por exemplo, "eu trabalhei diretamente com o Fulano, vocês podem lhe pedir as minhas referências" é uma prática totalmente legítima e profissional. Precisamos de pessoas com credibilidade que falem sobre nós e sobre as nossas capacidades, e não de "padrinhos" que nos cobrarão um preço alto por seu favor.

As entrevistas

Condições necessárias, mas não suficientes

Quais são a) as condições necessárias, mas não suficientes, b) as condições necessárias e quase suficientes e c) os obstáculos finais – geralmente invisíveis – para ser o primeiro classificado na corrida pela "nossa" vaga de emprego?

Em 1970, 95% dos músicos das cinco melhores orquestras sinfônicas dos Estados Unidos eram homens. Eles de fato tocavam melhor ou existia um preconceito – *bias*, em inglês – contra as colegas de profissão? O sistema de seleção mudou, passando-se a usar a chamada *audição às cegas*, em que os músicos tocavam por trás de uma cortina que escondia suas identidades: chegaram inclusive a pedir aos candidatos que retirassem os sapatos antes de subir ao palco para evitar que o barulho do salto das mulheres pudesse ser reconhecido. Depois disso, o número de mulheres selecionadas teve um aumento entre 25% e 46%.[6]

Outro experimento muito interessante foi realizado pela Australian National University. Foram enviados 4 mil currículos absolutamente iguais para o mesmo número de vagas de nível júnior, com uma única diferença: o nome do candidato. Para conseguir o mesmo número de entrevistas, os candidatos com nomes árabes ou chineses deviam mandar entre 64% e 68% mais currículos. Com um nome italiano, *apenas* 12% a mais, enquanto os candidatos com nomes ingleses obtiveram os melhores resultados.

Todo mundo tem preconceitos, na maior parte dos casos, inconscientes: é um fato. Confesso que também descobri em mim um preconceito que desconhecia: recebi o currículo de um candidato para uma posição importante, li-o com atenção e depois escrevi "Não, velho demais". Eu percebi rapidamente que havia escrito algo absurdo, ilegal ainda por cima, sobre um candidato que, como se não bastasse, era dois anos *mais jovem* do que eu! Senti vergonha de mim mesmo e o chamei para uma entrevista. Ele passou na avaliação e foi contratado. Era competente, não velho.

Os antigos romanos ensinavam *Mens sana in corpore sano*, os jesuítas pregavam a *cura personalis*, os esportistas profissionais sabem que precisam treinar para entrar em campo concentrados, com força e foco. Fazer uma entrevista pode ser comparado a viver como jogador, e não como espectador, de um evento esportivo ao qual precisamos dedicar a mesma concentração e energia que um jogador de tênis dedica a uma final (o que conta aqui não é o trabalho em equipe).

O livro *O jogo interior do tênis*, de W. Timothy Gallwey,[7] mostra o estado mental ideal para nos apresentarmos da melhor forma possível nos compromissos importantes. E uma entrevista é exatamente um deles. Precisamos chegar confiantes, concentrados e relaxados.[8] O que fazemos geralmente para nos distrair? Um passeio no parque, um pouco de natação, ouvimos música? Ótimo, vamos fazer uma dessas atividades no dia anterior, evitando "estudar" até as três da manhã para nos preparar. Parece um conselho óbvio, mas nenhuma empresa vai oferecer trabalho a um candidato que chega em pânico, estressado ou cansado. Se temos só alguns minutos para nos preparar, vamos usá-los para respirar profundamente, com os olhos fechados: mesmo não sendo especialistas em meditação, três minutos serão suficientes para nos concentrar e adquirir uma atitude positiva. A fala da psicóloga Amy Cuddy[9] em uma palestra do TED revela que poucos minutos bastam para entendermos como a linguagem do nosso corpo influencia não apenas quem nos observa mas também o nosso próprio comportamento.

Depois, com o coração batendo um pouco mais rápido, vamos começar a primeira entrevista. Lembrando que nunca mais teremos uma segunda chance de causar uma boa primeira impressão. Em 1892, Arthur Conan Doyle escreveu, na voz do seu personagem mais famoso, o detetive Sherlock Holmes: "Pelas unhas de um homem, pela manga do seu casaco, pelas suas botas, pelo joelho das suas calças, pelos calos no indicador e no polegar... por todas essas coisas se reconhece a profissão de uma pessoa. É praticamente impossível que todas elas reunidas não possam ajudar um detetive experiente".[10] Temos consciência de que seremos observados e analisados, mas iremos nos apresentar para uma entrevista com um plano seguro:

- **pontualidade**: chegamos uns dez minutos antes do horário marcado, assim teremos tempo de recuperar o fôlego e analisar o ambiente;
- **educação absoluta** com todos;
- **roupas adequadas**: é importante que *ninguém se lembre de como estávamos vestidos para a entrevista*. Clássico, elegante, mas não como se estivéssemos prontos para um evento de gala ou um casamento. O descuido deve ser absolutamente evitado, a excentricidade deve ser avaliada com base no contexto. Ninguém deve poder dizer depois: "o candidato com a gravata do Mickey" ou então "a candidata com a meia-calça desfiada" ou "o candidato que parecia o Arlequim". O melhor modo de saber como se vestir é olhar o *site* da empresa e se vestir como os dirigentes estão nas fotos: em 90% dos casos, encontraremos homens com gravatas vermelhas, paletó escuro e camisa azul clara e mulheres vestidas com maior liberdade. Mas se formos trabalhar na Ben & Jerry's, uma rede alternativa de sorvetes inspirados nas músicas da banda Grateful Dead e onde os funcionários se vestem como *hippies* dos anos 1960, precisaremos de um guarda-roupa que esteja de acordo com esse gênero;
- **aperto de mãos**: forte, decidido, amigável, nem frio, nem de "peixe morto". E sem suor;

- **contato visual**: sempre olhe nos olhos de quem está falando com você;
- **rosto relaxado**, sorridente;
- **não interrompa**, escute; e de novo, e de novo...

Condições necessárias e – quase – suficientes

Vencemos a semifinal seguindo, até aqui, apenas algumas regras de bom senso e educação. Muitos dos outros candidatos já foram eliminados justamente porque não aplicaram essas regras básicas. Agora precisamos ir direto ao ponto e enfrentar a entrevista.

Daniel Pink, no livro *Saber vender é da natureza humana,*[11] lembra que tudo o que fazemos requer técnicas de venda, como a necessidade de interagir em sintonia com quem nos escuta, com flexibilidade e clareza. Como dizer que ele está errado? Durante a entrevista, precisamos *convencer alguém a "comprar" o candidato, ou seja, nós*. Quais são, então, as regras para concluir essa "transação"?

De um ponto de vista comportamental, vamos começar sendo genuinamente autênticos: é melhor ser a melhor versão de nós mesmos do que a pior cópia de outra pessoa.

Depois, precisamos estar preparados. Quando perguntaram a Michael Jordan, o maior jogador de basquete da história, o que ele tinha feito para vencer durante toda a carreira, ele respondeu: "Eu sabia que, se errasse na minha preparação, eu me prepararia para perder". Vamos ver, então, o que devemos fazer para nos preparar, para estarmos em sintonia com nós mesmos e sermos claros, flexíveis e autênticos:

- precisamos estudar bem as características mais relevantes da vaga que desejamos. Se, por exemplo, a posição requer grande capacidade analítica, teremos de mostrar exemplos concretos de como, no passado, utilizamos exatamente essa habilidade com sucesso.

Devemos evitar frases como "Eu sou muito bom em..."; em vez disso, devemos demonstrar já possuir a experiência desejada, talvez aperfeiçoada em ambientes diferentes. Precisamos dar exemplos reais, histórias sustentadas por números e dados, e não opiniões pessoais, que não têm valor algum;

- falar com entusiasmo sobre nosso emprego atual é uma boa estratégia, mas somente se isso nos ajudar a construir uma ponte com a nova empresa. Precisamos, por isso, estabelecer nexos lógicos entre o trabalho que já fazemos e o que desejamos conseguir. Por exemplo: "A nossa empresa está se transformando muito rápido" merece uma resposta que inclua todas as mudanças que já vivemos e de que modo contribuímos com isso;
- muitos candidatos tentam conseguir uma vaga falando sobre os benefícios que eles obteriam, sem esclarecer quais vantagens a empresa ganharia. É como tentar convencer uma pessoa a comprar o nosso carro falando do lucro que *nós teremos ao vendê-lo*. Então, vamos nos colocar no lugar de quem está ouvindo para sermos convincentes e empáticos. Por exemplo, podemos explicar como uma das nossas ideias já foi adotada um dia, e como ela trouxe benefícios verificáveis e quantificáveis;
- é quase certo que nos perguntarão quais são os nossos pontos fortes e fracos. Prepare uma resposta clara e convincente para ambas. Por exemplo, precisamos ser honestos sobre nossos pontos fracos e demonstrar que, ao mesmo tempo, fizemos algum progresso, que entendemos a lição e que eventuais dificuldades se tornaram chances de aprendizado e de crescimento profissional. Outra pergunta que é quase certeza que iremos ouvir é: "Como você se vê daqui a cinco anos?". Precisaremos de uma história autêntica para explicar qual *projeto* temos para nós mesmos;
- se houver lacunas em nosso currículo, quer dizer, períodos em que não trabalhamos, devemos dizê-lo com sinceridade e explicar o

motivo disso: contar uma história real e genuína pode se revelar uma vantagem. Por exemplo, "Sempre sonhei fazer uma viagem de seis meses na África e resolvi me dar esse presente depois de 25 anos de trabalho", "Voltei a estudar", "Retomei um velho *hobby* que tinha deixado de lado por anos" ou simplesmente "Eu queria parar um pouco, recarregar a bateria e estar do lado de quem eu amo". Diga a verdade com sinceridade, sempre;

- responder "Eu não sei" é geralmente aceitável, com a condição de que a resposta venha acompanhada de uma observação positiva, como "mas normalmente aprendo rápido" ou "em situações desse tipo, eu fiz...";
- devemos ter algumas perguntas prontas que nos ajudem a entender melhor o trabalho que iremos fazer. Muitos candidatos preparam-se apenas para dar respostas convincentes, e se esquecem de que poderiam obter informações valiosas através de perguntas precisas e perspicazes feitas aos examinadores. Convido-os a elaborar algumas dessas perguntas. Por exemplo: "Se eu for contratado, quais serão minhas três metas mais importantes no primeiro ano?" ou "Qual é a cultura da empresa?" ou "Quais conselhos você pode me dar?", "Você poderia me contar a sua história na empresa, o que você gosta do seu trabalho?", "O que as pessoas que tiveram sucesso na empresa têm em comum?";
- para entendermos melhor a cultura de uma organização, devemos perguntar "o que diferencia essa empresa das outras?".[12] Escutemos, então, o que nos respondem através da história que nos contam. As histórias das organizações sempre têm particularidades e, por isso, perguntas sobre o caráter do chefe, sobre a possibilidade de chegar ao topo ou de ser demitido, lhe trarão uma narrativa útil para entender melhor se os seus valores são compatíveis com os da organização.

Finalmente, vencemos a etapa inicial: evitamos erros, respondemos às perguntas que nos fizeram com honestidade e competência e fizemos nossas próprias perguntas, precisas e inteligentes. Conseguimos uma proposta de trabalho? Ainda não, pois faltam dois aspectos-chave. O primeiro é determinado por nós mesmos e está ligado à nossa capacidade de demonstrar inteligência emocional; o segundo depende de fatores ligados à empresa que irá nos contratar.

Inteligência emocional

As empresas hoje não querem saber apenas se somos competentes, mas sobretudo se temos inteligência emocional (IE), conceito desenvolvido nos anos 1990 por Daniel Goleman em seus dois *best-sellers*, *Inteligência emocional*[13] e *Trabalhando com a inteligência emocional*.[14]

Durante décadas, o QI, Quociente de Inteligência, foi considerado o indicador mais relevante para medir a chance de sucesso na vida, sendo utilizado por empresas e universidades na seleção dos “melhores”. Ainda que a correlação entre QI e sucesso seja inegável, ela foi estimada em 25%, aproximadamente: quer dizer que *75% do nosso sucesso profissional não tem nada a ver com esse índice.*

As empresas foram se interessando progressivamente pelo parâmetro da inteligência emocional justamente porque perceberam que o QI e o grau de experiência técnica das pessoas não eram por si só dados suficientes para que pudessem avaliar de forma completa os próprios funcionários e, muito menos, para que tomassem decisões nos processos de seleção. A evidência científica e empírica dos estudos realizados a partir do paradigma da inteligência emocional motivaram as organizações a levar a sério esse quesito, que já se tornou um ponto fundamental na avaliação e no desenvolvimento profissional dos funcionários.

De acordo com Goleman, a inteligência emocional é composta por cinco elementos:

1. **conhecimento de si mesmo**: é comum encontrarmos pessoas com uma autoestima enorme ("Eu sou o melhor..."), mas com pouco autoconhecimento. Conhecer a si mesmo significa saber como e quanto o nosso modo de ser impacta os outros; além disso, significa estarmos sempre presentes naquilo que estamos fazendo enquanto o fazemos;
2. **capacidade de autocontrole**: trata-se da habilidade de administrar as emoções, e não de reprimi-las. A entrevista será, portanto, um teste muito eficaz para nos avaliarem. Não devemos esperar por perguntas diretas sobre as nossas emoções: de fato, seremos mais facilmente avaliados através de nossa linguagem corporal;[15]
3. **motivação**: pense, por exemplo, em uma profissão na qual devemos vender um produto ou um serviço. Mesmo nos momentos de dificuldade ou de desencorajamento, uma pessoa motivada continuará tentando realizar a venda, enquanto uma pessoa menos motivada se deixará abater;
4. **empatia**: é a capacidade de se colocar no lugar dos outros, uma qualidade extremamente eficaz se, por exemplo, chefiamos um grupo ou trabalhamos em contato direto com os clientes;
5. **habilidades sociais**: somos capazes de interagir com os outros de forma produtiva e eficaz?

Como as empresas fazem para saber se temos uma inteligência emocional forte? Vamos nos preparar para perguntas sobre o que nos inspira ou quais palavras nos descrevem melhor, ou, ainda, que revelem outros aspectos nossos, como a capacidade de fazer amizades verdadeiras no trabalho.

Durante a entrevista, não importa apenas o que dizemos, mas também *como dizemos*. O tom vai criar a música, e cabe a nós controlar esse tom. Independentemente do trabalho que queremos, seremos avaliados com base na inteligência emocional que manifestamos.

Algumas empresas, especialmente as de grande porte, utilizam outros instrumentos de avaliação, como os *assessment centers*: os candidatos são avaliados por meio de exercícios individuais ou em grupo que muito frequentemente simulam situações organizacionais semelhantes às que ocorrem na realidade da empresa. Desse modo, evidenciam-se as características psicológicas e comportamentais que os avaliadores desejam observar.

Por exemplo, quanto à propensão para trabalhar em equipe, a empresa americana IBM considera que o aspecto mais importante a ser avaliado nos próprios dirigentes é a capacidade de cooperação; assim, nas entrevistas, os avaliadores prestarão atenção ao número de vezes que os candidatos dizem "eu" e "nós" e à frequência com que se referem a um jogo em equipe ou, ao contrário, dão a entender que trabalham isoladamente.

Nós também, obviamente, observaremos a linguagem corporal do entrevistador: se nosso interlocutor toca o queixo, por exemplo, está tomando uma decisão; se está de braços cruzados e mãos fechadas, demonstra hostilidade.

Agora que chegamos até aqui, estamos prontos para enfrentar as entrevistas, mas precisamos saber que tipo de entrevista teremos.

Técnicas de entrevista

Existem várias técnicas de entrevista, e está na hora de analisarmos as características das principais.[16]

Esta entrevista foi feita no dia 21 de janeiro de 2017.

> Entrevistador (E) – Bom dia e bem-vindo à nossa empresa: vamos começar a entrevista para a vaga em que você está interessado.

Candidato (C) – Obrigado por me receber. Eu gostaria de saber se...

E – Aqui quem faz as perguntas somos nós. E temos só trinta minutos, não uma hora: há muitos candidatos interessados nesse trabalho. Vamos começar pelo seu perfil. Tomamos a liberdade de checar algumas informações com a escola onde você, por assim dizer, estudou. Eles nos contaram que você já fez uso abusivo de álcool, cocaína e maconha. É verdade?

C – Sim, mas, como o senhor certamente leu, eu declarei que esse foi o maior erro moral que já cometi; pedi desculpas e repeti centenas de vezes que não deveria ter feito isso. E a esse respeito eu queria acrescentar que...

E – Lembrando que não temos tempo e nós é que fazemos as perguntas: agora vamos falar das suas escolhas universitárias. Reconhecemos que você se formou em uma excelente instituição, mas cursou disciplinas na área de humanidades, e nós preferimos estudos ligados à ciência ou tecnologia. Por que você fez uma escolha que é, digamos assim, no mínimo discutível?

C – Para ser sincero, eu...

E – Ah, desculpa se o interrompo, quer dizer que você não foi sincero até agora?

C – Fui sim, eu só queria dizer que fazia sentido eu estudar Direito, já que eu queria ser advogado, o senhor não acha? E depois, como o senhor viu, de fato me tornei advogado para defender os direitos dos mais fracos...

E – Essa história a gente já conhece. O fato é que você nunca trabalhou no setor privado, um elemento muito importante na avaliação dos candidatos.

C – Me desculpe, mas ter experiência no setor privado não aparecia como requisito na descrição da vaga publicada no jornal.

E – Você tem razão, mas já se passaram quatro meses desde a publicação no jornal. O mundo muda rápido, e parece que você ficou preso aos velhos modos de pensar.

C – Velhos? Mas eu só estava observando que...

E – Agora me conte sobre a derrota de 2000, quando você perdeu.

C – Claro. Eu não tinha nem 40 anos, mas foi uma experiência muito útil para o que aconteceu depois, em 2008, ano em que, como os senhores sabem...

E – Deixa pra lá, o outro candidato é que se destruiu sozinho. Vamos falar daquele prêmio muito cobiçado que você recebeu em 2009. Muitas pessoas, eu inclusive, se perguntaram se você realmente se sentia merecedor: você, na verdade, havia acabado de começar no seu novo trabalho, e nós dois sabemos bem que as pessoas trabalham uma vida inteira para conseguir *aquele prêmio*, e, depois, não só não o vencem, como nunca são cotadas para recebê-lo.

C – Como os senhores sabem, não foi uma decisão minha, mas um reconhecimento dado...

E – Você nunca trabalhou no exterior.

C – Eu fiz pelo menos cinquenta viagens, ao redor do mundo inteiro, nos últimos oito anos, me encontrando e trabalhando com pessoas importantes, tratando de temas graves, nada fáceis...

E – De qualquer forma você nunca trabalhou no exterior, só viajou muito, o que é bem diferente. Vamos agora para a última pergunta: você fala alguma língua estrangeira?

C – Não, mas acredito que sei me virar bem para me comunicar; por exemplo, no discurso que fiz em 2007, quando ninguém me conhecia...

E – Olha, na verdade, o que importa aqui é o que as pessoas realmente sabem fazer, não o que elas dizem ou o modo como dizem. Resumindo, você, durante anos de estudo, nunca cursou disciplinas científicas, depois nunca trabalhou no setor privado e nunca teve um emprego estável no exterior; além disso, você não fala nenhuma língua estrangeira e recebeu um prêmio que provavelmente não merecia. Tem alguma pergunta?

C – Quando saberei o resultado da entrevista?

E – Vamos entrar em contato nos próximos dias. Obrigado e até logo, senhor Barack Obama.

A entrevista, obviamente fictícia, teria ocorrido depois do segundo e último mandato de Barack Obama, 44º presidente dos Estados Unidos. Obama já fez uso de drogas leves, mas se desculpou publicamente por isso diversas vezes; ele estudou Direito na Universidade Columbia, em Nova York, e depois em Harvard, duas das mais renomadas universidades dos Estados Unidos. Optou por defender os direitos dos mais fracos, recusando oportunidades promissoras que teriam lhe rendido muito mais dinheiro. Em 2000, perdeu as primárias do Partido Democrata para concorrer nas eleições a uma vaga no Senado como representante de seu estado natal, Illinois, mas teve a sua revanche em 2005, quando venceu as eleições e foi eleito senador pelo mesmo partido. Em 2007, deu um discurso na convenção do Partido Democrata que teve grande repercussão e o tirou do anonimato; em 2008, conseguiu uma vitória inesperada nas primárias contra Hillary Clinton e, em seguida, venceu as eleições contra o candidato republicano McCain, tornando-se presidente dos Estados Unidos aos 47 anos. Em 2009, depois de dez meses na presidência, ele recebeu o Prêmio Nobel da Paz. O resto, como se diz, é história.

Essa "entrevista" é um exemplo de *stress test*, técnica criada com o objetivo específico de nos desestabilizar para ver como reagimos quando o interlocutor nos interrompe, quando despreza uma conquista nossa com um indiferente dar de ombros e quando nos faz perguntas, no mínimo, irritantes. Como devemos nos comportar nessa situação? Sangue frio, antes de tudo. Nunca se desculpe, pois isso fará com que você pareça um capacho, nem se irrite, pois isso demonstra falta de autocontrole. A melhor opção é responder com calma, olhando o interlocutor nos olhos e apresentando os argumentos com uma expressão tranquila, e não com um sorriso irônico no canto dos lábios. Assim, iremos demonstrar que sabemos lidar com o estresse, com clientes ou colegas difíceis, com críticas injustas e com comentários no limite da tolerabilidade. Devemos ter em mente que esse tipo de entrevista é como uma peça na qual querem nos empurrar o papel de vítima predestinada, enquanto nós tentamos ganhar o papel do protagonista, do "herói otimista".

Um segundo tipo de entrevista, muito comum, é o chamado *comportamental*. No decorrer da conversa, vão nos fazer perguntas para saber como agimos em situações específicas, para avaliar nossos processos de tomada de decisão e nosso grau de discernimento e maturidade. Esteja pronto para questões como:[17]

- Qual foi o momento mais difícil da sua carreira?
- Você pode descrever um caso em que precisou tomar uma decisão em um milésimo de segundo?
- Você pode descrever o seu maior sucesso e o seu maior fracasso profissional? O que aprendeu com isso?
- Você pode descrever uma situação em que conseguiu prever um problema?
- Você pode descrever uma ocasião em que teve um problema com o seu chefe, com um colega do mesmo nível que o seu ou com um subordinado?
- Você pode descrever uma situação em que não concordou com seu chefe? Como resolveu a questão?
- Você já precisou dar notícias ruins para um cliente?

Perguntas como essas nos darão a chance de nos destacar, mas somente se soubermos usar uma estratégia bem definida. Em inglês, essa metodologia se chama STAR.

- **S** de *Situation* (situação): na primeira parte da resposta, em que devemos ser breves, apresentaremos a situação que enfrentamos.
- **T** de *Task* (tarefa, trabalho): qual era o nosso objetivo, que resultados precisávamos atingir.

- **A** de *Action* (ação): o que fizemos.
- **R** de *Result* (resultado): que resultado obtivemos.

O terceiro tipo de entrevista é aquele tradicional, a clássica *avaliação*,[18] em que – como na escola – recebemos pontos de acordo com critérios preestabelecidos, como uma boa experiência, capacidade de comunicação apropriada à posição, atitude positiva, nível adequado de formação profissional e acadêmica. Se a posição requer dez anos de experiência em um trabalho análogo, sabemos que esse critério será determinante; se temos só cinco anos de experiência, seremos candidatos *fracos* nesse quesito, mas, de todo modo, ainda temos chance de sermos levados em consideração. Esse método é um pouco mecânico: parece, na realidade, que estamos em uma prova oral da escola. Enquanto candidatos, precisamos ser *flexíveis nas respostas e muito concretos nos exemplos que damos*.

Uma versão mais articulada, mas em alguns aspectos parecida com a que acabamos de ver, é a entrevista baseada nas *competências*. Nessa metodologia, a empresa define competências-chave – em geral, de quatro a sete – e nos faz inúmeras perguntas para cada uma delas. Provavelmente, seremos entrevistados por mais de uma pessoa, e cada uma avaliará determinada competência; por exemplo, as pessoas do RH nos farão perguntas sobre aspectos ligados à inteligência emocional, se somos bons gestores ou se trabalhamos em sintonia com os outros.

Em muitos aspectos, essa metodologia se parece com a comportamental: geralmente, as perguntas estão relacionadas ao nosso caráter, mas o entrevistador também buscará avaliar o nosso grau de competência técnica e o nosso nível de responsabilidade, incluindo também alguns aspectos comportamentais, como a nossa capacidade de trabalhar em equipe.

A última metodologia consiste, na verdade, na ausência de uma metodologia clara: nesse caso, vamos lidar com um entrevistador não muito experiente, que fará apenas perguntas muito genéricas como "Me fale sobre o seu trabalho". Trata-se de uma entrevista de tipo *descritivo*, que podemos conduzir na direção que desejarmos, fornecendo exemplos e seguindo a metodologia STAR descrita antes; assim, vamos mostrar ao entrevistador as nossas capacidades tanto técnicas quanto comportamentais, e como elas se adaptam aos critérios estabelecidos para a vaga.

Vou contar uma breve história para mais uma reflexão. Em 1983, Steve Jobs, o fundador da Apple, queria contratar um CEO e considerou como candidato o presidente da Pepsi, John Sculley. O que ele lhe perguntou? "Você quer passar o resto da sua vida vendendo água com açúcar ou quer ter a chance de mudar o mundo?"

Os entrevistadores mais preparados não só conhecerão as diferentes metodologias ou técnicas de entrevista, mas também saberão *nos colocar diante da pergunta que nos fará pensar*. Precisamos estar prontos, ter a flexibilidade mental, também conhecida como *inteligência contextual*, para entender o significado dessa pergunta.

Por último, muitas empresas utilizam instrumentos virtuais para obter avaliações sobre os candidatos ou, para cargos seniores, enviam os candidatos a centros de avaliação especializados, onde eles serão observados por psicólogos e/ou dirigentes.

Se, por acaso, nos encontrarmos em uma situação como essa, sem problemas: permaneceremos calmos, focados e honestos, dando as respostas que sentimos como "nossas", e não as que na nossa opinião podem parecer melhores.

Descobrir o Pinóquio

Durante as entrevistas, precisamos, antes de mais nada, escutar bem o que nos dizem, e não só tentar responder às perguntas. Precisamos preparar algumas questões e estar prontos, assim como as empresas farão em relação a nós, para não aceitar clichês ou frases retóricas sem provas concretas do que ouvimos. Seguem alguns exemplos clássicos.

- *Nós temos programas de formação para novos funcionários.* Quais são eles? Quanto tempo duram? Qual é o investimento que a empresa faz nos cursos de formação? É possível falar com alguém que já seguiu o curso?
- *Damos muitas oportunidades para crescer na carreira.* Existem planos de carreira preestabelecidos? Quais são eles? Como funcionam? É possível falar com alguém que foi promovido recentemente?
- *Reajustamos o salário todos os anos.* Quando? Qual foi o aumento médio na folha de pagamento nos últimos três anos? Quais foram os critérios seguidos?
- *Com o bônus é possível dobrar o salário.* Quantos conseguiram dobrá-lo? É possível falar com alguém que atingiu esse objetivo?
- *Você pode trabalhar de casa quando quiser.* Existem normas internas que regulam a prática dessa possibilidade? É possível conhecer uma pessoa que trabalhou desse modo na empresa e/ou algumas pessoas da equipe?

Não se trata de ser arrogante, mas de obter clareza sobre pontos fundamentais para evitar respostas superficiais e surpresas (ou mentiras) desagradáveis.

Contrato de trabalho?

Criamos uma boa primeira impressão, conseguimos responder com sucesso às perguntas técnicas, demonstramos inteligência emocional e fizemos uma ótima entrevista, conscientes das técnicas dos entrevistadores e das possíveis "armadilhas". Já podemos, então, esperar a oferta de trabalho? Não, ou melhor, *ainda não*.

O momento de decisão em uma empresa é muito complexo porque envolve inúmeros fatores que não dependem de nós, mas que pesam na decisão final: a empresa que quer nos contratar ainda tem recursos para nos pagar? A direção mudou de ideia porque talvez a pessoa com o "QI" da vez apareceu? Cancelou as contratações por causa de uma crise na empresa?

Precisamos também ter consciência de que todos temos, do ponto de vista da empresa, pelo menos um fator negativo que pode influenciar a escolha final: idade, sexo, origem, escolarização, preferência sexual, religião, sotaque, o modo como nos vestimos e até nosso nome e sobrenome são elementos que – precisamos estar cientes disso – podem de alguma forma fazer a diferença. Durante mais de vinte anos de experiência profissional no exterior, por exemplo, sempre precisei combater alguns irritantes clichês ligados à minha origem italiana, da máfia ao bandolim, da pizza à política pouco transparente.

Depois de superar todos esses obstáculos e de fornecer as referências que garantem nossa seriedade e competência, se tudo correr bem receberemos a oferta de trabalho. O que fazer a essa altura? Ao meu ver, negociar a contratação deve ser não a última ação do candidato, mas a primeira – e importantíssima – como funcionário. Isso contribuirá para a nossa futura reputação na empresa.

Nossos primeiros passos na *nova praia* serão, de fato, cruciais para saber se teremos sucesso no nosso novo trabalho.

4

Chegando à praia

Como ter confiança

Ame a todos, confie em poucos,
não faça mal a ninguém.

William Shakespeare

A confiança, alavanca fundamental nas organizações

Neste capítulo, vamos enfrentar um aspecto fundamental da construção do nosso sucesso em todas as empresas: como *conquistar a confiança dos outros*? Todos sabemos o quanto ela é importante. Aqui, não se trata de buscar uma definição acadêmica perfeita, mas sim de desenvolver ações concretas relacionadas ao encontro com *os locais*, com os novos colegas, com nossos superiores – tema que será tratado no próximo capítulo –, pela inserção em uma nova cultura e em um novo ambiente de trabalho. Como podemos construir de forma duradoura uma relação de confiança nesse novo contexto?

Considero que *conquistar a confiança dos outros* é o tema central das empresas e o alicerce do sucesso no trabalho, independentemente do nível, do setor ou da empresa.[1] Durante os meus 25 de experiência, aprendi que as empresas podem até *perdoar* a falta de resultados, ainda que apenas por um determinado período de tempo, mas não terão nenhuma piedade se a nossa relação de confiança se romper ou simplesmente *sofrer uma fissura*.

A confiança não é algo que se possui, mas algo que se constrói, que se cultiva e que se aprende. Václav Havel, poeta e filósofo presidente da República Tcheca de 1989 a 1993, em discurso pós-Revolução de Veludo que derrubou o regime comunista tchecoslovaco disse: "Precisamos aprender a confiar uns nos outros". Nelson Mandela, no dia da cerimônia de posse da presidência da África do Sul, depois de ter passado 26 anos na cadeia por causa da política de segregação racial, o *apartheid*, chamou como convidados de honra os mesmos guardas que o tinham maltratado e humilhado por anos. A mensagem era clara: "Se eu posso confiar neles, então toda a nação também pode, e assim se dará início a um processo de reconciliação nacional para reconstruir o país".[2] Os grandes líderes não dão o primeiro passo fazendo planos estratégicos ou orçamentos: eles unem, não dividem, e começam sempre pela construção da confiança. Nós faremos o mesmo.

Vamos começar pela negociação – e cooperação – necessária para obter um contrato de trabalho ou carta de contratação que satisfaça tanto a você quanto à empresa. Obter o tão almejado contrato de trabalho é a última etapa de um processo de seleção que pode durar muito tempo, até mesmo alguns meses. Do ponto de vista *emocional*, a negociação do contrato de trabalho representa uma etapa importante, na qual começaremos a estabelecer a nossa *reputação* e a percepção dos outros sobre nós dentro da empresa. É um momento-chave, portanto, para nos apresentar, para começar a conquistar a *confiança* dos outros; entram em jogo muitas variáveis, nem todas controláveis, que podem nos fazer cair em três erros, vieses cognitivos, muito frequentes nessa fase, chamados de *efeito âncora*, *efeito auréola* e *efeito escada*.

Na segunda parte do capítulo, entenderemos como construir uma relação de confiança com a empresa ou organização da qual faremos parte. Não me refiro apenas aos aspectos técnicos de um trabalho, mas a um ponto mais profundo e duradouro. Não importa se trabalhamos em uma grande empresa ou em um pequeno mercado de frutas e verduras: existem, e sempre existirão, alguns ingredientes fundamentais para se estabelecer uma relação de confiança, condição *sine qua non* para não fracassarmos. Vou descrevê-los um por um, com histórias reais, e depois revelarei uma *fórmula mágica*. Não estou brincando: existe uma verdadeira fórmula matemática que pode nos ajudar a decifrar, entender e colocar em prática um plano para conquistar a confiança dos outros, elemento básico para uma relação profissional ou pessoal de sucesso.

Tenho plena convicção de que *a confiança é o indicador mais importante da qualidade das relações entre as pessoas, entre grupos de pessoas e entre uma pessoa e uma organização.* Devemos também ter consciência de que a confiança será sempre condicionada: nunca teremos "cheques em branco", um crédito ilimitado, e é ótimo que seja assim. A humanidade experimentou na própria pele o que acontece quando uma nação ou uma empresa confia cegamente em uma pessoa.

A negociação do contrato

As entrevistas acabaram, as referências foram verificadas, temos a impressão de que fomos bem nas entrevistas. Nos dias seguintes, as emoções dividem-se entre ansiedade e satisfação. Para não atrair má sorte, não dizemos nada a ninguém. Alguns dias depois, finalmente chega a boa notícia, por telefone, SMS ou *e-mail*: decidiram nos oferecer – sim, para nós! – a vaga. Um conselho: seja prudente – isso *ainda* não é um contrato de trabalho; apenas um papel com um texto impresso a tinta assinado pela empresa tem valor legal; então, vamos esperar antes de abrir a garrafa de champanhe que colocamos na geladeira. Quando nos enviarem o esboço do contrato, precisamos lê-lo bem, não uma única vez, mas pelo menos três vezes. Se trabalhamos em outra empresa, não vamos pedir demissão de imediato: há ainda algumas etapas a serem percorridas.

Em particular, três aspectos devem ser levados em conta durante a fase da negociação: as informações disponíveis para tomar a melhor decisão, o *timing* certo e, por fim, a modalidade, o *tom* que vamos usar. *Est modus in rebus*: existem modos e modos de se fazer as coisas, escreviam os nossos antepassados. E eles tinham razão.

O contrato: salário e outros fatores

Vamos pensar sobre o que fizemos na última vez que compramos um carro, alugamos um apartamento ou decidimos fazer uma viagem: em pouco tempo nos tornamos *experts* no assunto. Tornamo-nos *pesquisadores*, fizemos perguntas para amigos e conhecidos, conversamos com especialistas, passamos horas na internet e lemos revistas especializadas.

Ótimo: agora precisamos usar essa metodologia para obter as melhores condições no contrato. A empresa muitas vezes tentará economizar, ainda mais em períodos de crise, enquanto nós tentaremos obter o máximo possível. A dança vai começar e precisamos mostrar que somos bailarinos experientes, sem pisar no pé do nosso parceiro, tentando coordenar os movimentos e colaborar com ele.

Não é fácil obter informações exatas sobre salários, ainda que algumas empresas divulguem esses dados *on-line*, como a ONU,[3] por exemplo. Geralmente, há informações úteis disponíveis na internet. Esses *sites* nos fornecem uma estimativa de salário para cada profissão, por exemplo, "professor de ensino básico", ou por setor, considerando, como sabemos, que alguns ramos pagam em média mais do que outros: para citar um caso, o setor de seguros paga mais do que o hoteleiro.

Outra fonte inesgotável de informações é o *site* www.glassdoor.com, em que os dados sobre as empresas são fornecidos de forma anônima por quem trabalha nelas (o mesmo princípio do TripAdvisor, aplicado às empresas); nessa plataforma, candidatos e funcionários expressam livremente a própria opinião, acrescentando os principais aspectos positivos e negativos da empresa. São muito engraçadas as histórias das entrevistas, a lista de perguntas que são feitas e a dos requisitos que a empresa exige. Podemos selecionar as organizações que nos interessam e toda semana receberemos um *e-mail* com vários comentários, tanto de candidatos quanto de funcionários. Se queremos trabalhar nos Estados Unidos, podemos consultar os *sites* www.salary.com e www.salaryexpert.com, para níveis médio-altos, ou www.jobstar.com, um verdadeiro tesouro de informações. Fazendo uma simples busca no Google por "Jobs in London", descobriremos dezenas de *sites* para encontrar trabalho em Londres (como www.careerbuilder.co.uk/london) ou então para saber quanto é possível ganhar na capital inglesa (por exemplo, www.reed.co.uk/average-salary). Se quisermos trabalhar na Suíça, podemos começar pelo www.jobup.ch.

Além disso, todo mês nascem dezenas de novos *sites* "especializados" em profissões e setores, quase todos disponíveis gratuitamente. Para citar só um exemplo, o *site* www.care.com, especializado no serviço de *baby-sitter* nos Estados Unidos, um dos mais acessados, traz inclusive os honorários solicitados por hora de trabalho.

Podemos ainda dar um passo além e realizar *pesquisas direcionadas*, verificando, por exemplo, se um de nossos contatos do LinkedIn trabalha na empresa que nos ofereceu o trabalho e – com muita educação e gentileza – pedir dez minutos de seu tempo para lhe pedir as informações de que precisamos.

Quando estamos entre os finalistas da última fase da seleção, precisamos evitar três erros típicos: *o efeito âncora*, *o efeito auréola* e o *efeito escada*. Vamos analisar um por um.

Efeito âncora: *anchoring*, ou ancoragem, indica um viés cognitivo que nos leva a tomar uma decisão com base em uma informação que consideramos ser a única relevante; Daniel Kahneman, Prêmio Nobel de Economia em 2002, foi uma das primeiras pessoas a estudar esse fenômeno. Ao longo da minha carreira, notei que muitos candidatos têm um número, um valor preestabelecido na cabeça: por exemplo, um candidato que ganha 1.347 euros por mês (salário médio mensal na Itália de acordo com um estudo da CGIL,)* e que tem como único objetivo conseguir um salário de 1.600 euros por mês. Ainda que conseguisse obtê-lo – e desejo que consiga –, esse candidato deveria avaliar também outros aspectos: a nova empresa poderia não oferecer nenhuma forma de benefício e não ter refeitório, poderia oferecer menos dias de férias ou não prever nenhum aumento para os próximos três anos. Além disso, o local de trabalho poderia se encontrar a uma distância significativa de sua casa: nosso tempo tem um valor imenso, e precisamos considerá-lo e avaliá-lo. Ancorar-se em uma cifra preestabelecida subjetivamente por nós mesmos pode se revelar um objetivo mal avaliado. Ou, até mesmo, como observei, ainda que o salário fosse maior em termos absolutos, poderíamos nos encontrar, na realidade, em condições *piores*. Precisamos, portanto, fazer uma avaliação do conjunto do que nos é oferecido, incluindo os fatores não facilmente monetizáveis. Precisamos também entender *quanta margem* de negociação temos. Se nosso supervisor ganha 2.200 euros por mês e nossos colegas recebem entre 1.400 e 1.700 euros, sabemos qual é a faixa salarial disponível e quais são os nossos limites de manobra. O último aspecto que deve ser avaliado é o poder de compra que, como sabemos bem, varia de lugar para lugar. Se 1.500 euros por mês correspondem a um salário mínimo em Milão, a mesma quantia tem um impacto diferente,

* A cifra foi publicada pelo jornal italiano *Repubblica* em um artigo de 14 de setembro de 2014 a partir de um estudo realizado pela CGIL, maior sindicato da Itália. O valor indica o salário médio bruto na Itália em agosto de 2014.

por exemplo, em uma pequena cidade do Sul da Itália. Uma colega minha decidiu se mudar de Genebra, uma das cidades mais caras no mundo, para a África do Sul, um dos países menos caros; no começo, ela se surpreendeu quando constatou que no novo trabalho ganhava cerca de metade, em termos absolutos, do que recebia antes, mas em pouco tempo percebeu que a sua condição econômica na verdade havia melhorado. Para se ter uma ideia precisa do conceito de poder de compra, podemos considerar o chamado índice Big Mac,* um indicador que fornece dados sobre o poder de compra em vários países. Além dele, a assessoria Mercer fornece informações atualizadas e úteis para entender as diferenças de custo de vida e de poder de compra no mundo todo.[4]

Efeito auréola: o segundo erro que deve ser evitado é o *halo effect*,[5] ou seja, o *efeito auréola*. O termo foi cunhado pelo psicólogo Edward Thorndike nos anos 1920. Basicamente, trata-se de um efeito ligado à primeira impressão que nos leva a supor que uma pessoa ou organização com uma determinada característica possui automaticamente outras características análogas. O candidato é simpático e brilhante? Então ele deve ser inteligente e também um ótimo funcionário. Se queremos trabalhar em uma empresa de prestígio, deduzimos que o nosso trabalho deverá ter o mesmo prestígio. Mas temos certeza disso?

Efeito escada: o terceiro erro, o *efeito escada*, está ligado a um processo na maior parte das vezes inconsciente. Deriva do modelo da *ladder of inference* ("escada da inferência"), inventado por Chris Argyris (1923-2013), professor de administração de Harvard. Nosso esquema mental

* O índice foi inventado pela *The Economist* em 1986. Sem dúvida, não é levado a sério pelo mundo acadêmico, mas é um parâmetro para avaliar o poder de consumo e a taxa de câmbio. Por exemplo, se nos EUA um Big Mac custa 4 dólares e na China, 2,5 yuan, isso significa que a moeda chinesa está desvalorizada em 37,5%.

nos leva a selecionar uma informação dentre todas as disponíveis; esse dado é então interpretado de acordo com nosso quadro de referências, do qual tiramos as nossas conclusões, a nossa chave interpretativa e, então, agimos de acordo com elas. Em outras palavras, *subimos rapidamente a escada* sem analisar o problema a fundo, reféns do modelo mental que inconscientemente desenvolvemos. Seria necessário, ao contrário, escutar as nossas reações, prestar atenção nos outros e *descer a escada para entender o que nos levou a tirar determinadas conclusões.*

Portanto, enquanto candidatos nessa delicada e importante fase final, precisamos evitar os efeitos *âncora*, *auréola* e *escada*, além de obter informações para avaliar a oferta de trabalho em um contexto mais amplo: não podemos esquecer que o salário é um valor relativo, calculado com base no poder de compra: embora importante, não deve ser o único elemento de decisão.

Timing e modalidades

Vou apostar em uma comparação arriscada. O processo de seleção é, em parte, semelhante a uma longa, prudente, inteligente e respeitosa paquera em que não se podem fazer jogadas apressadas ou erradas. Depois de uma fase inicial de curiosidade, começa o interesse recíproco, para chegar à fase em que nos conhecemos melhor, seguida pela fase do "gosto de você", para finalmente chegar à fase final em que – assim se espera – o interesse da empresa e do candidato seguem juntos na mesma direção. Durante a minha carreira profissional, negociei mais de mil ofertas de trabalho em muitos países e com pessoas com diferentes experiências: de recém-formados em busca do primeiro emprego a ex-primeiros ministros. As sugestões a seguir valem para todos.

A nossa regra de ouro deve ser a de deixar que a empresa toque no assunto do dinheiro antes de nós. Em alguma hora, ouviremos a pergunta: “Qual é a sua expectativa de salário?”. Já que não podemos ficar mudos, podemos considerar três respostas, apresentadas aqui em ordem de preferência.

- Considerando a experiência de vocês no mercado e o conhecimento que têm da própria empresa, imagino que vocês saibam qual é a faixa salarial de um trabalho tão importante como este... Poderiam então me dar uma estimativa, por favor?
- O meu salário é x e a previsão é que suba para y; então, se eu tiver a oportunidade de trabalhar com vocês, acho que seria realista pensar em um aumento total de z...
- Eu estava pensando em um salário médio líquido de 2.200 a 2.500 euros por mês, mas gostaria de saber outros detalhes: se vocês programam uma revisão anual dos salários, que aumento posso esperar no futuro e quais benefícios vocês oferecem, por exemplo, seguro de saúde e empréstimos a juros reduzidos (geralmente, as empresas tendem a conceder benefícios que refletem o próprio campo de atuação. Um banco pode dar empréstimos a juros reduzidos, uma rede de hotéis, descontos para hospedagem, e assim por diante).

O entrevistador pode ser bastante mesquinho, a ponto de responder: “Como todos os candidatos têm a mesma qualificação profissional, optaremos pelo mais barato”. O que responder? Já me vi nessa situação e respondi que era uma escolha legítima, mas, considerando a importância do cargo, se dependesse de mim, eu escolheria o candidato mais qualificado, e não o mais barato. Eles concordaram comigo. E ofereceram o trabalho para outra pessoa.

Outros fatores que influenciam as escolhas são as regras internas e a cultura da empresa. Em primeiro lugar, algumas organizações não veem problemas em negociar. É o caso das empresas familiares, por exemplo, em que há um proprietário que decide sozinho, ou dos bancos de investimentos, que parecem esperar que o candidato negocie tenazmente. Por outro lado, há empresas, como as do setor público, que não podem negociar, pois seus salários são estabelecidos pela lei.

Há ainda um outro fator: se procuramos um trabalho *enquanto estamos desempregados*, nossa margem de negociação é relativamente menor, a não ser que uma outra empresa já tenha nos enviado uma oferta de trabalho por escrito. E atenção: nada de trapaças. No geral, quando candidatos me disseram que tinham uma *outra* oferta de trabalho em mãos, isso só correspondeu à verdade em 20% dos casos. O meu conselho é: não blefe nunca, seja sempre honesto.

E mais: se foi a organização que entrou em contato conosco, estamos em uma posição de relativa força. Uma vez, fui chamado diretamente por uma empresa porque um ex-colega havia me indicado. Durante as entrevistas, me disseram claramente que estavam enfrentando uma emergência, que tinham pressa porque o candidato interno havia se demitido e o externo havia mudado de ideia no último minuto por questões familiares. Eu estava, portanto, em uma posição de vantagem contratual, porque a empresa naquele momento não tinha nenhuma alternativa viável disponível. Resultado? Eu pedi e obtive 30% de aumento em relação ao salário informado no início da negociação. Não fiz nada além de aplicar a famosa *regra da combinação entre rapidez, custo e qualidade*: se queremos algo rapidamente, mas pagando pouco, não poderá ser de qualidade; se queremos que seja de qualidade e barato, não pode ser rapidamente; se queremos que seja rapidamente e de qualidade, não pode ser barato. O mesmo princípio se aplica à seleção de candidatos, e isso pode se tornar uma vantagem para nós: também nessas urgências precisamos de informações.

A lista dos elementos que devem ser analisados para aceitar ou não um trabalho é grande, mas – atenção! – nenhum contrato no mundo vai trazer a informação mais importante e significativa, sem a qual qualquer outra condição se torna irrelevante: quanto iremos aprender? Vamos nos tornar profissionais mais qualificados? Teremos a chance de aumentar o nosso *valor*, não apenas profissional, mas também humano? Devemos nos tornar *animais capazes de aprender*, como dizem no Google,[6] e ter uma paixão pessoal que dispense qualquer consideração de tipo financeiro ou contratual. As motivações devem ser intrínsecas, pessoais, uma parte profunda do que somos e fazemos.

Dito isso, para analisar uma proposta de trabalho é útil elencar e avaliar todos os aspectos com base em dois elementos: o quanto ela é importante para nós e qual o nosso grau de satisfação com o que estão nos oferecendo dentro de uma escala de um a cinco, por exemplo. Podemos acrescentar todos os elementos que nos interessam, alguns facilmente quantificáveis (salário), outros menos, como o grau de autonomia que teremos em nosso trabalho. Visualizar essa análise nos fornecerá informações muito válidas para sabermos se estamos fazendo a escolha certa, desde que nos lembremos também das nossas paixões e da experiência que iremos adquirir ao fazer determinado trabalho.

Elementos que devem ser considerados	**Importância pessoal**	**Satisfação**
Salário		
Benefícios		
Férias		
Cursos de formação		
Ambiente internacional		
Título e posição		
Duração do contrato		

Acredito, porém, que é simplista pensar na negociação como um *jogo de soma zero*, em que uma pessoa vence e a outra perde. Se decidirmos aceitar a proposta de trabalho, precisamos sair da *negociação* e entrar na *cooperação*, uma estratégia geralmente muito mais eficaz do que um *confronto*. Sugiro escrever ao seu futuro chefe, ou dizer-lhe pessoalmente, uma mensagem como esta:

> Prezado senhor(a) ...
>
> Eu gostaria de agradecer sinceramente pela proposta de trabalho: para mim, é uma honra e um privilégio poder trabalhar em uma organização tão importante como a sua.
>
> Li com atenção a sua proposta de trabalho e reconheço o voto de confiança que vocês estão depositando em mim. Antes de assinar o contrato, eu gostaria de lhe pedir, por gentileza, meia hora do seu tempo para saber a sua opinião e o que o senhor me aconselharia com relação a algumas questões do documento. Asseguro-lhe que estou lisonjeado com a oferta e que mal vejo a hora de começar a trabalhar tão logo essas questões estejam resolvidas.

A frase-chave é "saber a sua opinião e o que o senhor me aconselharia". Essa abordagem funciona sempre: o interlocutor quer "fechar", e valorizará o fato de fazer parte da solução; com uma pitada de humildade, tentaremos melhorar alguns aspectos do contrato. Se disséssemos "Eu gostaria de um salário mais alto", nos responderiam com uma direta e clara rejeição, de modo que é necessário usar uma estratégia diferente, por exemplo, dizendo: "Se eu permanecesse no meu trabalho atual, em três meses receberia um aumento de 3 a 4%: eu ficaria muito contente se o salário que os senhores me ofereceram pudesse ser reavaliado considerando essa informação". Concreto, direto ao ponto, não emotivo e claro. Em suma, voltando à comparação com a paquera, se decidimos *nos casar*, não vale a pena brigar sobre quem pagará pelos bem-casados.

* * *

Essa abordagem, a transição entre a negociação e a cooperação nas conversas finais, sempre funciona, eu garanto. Stephen Covey[7] nos encoraja a pensar em *win-win situations*, situações em que não existem vencedores e perdedores, porque todos podem ganhar alguma coisa. Se nos comportarmos dessa forma, começaremos no novo trabalho como um aliado, alguém que contribuiu ativamente na solução de um problema, e começaremos a criar uma reputação positiva, de pessoa séria, decidida, educada e intelectualmente honesta.

Se as condições da oferta inicial não melhorarem com a negociação, devemos refletir e tomar uma decisão ponderada. Pela minha experiência, mais de 90% das propostas são aceitas e, ao final, a empresa e o candidato quase sempre chegam a um acordo.

Entretanto, devemos nos lembrar de que apenas tendo o contrato assinado em mãos podemos comemorar. Assim que começarmos no novo emprego, vamos chamar para um café a pessoa que nos concedeu seu tempo e sua ajuda, vamos agradecer-lhe olhando-a nos olhos: ela se tornará um precioso aliado.

Antes, porém, precisamos deixar a nossa empresa, nosso cargo e os colegas com quem trabalhamos por tanto tempo; falaremos mais sobre isso no Capítulo 8. Devemos ser gentis, ter classe, educação e respeito para fazer isso. O tempo é sábio: as pontes ou os contatos construídos ao longo dos anos jamais devem ser rompidos, ainda que seja impossível manter relações profissionais e pessoais com todos. Vamos escrever a carta de demissão acrescentando um agradecimento sincero aos colegas e ao nosso chefe, sem usar uma retórica vazia e sem apelar para pequenas vinganças. Ir embora com dignidade, com a cabeça erguida, trabalhando até o fim do expediente do último dia, agradecendo a todos, abraçando todos com sinceridade e um sorriso no rosto. Se tivermos inimigos, vamos nos lembrar de que a melhor vingança é ser educado e gentil, sempre: não nos rebaixemos nunca ao nível de quem nos feriu. Falo por experiência própria: a vida profissional é como uma maratona, longos 42 km, e passar na frente dos outros dando cotoveladas não vale a pena, em todos os sentidos.

Conquistar a confiança das organizações

Assinamos o contrato e temos um novo trabalho. Estamos, justificadamente, felizes e satisfeitos. Talvez tenhamos dado pulos de alegria quando ninguém estava olhando e saído para jantar com quem amamos para comemorar. Agora queremos começar com o pé direito[8] no nosso novo trabalho, e a primeira pergunta que nos fazemos é: "Como conquistar a confiança que preciso para ter sucesso?".

Uma boa notícia: se nos ofereceram um trabalho, é sinal de que já começaram a confiar em nós. É igual a quando nos casamos: acreditamos, de boa-fé, na nossa escolha e vamos fazer de tudo para que dê certo. Então, começamos com uma base sólida, mas não temos um crédito ilimitado, e é bom que seja assim: confiança sim, mas não "confiança cega", acima de qualquer coisa. Partindo da "fórmula mágica" descrita no livro *The Trusted Advisor*,[9] de David Maister, vou propor algumas instruções de como usar essa fórmula a partir da minha experiência; como se fosse uma receita culinária, elencarei alguns ingredientes, incluindo os que não devem ser usados, acrescentando também alguns itens.

Então, depois de interiorizar a fórmula, estaremos aptos a começar o novo trabalho.

Credibilidade e confiabilidade

De acordo com Guido Gili,[10] a credibilidade tem uma *raiz cognitiva*, enquanto competência ligada às qualificações certificadas a um profissional experiente, e uma *raiz ético-normativa*, ou seja, o compartilhamento de valores percebidos, por exemplo, a integridade. Enquanto candidatos e funcionários, devemos demonstrar continuamente tanto o nosso conhecimento técnico quanto um comportamento ético irrepreensível.

O conceito de fidelidade assume, com frequência, um significado "prático": em geral, considera-se que a pessoa fiel também é muito *confiável*.

Francesco Totti, capitão da Roma desde 1992; Javier Zanetti, capitão da Inter de 1995 a 2014; Paolo Maldini, capitão do Milan de 1985 a 2009; Alessandro del Piero, capitão da Juventus de 1993 a 2012. Todos grandes jogadores e campeões, ídolos das respectivas torcidas, respeitados pelos jogadores e torcedores adversários.

Vamos pensar agora em outros jogadores: Christian Vieri, que em dezenove anos jogou em quinze times diferentes; Mario Balotelli, quatro times em sete anos; Antonio Cassano, oito times em quinze anos. Polêmicas, comportamentos às vezes constrangedores, pouquíssimos lamentos por parte dos torcedores que os viram partir.

Se fôssemos o presidente de um time de futebol e pudéssemos *comprar* (contratar) um desses jogadores, quem gostaríamos que estivesse no nosso time, a quem ofereceríamos o trabalho? Como avaliaríamos a fidelidade e a confiabilidade deles? O que pensamos de um jogador, ou candidato, que muda de time quase todo ano? Esses casos nos fazem compreender, por exemplo, que o talento é apenas um dos fatores que influenciam a propensão das empresas a oferecer ou não um trabalho. Há elementos considerados mais relevantes não apenas na escolha dos candidatos, mas também no desenvolvimento das carreiras, tema que vamos analisar mais profundamente nos próximos capítulos.

A confiabilidade e a lealdade são qualidades muito mais desejadas do que ter, quem sabe, um grande talento e ao mesmo tempo ser visto como um mercenário ou como pouco fiel a uma bandeira, seja de um time de futebol ou de uma organização. Quando vamos *jogar* em um time, desejamos ser considerados jogadores leais ou vira-casacas?

Os mesmos critérios que utilizamos como torcedores serão usados pelas empresas. Simples, não?

Proximidade

A organização Missionárias da Caridade,[11] fundada em 1950 por Madre Teresa de Calcutá, ganhadora do Prêmio Nobel da Paz em 1979, com atuação em mais de 130 países e mais de 4 mil funcionários, tem como objetivo dedicar-se completamente aos mais pobres: os refugiados, os infectados pelo vírus da Aids, ex-prostitutas, idosos desamparados, pessoas com deficiência física, sem-teto, todos aqueles que foram esquecidos por uma sociedade que não cuida de quem é fraco e indefeso. Os colaboradores da organização são voluntários que agem nas ruas, vivendo com humildade ao lado das pessoas que precisam de ajuda e que foram abandonadas por todos, fazendo *uma escolha moral antes mesmo que estratégica.*

George W. Bush, presidente dos Estados Unidos, estava de férias em 28 de agosto de 2005, assim como os líderes da sua administração, quando o furacão Katrina devastou o sul do país, destruindo completamente Nova Orleans. Bush desceu do avião em Washington com seu cachorro de estimação nos braços apenas três dias depois da catástrofe e mal sobrevoou a área atingida pelo furacão. Esse descaso provocou danos irreparáveis à sua imagem política e marcou profundamente o imaginário coletivo da nação em choque. A indiferença de Bush, misturada à percepção de total incompetência e à falta de clareza na gestão da crise, levaram a sua presidência ao fundo do poço: o índice de aprovação do seu mandato, que depois do atentado de 11 de Setembro era maior do que 90%, caiu para menos de 40% depois do furacão Katrina. Um em cada dois americanos mudou de opinião e declarou que não votaria de novo no Partido Republicano, abrindo o caminho à histórica vitória eleitoral de Barack Obama em 2008.

* * *

Aqui também temos duas histórias diferentes. A presença de Madre Teresa, sempre ao lado dos necessitados, e a ausência constrangedora de Bush e de outros tantos políticos quando mais precisamos deles – não apenas quando os holofotes estão acesos – falam por si mesmas. "Show up", dizem os americanos: é fundamental estar presente.

Não estou falando de bater ponto ou de ficar todos os dias até de madrugada no escritório. Eu acredito, pelo contrário, que passar sempre dez, doze horas por dia na empresa, além de ser um erro, é contraproducente. Precisamos simplesmente *estar ali*, onde e quando precisarem de nós. Se queremos ser médicos, isso significa uma disponibilidade quase integral; se somos professores, precisamos estar disponíveis quando os estudantes estão na sala de aula; se somos dirigentes, quando as decisões importantes são tomadas. E, para todas as pessoas que trabalham conosco, proximidade não significa apenas presença física: pode assumir também a conotação moral de humildade.

Proximidade e humildade contam muito mais do que podemos imaginar. Em 1990, eu trabalhava em Milão: um departamento precisava terminar a todo custo, até o final do ano, um trabalho administrativo entediante e repetitivo. Era dia 30 de dezembro, todos sentiam a tensão porque o trabalho estava atrasado e sabíamos que seria impossível terminá-lo. O diretor executivo, que havia exatos 25 anos começara a fazer esse tipo de trabalho, decidiu arregaçar as mangas e trabalhar junto com os outros funcionários, dar uma mão a eles. Todos nós seguimos seus passos. Eram duas da tarde; às oito da noite pedimos *pizza* para todo mundo; às sete da manhã chegaram os *cappuccinos*, exatamente quando – destruídos – havíamos terminado. Ainda me lembro daquela madrugada que passamos no escritório: a proximidade que se criou naquele momento mostrou a todos que o diretor executivo era uma pessoa humilde, alguém como eles. Inesquecível, para qualquer um.

Conflito de interesses e imparcialidade

Segundo a definição da Wikipédia italiana, conflito de interesses[12] é "uma situação em que a responsabilidade sobre uma decisão importante é confiada a alguém com interesses econômicos, pessoais ou profissionais conflitantes com a imparcialidade necessária para tomar tal decisão, que pode ser influenciada pelos interesses privados em questão". Para estabelecer uma relação de confiança, entra em jogo a *percepção* de que existe, ou de que pode existir, um conflito de interesses. Devemos estar atentos e cuidar para que isso não aconteça, para evitar que qualquer sombra de dúvida possa prejudicar nossa imagem.

Paul Wolfowitz[13] foi nomeado presidente do Banco Mundial em 2005 pelo presidente americano George W. Bush, uma nomeação muito discutida devido ao papel que Wolfowitz tivera na entrada dos Estados Unidos na guerra contra o Iraque. Wolfowitz foi obrigado a se demitir depois de um aumento concedido à sua namorada, ignorando as regras internas do Banco Mundial; o motivo da demissão foi declarado sem rodeios pelo conselho administrativo: "Paul Wolfowitz não aceitou as regras relacionadas a conflito de interesses, tentando negociar para si mesmo uma solução diferente da que teria usado para qualquer outro funcionário da organização da qual foi eleito presidente". Palavras pesadas como pedras, epitáfio de uma carreira.

Infelizmente, casos como esse não faltam: o livro *La Casta*, de Gian Antonio Stella e Sergio Rizzo, traz centenas de casos parecidos, grotescos e, sobretudo, de leitura dolorosa. A lição que aprendemos na nossa própria pele é que o conflito de interesses, ou a falta de imparcialidade que ele produz mesmo quando é apenas *percebido*, destrói a credibilidade e a autoridade, entendida no sentido mais profundo da integridade moral.

Arrogância, húbris*

Analisando com atenção, a história, a literatura e os jornais narram a vida de muitos personagens dominados pela própria *húbris*: todos condenados ao esquecimento sem muita cerimônia ou lamentos.

Abraham Lincoln, 16º presidente americano, afirmou que, para conhecer a verdadeira natureza de um homem, é preciso observar como ele usa o poder. Deixemos a tentação de usá-lo com arrogância para os outros: já existem pessoas demais usando o poder dessa forma, e ninguém se diverte esperando na fila.

Um pequeno segredo: é comum as empresas não fecharem uma oferta de trabalho depois de observarem que o candidato foi desrespeitoso com a secretária ou com a recepcionista, ou até mesmo ao notarem o modo como ele respondeu a um telefonema ou *e-mail*.

Resultados e expectativas

No começo deste capítulo, falamos sobre como conquistar confiança, que será correspondida apenas de forma condicionada e relativa. Condicionada pelos resultados e relativa às expectativas criadas.

Felipe Scolari parecia o homem mais feliz e sortudo do mundo: depois de uma carreira de sucesso como treinador de futebol, ele já havia vencido a Copa do Mundo em 2002 com a seleção brasileira e foi escolhido mais uma vez para treinar a equipe na Copa de 2014. O torneio começou, com mil polêmicas sobre os atrasos nas obras e as despesas absurdas para realizar o evento, mas esses problemas logo foram em parte esquecidos, pois o Brasil, de acordo com todos os prognósticos, estava prestes a ganhar o sexto título mundial. E no fim o Brasil

* A paixão que na Grécia Antiga definia a confiança excessiva em si mesmos e a arrogância dos homens contra os deuses. [N. T.]

chegou, não sem dificuldades, até as semifinais com a Alemanha, uma partida que entrou para a história não só do futebol, mas também dos dramas coletivos de uma nação: o resultado final foi 7 a 1 para a Alemanha. Os jogadores do Brasil deixaram o campo ou em lágrimas, ou em estado de choque; alguns brasileiros, desesperados, pensaram em se suicidar na mesma noite; a presidente do país fez um discurso dramático na TV para consolar os cidadãos. Dois dias depois, uma seleção sem alma perdeu novamente, dessa vez a disputa pelo terceiro lugar, mas àquela altura ninguém mais se importava. Felipe Scolari concedeu uma rápida coletiva de imprensa, ensaiou algumas palavras e foi embora. Desde então, há poucas notícias a seu respeito: ele voltou a treinar um time de nível médio, o Grêmio de Porto Alegre, e depois foi treinar um clube da China, enterrado debaixo de uma enxurrada de expectativas não correspondidas.

Ao começar em um novo trabalho, teremos sempre e necessariamente expectativas a cumprir, mesmo que não façamos promessas ou declarações. Quando entramos em uma empresa, nossa performance sempre será comparada à do nosso antecessor. Algumas expectativas serão explícitas, por exemplo, "Precisamos faturar pelo menos..."; outras serão mais sutis ou até mesmo ocultas. Os nossos resultados serão sempre analisados com base nas expectativas criadas ou presumidas. Por isso, é sempre melhor prometer pouco e fazer muito do que o contrário, erro clássico de uma pessoa com pouca experiência que tende a subestimar ou mesmo desconhecer as dificuldades internas da empresa.

O que devemos fazer? Acredito que a melhor coisa é prometer apenas um forte empenho e, como se diz, "voar baixo", deixando de lado as declarações e trabalhando com afinco. Muitos concordam que um dos melhores discursos políticos já feitos, ao lado do "Eu tenho um sonho" de Martin Luther King, proclamado em 1963 em Washington, foi o primeiro pronunciamento de Winston Churchill no parlamento inglês em 13 de maio de 1940, em plena Segunda Guerra Mundial: "[...] eu não tenho nada para oferecer além de sangue, sacrifícios, lágrimas e suor" (literalmente, "Blood, toil, tears and sweat"). O que ele pediu? União entre todas as forças políticas, e conseguiu. O que ele queria? Vitória, para deter o nazismo, definido por ele, justamente, como uma tirania monstruosa.[14] Uma importante lição de liderança de um dos maiores estadistas que já existiram.

A fórmula da confiança

Chegamos, finalmente, à fórmula matemática que devemos sempre lembrar para conquistar a confiança de quem está ao nosso redor. A confiança que conseguiremos conquistar corresponde à soma da nossa credibilidade, confiabilidade e proximidade. Esse capital simbólico representa a nossa *reputação*, ou seja, *aquilo que dizem de nós quando não estamos presentes.*

Depois, a nossa reputação será dividida pela soma do conflito de interesses e da arrogância, ou *húbris*. O resultado será, então, multiplicado pela diferença entre os resultados que precisamos obter e as expectativas que devemos controlar. Os *ingredientes* que acrescentei são a arrogância, os resultados e as expectativas.

$$\frac{(\text{credibilidade} + \text{confiabilidade} + \text{proximidade})}{(\text{conflito de interesses} + \text{arrogância})} \times (\text{resultados} - \text{expectativas}) = \text{confiança}$$

5

O encontro com os nativos

Entendendo as regras do jogo

Procure primeiro compreender, depois ser compreendido.

STEPHEN R. COVEY,
Os 7 hábitos das pessoas altamente eficazes

Welcome to the jungle

Vamos lidar agora com um tema muito importante: depois que entramos na organização onde iremos trabalhar, *em quem podemos confiar*? Antes de responder à pergunta, devemos acima de tudo conhecer bem as pessoas que fazem parte da empresa. Para isso, apresentarei os tipos de indivíduos que iremos encontrar, e analisaremos o melhor modo de administrar nossa relação com os novos colegas. Tenho certeza de que vamos entrar em um "zoológico" no qual precisamos tomar cuidado e evitar os animais perigosos, criando alianças com os animais "certos". *Welcome to the jungle.*

Em dezembro de 1642, o capitão holandês Abel Tasman comandou dois navios em uma expedição em alto-mar entre o oceano Índico e a Oceania. Eles chegaram ao norte da Nova Zelândia – foram os primeiros europeus a ver o litoral da ilha – e decidiram explorar a baía em que haviam atracado. Os homens enviados pelo capitão voltaram depois de poucas horas acompanhados por índios que, em canoas, começaram a produzir sons guturais e a tocar um instrumento de sopro, em um ritual incompreensível para os europeus. Os holandeses também tocaram suas trompas, e na manhã seguinte tentaram trocar objetos com os índios. Tudo isso fez com que eles acreditassem que os índios estavam tentando se aproximar de forma amigável: o próprio capitão Tasman escreveu em seu diário de bordo: "Essas pessoas, os locais, parece de fato que querem ser nossos amigos".[1] Depois de algumas horas, porém, um grande número de canoas indígenas aproximaram-se das naves holandesas e as atacaram, matando quatro marinheiros a bordo de uma pequena embarcação. Os dois navios maiores abriram fogo contra os nativos, que voltaram para a costa. O capitão Abel Tasman decidiu partir imediatamente; naquela noite, ele escreveu no diário de bordo que os habitantes daquele lugar inóspito deviam ser considerados inimigos. Chamou o local de *Baía dos Assassinos* (na metade do século XIX, foi rebatizada com o nome de *Golden Bay*, e hoje é um paraíso para surfistas), e nenhum europeu voltou a pisar na Nova Zelândia até 1769, ano da famosa expedição do capitão Cook.

Quando "chegarmos ao destino final", à organização que melhor representa os nossos valores, devemos evitar a experiência do capitão Tasman, que não sabia nada do lugar aonde tinha chegado, não conhecia sua língua, seus hábitos e costumes, ignorava as regras do jogo e não conseguiu de forma alguma se comunicar. Tasman passou do otimismo ("eles querem ser nossos amigos") à fuga ("são inimigos"), perdendo quatro homens. Nós devemos ser capazes de nos colocar em uma posição definitivamente melhor.

No Capítulo 4, aprendemos a conquistar a *confiança* dos outros, o ingrediente mais importante para ter sucesso. Este capítulo responde, agora, a duas perguntas fundamentais para podermos começar a nossa carreira – e prosseguir – com sucesso.

A primeira é: *quais são as qualidades mais importantes que devemos utilizar quando entramos em um novo emprego?* Devemos demonstrar quanto somos bons desde o primeiro momento? Falar de nossos sucessos? Trabalhar doze horas por dia e ir para o escritório também aos sábados e domingos? Dar presentes aos novos colegas? Ser simpáticos? Usar roupas elegantes? Ser o primeiro a responder a perguntas? Dar a entender que já entendemos tudo? Nada disso. Devemos, de fato, entrar na ponta dos pés, nos lembrar dos nomes das pessoas que formos conhecendo, escutar com atenção, fazer perguntas, ser conscientes e gerir com compaixão e respeito os sentimentos que sempre existem entre as pessoas.

A segunda pergunta é: *como entender as regras do jogo, saber em quem podemos confiar?* Analisaremos o comportamento das pessoas com base em duas características: a *inteligência política* de cada uma e sua propensão a agir seguindo uma agenda *pessoal-individual* ou *empresarial.*

Lembrar os nomes de quem formos conhecendo

O filme *Invictus*, um longa-metragem espetacular de 2009 dirigido por Clint Eastwood, conta como Nelson Mandela – na brilhante atuação de Morgan Freeman – usou o time nacional de *rugby* da África do Sul, os Springboks (os *springboks* são antílopes muito velozes e muito pequenos que habitam as savanas do sul e sudoeste africanos), para unir o país então dividido após anos de *apartheid* e racismo. Durante uma partida contra a Inglaterra, em 1993, Mandela percebeu que muitos de seus conterrâneos negros torciam *contra* a própria seleção, pois todos os jogadores em campo eram brancos: *aquele* time não os representava. Quando Mandela se tornou presidente da África do Sul em 1994, ele se encontrou com o capitão dos Springboks, François Pienaar (interpretado no filme por Matt Damon), convidou-se a ler o poema "Invictus" (escrito em 1875 pelo poeta inglês William Ernest Henley), que o próprio Mandela recitava para os prisioneiros durante o período em que esteve preso em Robben Island, e convenceu Pienaar de que uma vitória no mundial de *rugby* – que ocorreria no ano seguinte na África do Sul – poderia unir uma nação ainda profundamente dividida. Naquela época, os Springboks ocupavam apenas a nona posição na classificação mundial de *rugby*, e os All Blacks, a famosíssima seleção da Nova Zelândia, eram os favoritos do campeonato. Antes do mundial, Mandela visitou a concentração da equipe e, durante a viagem de ida, memorizou o nome de todos os jogadores. Quando Pienaar se ofereceu para lhe apresentar o time, Mandela se aproximou sozinho dos jogadores e deu um forte aperto de mão em cada um, olhando-os nos olhos enquanto pronunciava seus nomes e sobrenomes. Em 24 de julho de 1995, a África do Sul ganhou a final contra os All Blacks, em uma partida até hoje inesquecível que se tornou lendária na história do *rugby*.

Uma breve história pessoal: quando eu morava em Washington, em 1996, um amigo muito próximo, Roberto, conseguiu para mim um lugar na primeira fila, com uma surreal credencial de imprensa, para ver uma partida de basquete entre o Washington Bullets e o Chicago Bulls. Vinte mil pessoas para assistir de perto ao mito Michael Jordan, mais uma lenda do que um jogador. Poucos minutos antes de a partida começar, o então presidente dos Estados Unidos, Bill Clinton, entrou; ele estava a poucos metros de mim, escoltado por dezenas de agentes do serviço secreto. Ao final do primeiro tempo, perguntei a um dos agentes se eu poderia cumprimentá-lo e, para minha grande surpresa, me concederam dez segundos. Cumprimentei o presidente, que me perguntou: "De onde você é e como se chama?". Respondi: "Paolo, sou italiano". Clinton só acrescentou: "*Oh, Italy! Wonderful country*". Apertei sua mão e, ainda atordoado pela emoção, me afastei. Ao final da partida, com a minha credencial, me infiltrei nos vestiários para ver Michael Jordan de perto. Com a quantidade de cinegrafistas e repórteres que havia ao seu redor, era simplesmente impossível tentar me aproximar dele. De repente, um agente do serviço secreto entrou e gritou: "Silêncio, abram caminho, o presidente entrará daqui a um minuto". Eu me encolhi o máximo que pude, encostado ao lado da porta de saída. Todos ficaram em silêncio; Clinton entrou no vestiário, me viu e disse: "*Hello, Paolo, how are you?*". Todos se perguntaram quem eu era, e acho que nunca estive tão próximo de ter um infarto em toda a minha vida.

O que aprendi com essa experiência? Em primeiro lugar, que nos Estados Unidos, antes do atentado de 11 de Setembro, era mais fácil se aproximar do presidente do que de um famoso jogador de basquete. Em segundo lugar, a emoção que se experimenta quando alguém lembra o seu nome, ainda mais se esse alguém for mais importante do que você.

Por isso, é importante lembrarmos que aprender o nome de todas as pessoas que iremos conhecer quando começarmos em um novo emprego deve ser uma das nossas principais tarefas. Não somos o presidente dos Estados Unidos, claro, mas lembrar os nomes dos nossos colegas será visto como um ato de respeito e de consideração, e terá um imenso valor emocional. Se só aprendemos os nomes das pessoas importantes, e não os das que ocupam cargos menos relevantes, devemos repensar nosso comportamento e, talvez, na próxima ocasião em que cumprimentarmos o ascensorista que encontramos todos os dias há anos, perguntaremos seu nome e, com um sorriso, lhe pediremos desculpas.

Saber escutar

Quando a minha filha Sadika tinha uns 4 anos, ela se irritou comigo: depois de me contar o que havia feito naquele dia, no final, aumentando a voz, disse: "Papai, agora repete o que eu disse!". Ela tinha percebido que eu não havia parado de ler o documento de trabalho que estava na minha mão e que continuava a ler as mensagens no celular. Ofendida, com razão, pela minha falta de atenção, ela me desafiou. Ela tinha menos de um metro, não chegava a ter vinte quilos, mas suas palavras pesaram uma tonelada. Eu lhe pedi desculpas e, desde então, procuro escutá-la com atenção, ou lhe peço um pouco de paciência para que eu termine o que estou fazendo antes de ouvi-la. Decidimos criar um código para chamar a atenção de um parente sempre que percebemos que ele não está nos escutando: dizemos "Coelho". Os coelhos têm orelhas compridas e escutam muito bem, de acordo com a opinião de especialista da minha filha. Acho que ela tem razão, e funciona.

Quantas vezes fingimos que estamos escutando? Só para dar um exemplo: estamos falando com uma pessoa e recebemos um telefonema; depois de poucos minutos, voltamos para a conversa e o nosso interlocutor nos pergunta: "Do que estávamos falando?". Pânico: não lembramos mais, simplesmente porque na verdade não estávamos escutando. Esse é o nível 1 da escuta.[2]

Estamos em uma reunião de trabalho e sabemos que mais cedo ou mais tarde será a nossa vez de falar. Escutamos o que é dito tentando identificar o melhor momento para intervir, buscando uma frase ou uma resposta que cause uma boa impressão em todos. É uma espécie de escuta interna, direcionada a nós mesmos. Enquanto prestamos atenção nas palavras das pessoas que nos rodeiam, pensamos em como aplicá-las à nossa situação e quais sentimentos e opiniões temos em relação ao que é dito; respondemos de acordo com nossos padrões. Temos milhares de exemplos de escuta desse tipo diante dos nossos olhos, graças aos famosos *talk shows*, cujo nome significa literalmente *mostrar-se falando*. Nessas situações, as pessoas não se escutam para manter uma conversa, mas, ao contrário, interrompem-se mutuamente para se sobressair. Esse é o nível 2 da escuta.

O nível 3 da escuta é aquele em que nos concentramos no que o interlocutor nos diz, sem o interromper ou julgar. Prestamos atenção nas palavras, mas também no tom, na velocidade, nos sentimentos manifestados. Ainda que existam longos momentos de silêncio, não sentimos incômodo algum, mas sim um interesse incondicional pelo outro; não há interrupções, nosso celular fica desligado, a boca fica fechada, e olhamos nos olhos da pessoa com quem conversamos.

O nível 4 da escuta é aquele em que temos uma visão global, mais ampla. Observamos a linguagem corporal de quem está falando, as mudanças de humor, a respiração, a dilatação das pupilas, a energia, as mãos. Prestamos atenção não apenas nas palavras e nos silêncios, mas também no que não é dito, nos sentimentos não verbalizados, nos olhares, no tom. Mantemo-nos a uma distância que demonstra respeito ao interlocutor; não o interrompemos para dar conselhos, mas o escutamos apresentando uma linguagem corporal que inspira confiança, respeito e atenção, não julgamento. Demonstramos compaixão e respeitamos os espaços e a autonomia. Não somos terapeutas, não estamos em uma sessão de *coaching*, estamos simplesmente escutando incondicionalmente, sem distrações. O ideograma chinês da palavra "escutar" é composto por várias partes diferentes e se traduz desta forma: "Dou-lhe os meus ouvidos, a minha total atenção e o meu coração"; escutar com atenção é, portanto, *um ato profundo de total respeito*.

Tenho certeza de que todos somos capazes de escutar no terceiro e no quarto nível.[3] Vamos voltar no tempo e pensar no dia em que conhecemos a pessoa por quem nos apaixonamos, para quem demos toda a nossa atenção usando a nossa capacidade de escutar tanto as palavras ditas quanto as que ficam nas entrelinhas. Ou, então, pensemos na atenção que reservamos aos nossos filhos. É isso! Quando começamos em uma nova organização, precisamos entrar, pelo menos, no nível 3: escutar, com a intenção de *entender antes de sermos entendidos*. Se toda vez que encontrarmos alguém lhe dedicarmos a nossa atenção incondicional por apenas quatro minutos, a nossa vida mudará radicalmente.[4] Vivemos na época das distrações, do barulho, das interrupções, das mil mensagens, dos mil amigos virtuais que nunca encontramos e muito menos escutamos. Perdemos a capacidade de escutar, mas sabemos que podemos reconquistá-la. Como disse o escritor americano Wilson Mizner, "um bom ouvinte não só se torna popular, como também aprende alguma coisa depois de algum tempo".

Perguntar para aprender

É comum ouvirmos que durante os primeiros três meses de trabalho estamos em *lua de mel* com a nossa nova empresa. Nesse período,[5] teremos todas as oportunidades de fazer perguntas, algumas até ingênuas, e seremos perdoados se elas não forem muito inteligentes. Enfim, uma ocasião imperdível para aprender e ouvir. Existem milhares de perguntas que podemos fazer, e o melhor jeito para não se perder é, na minha opinião, catalogá-las em duas tipologias, como Marilee Adams[6] sugeriu em um dos meus livros preferidos: *Faça as perguntas certas e viva melhor*. Algumas perguntas são feitas para julgar e outras para aprender. Se nos colocarmos na posição de *juízes*, com perguntas de tipo inquisitório – "Por que vocês fazem assim?", "Por qual razão...", "Quem é o culpado..." –, receberemos, muito provavelmente, respostas defensivas que não nos tornarão mais inteligentes nem nos ajudarão a construir uma relação de confiança. Mas, por outro lado, se fizermos perguntas abertas, como quem realmente quer aprender, do tipo: "Quais são os fatos, os dados?", "O que é possível melhorar?", "Como eu posso ajudar?", "Você pode me explicar o seu ponto de vista?", abriremos portas e possibilidades que, de início, podiam parecer impossíveis. Independentemente do cargo, as pessoas sentem, geralmente, orgulho do seu trabalho e nos falam com satisfação sobre as suas paixões, expectativas, esperanças e frustrações. Fazer as perguntas certas é uma chave para nos conectarmos com elas; começar uma pergunta com a frase "Preciso da sua ajuda" ou então "Queria saber a sua opinião sobre..." abre espaço à *conversa* no sentido etimológico da palavra, se a dissermos com sinceridade. A palavra *conversa* vem do latim, da união entre o prefixo *cum*, que quer dizer "juntos", e o verbo *versare*, que significa "ir, caminhar". Etimologicamente, conversar significa *caminhar juntos na mesma direção.*

Lembrar os nomes das pessoas que nos são apresentadas, escutar com atenção, fazer as perguntas certas como quem quer aprender. Essas são as três chaves para se começar bem em um novo emprego, para construir as bases de uma convivência positiva em nosso novo trabalho. E depois?

Utilizar as emoções para construir relações positivas

O livro *Além da razão: a força da emoção na solução de conflitos*, de Roger Fisher e Daniel Shapiro,[7] é considerado – com razão – uma espécie de texto sagrado para quem trabalha com diplomacia e negociações difíceis, repletas de emoção. Tive a ocasião de colocar em prática as sugestões da obra em um momento muito difícil da minha carreira: cabia a mim fechar um escritório com vinte pessoas em um país da África onde aquele emprego representava muito mais do que um salário, era a diferença entre dar ou não um futuro à própria família em um contexto econômico sem esperanças de alternativas melhores. Eu não sabia muito bem o que devia fazer: racionalmente, tinha consciência de que fechar aquele escritório era uma decisão compreensível e justificada pelos números, mas pessoas não são números. Elas sentem emoções fortíssimas que devem ser assimiladas e compreendidas, e eu ficava mal só de pensar que precisava dizer àquelas pessoas – que nunca tinha visto na vida, em um país que não conhecia – que elas estavam demitidas. O que eu podia fazer? Decidi aplicar as regras de Fisher e Shapiro: o primeiro passo é compreender o ponto de vista do outro. Não é uma questão de simplesmente ser educado, embora isso seja útil; trata-se, literalmente, de se colocar no lugar do outro, de escutar a sua opinião – o que não significa concordar com o que ele diz – e de lhe dizer que o compreendemos, não apenas racionalmente, mas também com o coração, através das nossas palavras e ações.

Depois de dar a notícia negativa de que o escritório seria fechado dentro de três meses, passei os dois primeiros dias escutando todas as pessoas individualmente, para entender seu ponto de vista, o que pensavam. Sem dúvida, não foi divertido, mas também não foi difícil concordar objetivamente com seus argumentos quando descobri detalhes e dados novos que não foram levados em consideração por quem tomou aquela decisão num intervalo de uma hora a 6 mil quilômetros de distância. Ao mesmo tempo, busquei afinidades autênticas, reais. Todos nós temos afinidades com os outros, afinidades que descobrimos a cada dia: às vezes, encontramos um desconhecido no trem e depois de poucos minutos descobrimos que crescemos na mesma cidade, estudamos na mesma universidade, torcemos pelo mesmo time, temos filhos da mesma idade. Estamos sempre, instintivamente, procurando pontos em comum. Se falamos do tempo, do tráfego, de programas de TV, de restaurantes, sabemos que esses assuntos nos manterão a uma certa distância emotiva das pessoas. Já família, sentimentos, sonhos, esperanças, ideias são, ao contrário, assuntos que reduzem a distância. Escutando aquelas vinte pessoas, descobri muitas afinidades profundas. Ao final do segundo dia, tive a sensação de que, apesar das péssimas notícias que eu trouxera comigo, eles não me viam mais como um desconhecido, mas alguém em quem começavam a confiar. Contudo, meu papel não podia se limitar simplesmente a escutá-los: todos esperavam de mim propostas concretas para aliviar uma situação desesperada. Numa noite, fui chamado ao saguão do hotel onde estava hospedado; desci e encontrei alguns dos colegas que seriam demitidos dali a poucas semanas. Fomos jantar e eles me propuseram algumas soluções práticas e interessantes, as quais repassei aos dirigentes quando, na semana seguinte, voltei para a matriz. Eles aceitaram. O escritório daquele país africano fechou, mas só depois de um ano, e não três meses. Seis pessoas, a pedido delas, foram transferidas para um país vizinho, outras três conseguiram a aposentadoria antecipada, outras foram contratadas por outra empresa graças à sua experiência e aos contatos cultivados em nossa organização; as demais receberam dinheiro, cursos de formação e cartas de referência impecáveis para ajudá-las a encontrar um novo emprego. Além disso, graças ao conselho de um colega que já havia gerenciado uma situação semelhante, consegui negociar a prorrogação do plano de saúde por dois anos para os funcionários daquele escritório.

Relendo o livro de Fisher e Shapiro, me chamaram a atenção as ações necessárias para sermos aceitos em um grupo novo que, a princípio, pode desconfiar de nós ou se opor abertamente à nossa presença: *escutar para entender o ponto de vista dos outros, construir afinidades, respeitar a autonomia e a importância das pessoas enquanto profissionais, escolher uma posição e realizar ações coerentes com ela*. São regras de ouro, que qualquer um pode aplicar para ter um começo positivo. Elas funcionam porque nos permitem construir conversas autênticas e abrir novos caminhos.

Entrar na praia para entender a organização

Um estudo realizado em 2011 pela consultoria inglesa Revelation indica que "95% das pessoas considera que a manipulação e os objetivos não declarados no local de trabalho influenciaram sua vida pessoal".[8] O que me surpreende nesse estudo é: *apenas 95%?* O livro *Rumor Psychology*[9] mostra claramente o papel que fofocas, intrigas e boatos, que podem chegar até mesmo ao nível de calúnias, ocorrem em todas as organizações. A rede informal de comunicação não passa por crises: ao contrário, é uma indústria em crescimento, sobretudo em organizações onde a narrativa e a comunicação são confusas e sem credibilidade. Quando o mercado primário não funciona, o secundário prospera. Todos sabemos que as empresas têm um aspecto político que faz parte da própria cultura; a nossa tarefa será entender o que realmente acontece por ali, quem comanda, quem faz parte dela, como as pessoas se comportam, como falam. Vamos chamar essa capacidade de *inteligência política*. "Política" não é, de forma alguma, uma palavra suja; ela faz parte de um sistema complexo, humano, tanto no caso de uma organização, quanto no caso de uma igreja, de um círculo de jogadores de bocha ou de uma escola, em que pessoas com interesses variados e com valores e perspectivas diferentes interagem entre si.

Antes de mais nada, precisamos entender que a estrutura oficial da organização não é, necessariamente, a verdadeira. Existem relações e dinâmicas que desconhecemos e que precisamos levar em consideração. Para nos divertir, vamos dar uma olhada na *verdadeira estrutura organizacional* do desenho a seguir. Sem dúvida, ele nos fará sorrir, mas essa estrutura irreverente nos mostra uma grande verdade: existem múltiplas relações entre as pessoas, muitas vezes não explícitas, que podem facilitar ou dificultar o nosso sucesso; potenciais aliados e armadilhas ocultas. Não devemos ficar paranoicos, mas simplesmente continuar a observar e a escutar para não ficarmos presos em dinâmicas inúteis e lutas entre

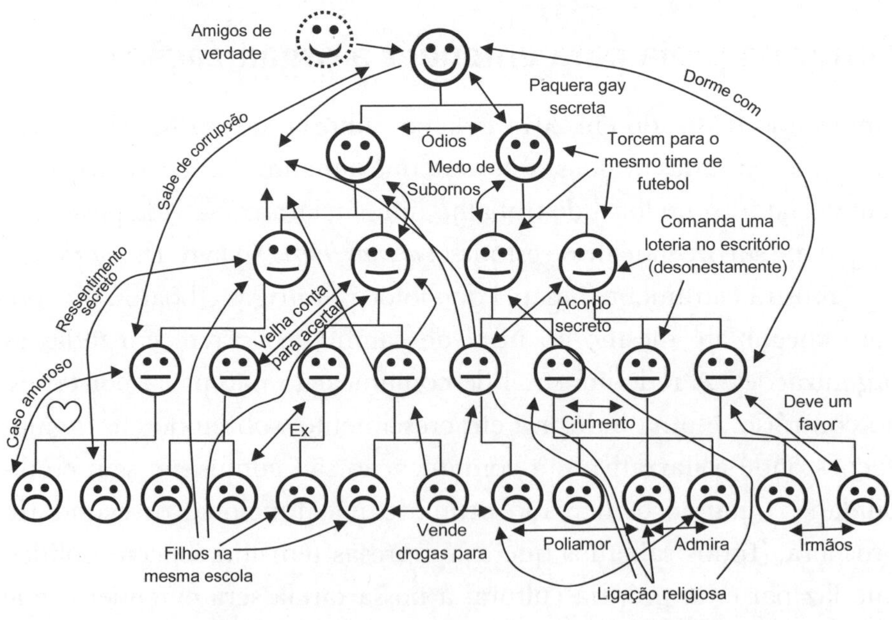

"times" rivais em que correremos o risco de ser atingidos por "balas perdidas" ou "flechas envenenadas". Precisamos nos tornar, basicamente, especialistas naquilo que Peter M. Senge, professor de administração do MIT, chama de *systems thinking*,[10] pensamento sistêmico, isto é, a consciência que deriva da análise de todo o sistema em seu conjunto, e não *levar em consideração apenas alguns componentes de forma isolada* e desmontá-los um por um para tentar ajustá-los individualmente. Essa abordagem implica considerar e analisar muitas perspectivas diferentes; é a humana curiosidade intelectual de *compreender, antes de ser compreendido.*

Conhecer os nativos, quem faz parte da organização

Quando cheguei à Suíça, em março de 2014, sendo um novo cidadão, recebi um guia gratuito, *The Swiss Confederation: A Brief Guide*. Na primeira página, Corina Casanova, chanceler da Confederação Suíça dizia: "O embaixador de um país asiático chegara à Suíça havia poucas semanas. Ele estava na estação de Zurique para pegar um trem com destino a Berna. Faltavam poucos minutos para a partida e ele viu, enquanto esperava, um senhor correndo com a gravata desarrumada para pegar o mesmo trem. Era o presidente da Suíça! Ele não podia acreditar em duas coisas: que o presidente viajasse de trem como todos os cidadãos e que o trem não teria esperado por ele". Achei interessante que essa história estivesse no começo de um guia oferecido a novos residentes, para lhes explicar como "funciona" o país: na Suíça, não existe nenhum privilégio, nem mesmo para o presidente, e a extrema pontualidade é considerada um valor moral, símbolo e demonstração de confiabilidade e precisão. Essa história me ajudou muito a entender o país onde vivo e a empresa onde trabalho: desde então, eu sou pontual.

* * *

Finalmente conhecemos as pessoas que fazem parte da organização: como eu disse, devemos aprender o nome delas, escutá-las, fazer perguntas. Quem são elas? Como saberemos em quem podemos confiar?

No meu primeiro trabalho, tive a sorte de conhecer Luigi Porta, uma pessoa maravilhosa, meu mentor. Ainda lhe sou muito grato, embora ele tenha falecido muitos anos atrás. Depois de poucos dias no escritório, eu tinha só 25 anos, ele me disse: "Existem pessoas que trabalham para a empresa e pessoas que trabalham apenas para si. Existem pessoas que entendem a atmosfera que há no ar e outras que jamais entenderão, mesmo que você lhes explique isso todos os dias... Cabe a você descobrir a qual dessas categorias pertencem os animais desse zoológico...".

Acreditem em mim, essas palavras até hoje são úteis no meu trabalho: desenhei um quadrado, um gráfico, que funciona há vinte anos, para entender os estilos de comportamento das pessoas nas organizações. As duas variáveis, dimensões, são: o nível de conhecimento da cultura política da empresa, definida como *inteligência política*, e a *tendência a trabalhar para si ou para a organização*.

Em cada um dos quatro espaços do quadrado, encontraremos – estamos ou não em uma espécie de zoológico com jaulas? – três animais com características semelhantes. No primeiro quadrante do zoológico, encontraremos os incapazes e estúpidos: burros, frangos e papagaios; no segundo, os fiéis e ingênuos: cães, ursos e cordeiros; no terceiro, precisamos estar bem atentos, pois encontraremos os malandros e perigosos e, nessa categoria, incluem-se os narcisistas e psicopatas: raposas, pavões e cobras venenosas; no quarto quadrante do zoológico, por fim, encontraremos os sábios: corujas, elefantes e leões, considerados, não por acaso, os reis da floresta.

Mas, antes de entrarmos no zoológico, eis algumas histórias que esclarecerão e nos permitirão compreender as expressões *inteligência política* e *tendência individual ou empresarial*.

Inteligência política

Ana era uma brilhante mulher de sucesso: promovida a cargos de relevância antes dos 30 anos de idade, trabalhava para grandes e renomadas empresas de consultoria internacionais. Quando um cliente importante lhe ofereceu um emprego, ela o aceitou lisonjeada, pois se tratava de um cargo muito interessante. No terceiro dia de trabalho, Ana expôs ao seu supervisor um projeto, que foi aceito pelo conselho administrativo com entusiasmo. Na semana seguinte, ela reuniu a sua equipe, cerca de setenta pessoas, para apresentar o plano e explicar que ele precisava estar concluído, de um modo ou de outro, dentro de um prazo que pareceu impossível para todos. Durante a reunião, algumas pessoas não esconderam sua perplexidade e um certo ressentimento por não terem sido consultadas antes da decisão; Ana se mostrou cortês na forma, mas inflexível na prática, e concluiu a reunião com um tom agressivo, dizendo: "Quem não está comigo está contra mim". Ela trabalhava de doze a catorze horas por dia, e criticava abertamente quem voltava para casa antes das sete da noite; a sua equipe quase nunca respondia com diligência aos seus pedidos de que acelerassem o ritmo como ela havia estipulado, e assim, seis meses depois, com o projeto fora do cronograma, Ana demitiu duas pessoas, colocando nelas a culpa pelos erros e atrasos. Então, uma numerosa delegação de sua equipe se encontrou – em segredo – com o supervisor de Ana e pediu que ela fosse remanejada, ameaçando entrar em greve: "Ou ela ou nós". Ana foi demitida no dia seguinte.

Piero era considerado uma espécie de criança prodígio pelo seu supervisor, Gianni: muito mais jovem do que todos os seus colegas, recrutado por um banco importante, ele trabalhava com paixão e habilidade. Gianni lhe pediu para fazer um relatório da sua equipe e das metodologias de trabalho que usavam porque achava – não sem razão – que um grupo de trinta pessoas deveria obter resultados melhores. Piero fez o relatório e propôs que o resultado fosse apresentado durante a reunião semanal da equipe. Durante o encontro, Piero mostrou como os contínuos pedidos de dados, as longas reuniões e os relatórios escritos solicitados por Gianni haviam influenciado *pesadamente* no rendimento do grupo. Ao final da reunião, Gianni comunicou a Piero a sua transferência a um departamento apelidado de "Sibéria", anulando qualquer possibilidade de promoção. Piero, enfurecido, pediu demissão pouco depois.

Essas duas breves histórias mostram como tanto Ana quanto Piero, ainda que tecnicamente excelentes, preparados e bons profissionais, não desenvolveram um conhecimento "político" do ambiente onde trabalhavam. Ana, em poucos dias, perdeu o apoio da sua equipe, que se revoltou contra ela. Piero expôs a causa da ineficiência da equipe, mas colocou a culpa – de fato – no próprio chefe, que se vingou dele imediatamente: duas crônicas de morte anunciada.

Tendência individual ou organizacional

Carlo, diretor de RH, recebeu uma mensagem e ficou desesperado: era o terceiro candidato externo consecutivo que recusava a oferta de trabalho para o cargo de vice-presidente. O presidente estava muito impaciente e não entendia por qual motivo eles estavam levando meses para encontrar a pessoa certa. Carlo pediu à sua equipe que verificasse se não existiam outros candidatos disponíveis entre os funcionários. De fato, havia uma pessoa: Verônica parecia qualificada, mas na hierarquia ela estava dois degraus abaixo da posição em aberto. Verônica foi entrevistada e, depois, *preparada* para a entrevista final com o presidente, que ficou satisfeito e ordenou que lhe fizessem uma proposta. Carlo preparou o documento, mas com uma única promoção, pois as regras da empresa não permitiam uma dupla promoção; a segunda promoção e o aumento de 25% do salário estavam previstos para depois de exatamente um ano. Verônica recusou a proposta, pedindo um aumento de pelo menos 70% – ou seja, exigindo a dupla promoção –, vítima de um efeito ancoragem muito explícito. Carlo fez uma contraproposta com um aumento máximo de 33%, mostrando-lhe alguns dados objetivos, incluindo o fato de que ela seria a pessoa com o melhor salário do departamento. Mas Verônica recusou de novo; então, o presidente, informado da situação, interrompeu a negociação. Carlo retomou as buscas, e Verônica voltou à sua posição sem receber nenhum aumento por dois anos.

Essa breve história mostra como Verônica, colocando com teimosia o próprio interesse à frente das normas registradas da organização, demonstrou um egoísmo tão forte que levou a empresa a excluí-la por dois anos de qualquer recompensa, deixando-a de escanteio, "de castigo".

Eis, então, o gráfico com as variáveis: comportamento individualista (egoísta) ou empresarial (altruísta)? Inteligência política profunda ou superficial? Os estilos de comportamento se regulam em função dessas duas variáveis, em quatro áreas habitadas por animais muito diferentes entre si. Estamos ou não em um zoológico?

Gráfico dos estilos de comportamento

		Tendência	
		Individualista/egoísta	**Empresarial/altruísta**
Inteligência política	**Profunda**	**3** **Malandro e perigoso** raposas pavões cobras	**4** **Sábio** corujas elefantes leões
	Superficial	**1** **Incapaz e estúpido** burros papagaios frangos	**2** **Fiel e ingênuo** cães ursos cordeiros

Incapazes e estúpidos: burros, papagaios e frangos

Em 2012, a imprensa publicou uma notícia sobre a viagem à Índia em primeira classe de Franz-Peter Tebartz-van Elst, bispo de Limburg, Alemanha, desde 2008: escolha infeliz, mas formalmente não proibida e, portanto, logo esquecida. Em março de 2013, Jorge Mario Bergoglio se tornou o primeiro jesuíta a se tornar papa, escolhendo o nome de Francisco para homenagear São Francisco de Assis e honrar um modelo de Igreja a serviço dos pobres.

Ignorando o novo caminho que Bergoglio escolheu para a Igreja, Tebartz-van Elst realizou, sem pudor, como se não fosse nada de mais, várias reformas em bens próprios cujo valor surpreenderia até mesmo um magnata russo: 200 mil euros no próprio apartamento, 300 mil numa capela particular, 20 mil em uma banheira, 500 mil nos armários, 35 mil em uma mesa de reunião... E a lista continua, tanto é que a conta final chegou a quase 31 milhões de euros. O papa, assim que ficou sabendo da notícia, chamou o bispo para um encontro em Roma e o deixou esperando por nove dias antes de demiti-lo do cargo. Acho que Franz-Peter Tebartz-van Elst é o perfeito exemplo de uma pessoa que coloca seu interesse à frente do interesse da organização, nesse caso, a Igreja, e ele pode ser merecidamente inserido, com menção honrosa, no quadrante representado pelos *burros*. Pessoas que ignoram, ou fingem ignorar, as regras básicas de comportamento em uma organização e que, ainda por cima, agem de modo oposto a essas regras duram pouco e, em geral, são expostas ao ridículo por meio de sistemas mais ou menos refinados, de acordo com o nível de sofisticação da organização.

Os *papagaios* são animais ornamentais que têm o hábito de repetir mecanicamente o que seus donos dizem. Encontraremos esses pássaros em qualquer organização em que trabalharmos. Eles se vestem como os chefes, usam o mesmo tipo de óculos, se movem da mesma forma, deixam o cabelo, a barba ou o bigode no mesmo tamanho e os melhores conseguem imitar até o sotaque dos superiores. Os papagaios estão em grande número e causam quase compaixão, pois são incapazes de pensar que *poderiam* ter opinião própria. Eles são facilmente reconhecíveis porque, nas reuniões, nunca dizem "Eu acho que...", mas sempre "Como disse nosso excelente diretor executivo, nosso presidente...". O papagaio trabalha apenas para si, apaixonado por suas penas coloridas, geralmente morrendo de inveja e sempre pronto para trocar de dono quando lhe convier. A lista de papagaios profissionais é longa: nem vale a pena contar uma história sobre eles. Só um pequeno lembrete: se o número de papagaios numa empresa for maior do que 1%, estamos no lugar errado. Melhor ir embora o mais rápido possível, antes de acabarmos na jaula.

Segue agora um exemplo de comportamento de um *frango*. Vamos supor que a empresa comunique aos funcionários uma redução no orçamento e cortes para economizar. O frango é aquele que no dia seguinte pede ao chefe um aumento de salário e a possibilidade de fazer um curso de atualização em uma cidade turística. Sem dúvida, o frango será assado sem dó.

Burros, papagaios e frangos tendem a exigir muito em termos de tempo, atenção e energia, mas não dão nada ou quase nada em troca. Não preciso nem dizer que devemos evitar contato prolongado com quem se encontra nesse quadrante: cumprimentá-lo de forma educada já é o suficiente.

Fiéis e inocentes: cães, ursos e cordeiros

O presidente americano Harry Truman disse: "Se você quer ter um amigo em Washington, compre um cachorro". Os *cães* são famosos pela fidelidade absoluta que demonstram aos donos; com frequência, lemos nos jornais histórias comoventes de cachorros que ficaram ao lado do dono doente ou que esperaram o seu retorno por dias. Muitas pessoas se comportam da mesma forma nas empresas, demonstrando dedicação absoluta às *cores de sua bandeira*. As empresas homenageiam

– corretamente – essa forma típica de dedicação de funcionários mais do que fiéis. O quadrante dos *cães* deve ser compreendido, por isso, como um valor *absolutamente positivo*: são essas pessoas que levam as empresas para a frente, geralmente trabalhando como funcionários do mesmo lugar durante anos ou por toda a vida, sem jamais questionar o hino da empresa.

Às vezes, porém, os *cães* se transformam em *ursos* solitários, pessoas muito envolvidas com o próprio trabalho, mas que não sabem o que realmente acontece no andar de cima. Essa falta de interesse pelo que se passa, sintoma de baixa inteligência política, acaba levando-os a não perceber aspectos fundamentais da cultura da qual fazem parte e a ter um nível de conhecimento restrito *ao próprio quintal*. Se uma nova direção assume, se acontece uma reestruturação, se aparece uma oportunidade de promoção ou um cargo com salário maior, eles serão sempre os últimos a saber, tornando-se, assim, cordeiros sacrificiais. Depois de um tempo, as empresas começam a considerar essas pessoas como parte da decoração: seguem em frente sem paixão, como em um relacionamento de duas pessoas casadas há muito tempo. Quem se lembra de Giovanni Drogo, personagem principal de *O deserto dos tártaros*? Ele era um jovem tenente recém-chegado ao forte Bastiani, cheio de esperanças e expectativas, que passou a vida inteira nesse lugar onde não acontecia absolutamente nada e os dias passavam sempre iguais. No momento em que Drogo começa a *subir um degrau de cada vez*, percebendo que não é mais jovem, já está tarde demais. Muitas vezes, essas pessoas são relegadas a um canto qualquer, mandadas embora sem muita cerimônia ou, como no livro de Buzzati, *morrem*, esquecidas, sozinhas.

A transformação de cão em urso solitário, para depois passar a *cordeiro*, acontece quando essas pessoas são, por fim, *sacrificadas*. Os cordeiros são pessoas com uma forte tendência a trabalhar para a instituição da qual fazem parte sem, porém, possuírem um nível adequado de conhecimento em relação ao que está acontecendo, talvez com a esperança de que haja algum evento milagroso. As pessoas dessa categoria devem ser respeitadas; elas são, geralmente, fonte de conhecimento técnico e, muito generosas, estarão sempre dispostas a nos ajudar, abdicando do próprio tempo. Podemos retribuir transmitindo-lhes as informações que chegam até *nós* e ajudando-as a ter uma visão mais ampla do trabalho que realizam de forma exemplar, com orgulho e um forte sentimento de dever.

Malandros perigosos: raposas, pavões e cobras

Se vocês têm coração fraco, pulem estas páginas e vão direto para o próximo tópico. Teremos de lidar com imagens e descrições pesadas, mas, se vocês resistirem, encontrarão estratégias úteis para não se tornarem vítimas de pessoas sem escrúpulos.

A primeira coisa que precisamos saber sobre as *raposas* é: a imagem e a reputação formal contam mais do que tudo para essas pessoas. Elas são seletivas com as informações, manipulam as regras a seu favor sem escrúpulos e são tão inteligentes que *nunca* deixam rastros. Quando um trabalho sujo precisa ser feito, elas mandam um cordeiro ou um cão e depois negam a autoria da ideia, colocando a culpa no infeliz que seguiu as ordens. São capazes de fazer alianças de todo tipo, até mesmo com inimigos históricos, para vencer a sua batalha. As raposas não conhecem nenhuma forma de fidelidade a nenhum ideal, muito menos a uma pessoa. São excelentes para criar alianças especiais, mas não duradouras. Se alguma coisa dá errado, elas sabem escolher imediatamente uma vítima em quem jogar a culpa, geralmente um cordeiro que será sacrificado. Jamais dão passos em falso em termos de aparências e formalismos, mas são mortíferas na prática. Se elogiam alguém, podem ter certeza de que pedirão um favor enorme em troca. Punem seus *subalternos* – como dizem – aleatoriamente, só para lembrar a todos quem está no poder e quem não. Falam num tom agradável e nunca se posicionam de forma clara sobre nada, mas sempre se dão todos os méritos; não aceitam críticas, pois, para elas, qualquer tipo de crítica é uma ofensa, e seu autor deve ser punido publicamente.

Bem-vindos ao perigoso covil das raposas, pessoas sem escrúpulos, totalmente devotadas a si mesmas, dotadas de um faro político digno de manual. A descrição das raposas é muito semelhante à figura do príncipe de Maquiavel ou, se preferirem, ao diabólico Francis Underwood, protagonista da série *House of Cards*, político demoníaco, sedento de poder, fantasticamente interpretado por Kevin Spacey. Todos nós, com certeza, conhecemos uma raposa – ou, talvez, votamos em uma, em um momento de fraqueza –, pois muitas pessoas no poder têm exatamente esse tipo de perfil psicológico. Geralmente, as raposas escolhem trabalhar com pessoas fiéis e um pouco ingênuas, como cães ou ursos, devoram frangos à vontade, sacrificam cordeiros e cercam-se, rindo, de papagaios complacentes.

Os *pavões* são, em sua maioria, narcisistas, e, para eles, as suas imagens devem estar no centro do universo. Obcecados pela própria visibilidade, estão dispostos a fazer as piores coisas só para aparecer nos jornais, na internet, nos congressos e nas reuniões. Têm pavor de ser esquecidos. O narcisismo patológico é seu grande ponto fraco. É quase como se eles fossem drogados, sofrendo crises de abstinência com a falta de popularidade. Normalmente, estão rodeados por um grande número de papagaios, e os usam como seus consultores, perguntando-lhes: "Espelho, espelho meu, existe alguém mais belo do que eu?". Os papagaios desempenham um papel fundamental: rir das piadas do pavão até a barriga doer, mesmo se elas forem sem graça e constrangedoras.

Sandy Hotchkiss escreveu um verdadeiro manual, *Why It Is Always About You?*,[11] para compreender e sobreviver a pessoas que demonstram um narcisismo patológico. Na parte final do livro, a autora descreve os pavões/narcisistas no ambiente de trabalho: são realmente perigosos quando têm poder, podendo ser letais se o poder for absoluto. Em primeiro lugar, os narcisistas têm uma espécie de poder especial de sedução e de manipulação e, quando estão presentes, não existem fronteiras entre vida pessoal e vida profissional. Esperam que estejamos sempre à sua disposição, a qualquer momento, inclusive no Natal. Em segundo lugar, diante de um problema, não buscam a solução, mas sim alguém em quem botar a culpa, pois, por definição, eles jamais têm culpa de nada. E enfim, como se isso não bastasse, os pavões/narcisistas têm uma visão messiânica e superficial.

Por exemplo, um político com essas características nunca se empenhará para aprovar uma lei específica para ajudar jovens que estão entrando no mercado de trabalho, mas proclamará, em tons apocalípticos, a criação de um milhão de novos empregos, deixando os detalhes do plano aos seus fiéis cães e cordeiros. As visões, os grandes projetos dos narcisistas, são geralmente irrealizáveis e não podem sequer ser traduzidos em números reais, resultado de uma ambição desenfreada; ou, então, esses planos só poderiam ser realizados se as pessoas ao seu redor fossem submetidas a trabalhar em horários infernais, a ter colapsos nervosos, *burnout*, em um vórtice de produtividade que não leva a lugar nenhum. Quem não consegue seguir esse ritmo, fica marcado como uma pessoa fraca e incapaz.

Os pavões/narcisistas não veem as pessoas como seres humanos, mas como simples instrumentos através dos quais conseguirão o que querem, e se aproveitam de seus colaboradores sem nenhum respeito: como se vê, eles não têm inteligência emocional alguma, só um sentimento de vago paternalismo que confirma o próprio poder. Os pavões/narcisistas, como crianças mimadas, estão sujeitos a grandes variações de humor e têm acessos de raiva incontroláveis; buscam obsessivamente uma admiração incondicional e não suportam quem pode, ainda que improvavelmente, roubar seu lugar. Quem acredita ser o número dois, pronto para tomar seu lugar, é tirado de cena rapidamente e sem nenhuma cerimônia. Eles não estão interessados em fatos, na verdade, em dados ou estatísticas, a não ser que confirmem aquilo que já pensam. Se um de seus *subordinados* alcança uma meta, tomam todo o mérito para si. Vivem aterrorizados pela ideia de envelhecer, fazem qualquer coisa para parecer mais jovens, tentam negar a inevitável passagem do tempo, às vezes recorrendo a cirurgias plásticas ou tratamentos com resultados estéticos questionáveis.

Se conseguirmos reconhecer os pavões, também conheceremos seu ponto fraco: para que vivam em paz, deve-se deixar o palco livre para eles e fazê-los acreditar que *realmente* não há ninguém em todo o reino mais belo do que eles; não se deve nunca criticá-los. Michael Maccoby escreveu um importante artigo na *Harvard Business Review* com o preciso título de "Narcissistic Leaders";[12] ele diz que, enquanto seres humanos, temos pontos fracos, como não aceitar críticas, não escutar, não sentir empatia e ter um desejo selvagem de competir. A minha experiência me mostrou que esse tipo de pessoa não dá sugestões, mas ordens específicas que devem ser executadas, e com urgência; a única coisa que importa são os seus compromissos. Algumas vezes seremos obrigados a encenar para sobreviver. Uma vez, organizei um seminário de trabalho e um jornalista me telefonou porque queria escrever um artigo e fazer uma entrevista sobre o evento. Sabendo que o meu chefe era um vaidoso incorrigível, passei a entrevista para ele. Assim, Narciso teve o seu nome e uma bela fotografia estampados na revista: ele estava no sétimo céu. Depois, soube que ele comprara cem exemplares para distribuí-los a sua equipe, que contava com menos de vinte pessoas. Um mito, um verdadeiro Narciso.

As *cobras* existem na sociedade e, portanto, estão presentes em qualquer organização; são os psicopatas, pessoas que, portadoras de um desvio de personalidade, não possuem a menor empatia ou capacidade de se colocar no lugar dos outros, sem escrúpulos e sem remorso, fiéis apenas a si mesmas. O primeiro livro a tratar diretamente dos psicopatas foi escrito por Hervey Cleckley em 1941, *The Mask of Sanity;*[13] o segundo foi *Sem consciência*, de Robert D. Hare,[14] que realizou experimentos para descobrir quantos presidiários de uma penitenciária eram psicopatas. O experimento consistia na leitura de algumas palavras de conteúdo emocional elevado, como "sangue", "faca", "estupro", e de outros termos com um conteúdo emocional baixo ("árvore", "mesa", "pedra"). Os psicopatas não demonstraram emoções de nenhum tipo, totalmente indiferentes a todas as palavras.[15] Truman Capote, em seu romance investigativo *A sangue frio*, descreveu a mente de assassinos psicopatas. Para as cobras, *os outros não são pessoas*, mas simples instrumentos a serem utilizados, limões para espremer, obstáculos para eliminar; são ótimos manipuladores de pessoas e de situações, obviamente sempre em vantagem própria. Os piores massacres da história foram realizados por psicopatas, cobras totalmente indiferentes ao fim de suas vítimas.

Conheci um deles. Assim que entrei no escritório, soube que alguma coisa havia acontecido. Algumas pessoas choravam: me disseram que um colega havia morrido, mas não sabiam como. Confusão, dor e lágrimas se seguiram. Alguns policiais vieram à minha sala me dizer que ele fora assassinado ou que talvez tivesse se matado. Quando saíram, eu não conseguia respirar; pedi um copo de água e sentei no chão, a cabeça girando como se tivesse levado um soco. Quando recobrei as forças, fui correndo falar com o diretor executivo para informá-lo do ocorrido. Com a voz ainda em estado de choque e os olhos marejados, junto com outros dois colegas, transmiti-lhe a terrível notícia. Ele respondeu, sem piscar: "Filippo pode substituí-lo a partir de amanhã". Eu não podia acreditar que, apesar da notícia da morte de um colega, ele não deu nenhum sinal de emoção. Uma cobra, ou pior, uma anaconda que engole as pessoas como se fossem balas, indiferente a qualquer dor ou emoção.

O que fazer, então, quando encontrarmos raposas, pavões e cobras? Precisamos manter distância, fornecer-lhes o menor número de informações possível, não nos abrir. Se eles têm uma máscara, nós precisamos vestir um escudo, sorrindo. Raposas, pavões e sobretudo cobras são pessoas *amorais* e sem escrúpulos, que não levam em consideração valores éticos em seu modo de agir, pois consideram a moral como um empecilho, um acessório inútil. Se você conhece pessoas assim, evite-as.

Para mim, Guido Piovene deu a melhor descrição dessa categoria de raposas, pavões e cobras no prefácio do seu primeiro romance *Cartas de uma noviça*:

> Todos os personagens deste romance, embora diferentes entre si, têm uma coisa em comum: sentem repulsa em conhecer a si mesmos profundamente. Todos eles pensam sobre si apenas quando lhes é vantajoso, todos mantêm seus pensamentos suspensos, fluidos, indecifráveis, prontos para se transformar de acordo com o que lhe convier [...] cada um deles parece pensar na própria alma não como se fosse essencialmente a sua, mas como se fosse a alma de um outro ser que convive com ele, respeitando uma regra diplomática [...] Se nós, mais perspicazes e menos complacentes do que ele, quisermos dar o nome certo a esse comportamento, talvez nos vejamos obrigados a defini-lo como má-fé. A má-fé é a arte de não se conhecer ou, melhor, de regular o conhecimento que temos de nós mesmos de acordo com as conveniências [...] eu digo que um homem age sempre, ou nunca, de má-fé. A má-fé não é um estado de espírito: é a sua característica.

Os sábios e os verdadeiros líderes: corujas, elefantes e leões

O poder pode ser bem gerenciado: as *corujas* são pessoas dotadas de uma grande inteligência política e que, além disso, adotam um comportamento que se orienta na direção do sucesso da organização na qual trabalham. Elas encorajam a troca de informações para melhorar os relacionamentos e os resultados; colocam o foco no aprendizado, não na crítica. Não possuem problemas em lidar com opiniões diferentes, ao contrário das raposas, que seguem a lógica do "comigo ou contra mim". Buscam soluções que beneficiam todos os membros e protegem a dignidade das pessoas. Ajudam os outros e se colocam à disposição. A característica mais importante é que são pessoas guiadas por fortes valores morais e que não traem, a menos que sejam traídas. Nunca são as primeiras a *atirar* porque acreditam no diálogo, recusam armadilhas, truques, passar a perna nos outros e mentir. Defendem colegas e funcionários publicamente e na vida privada, têm antenas bem direcionadas e falam pouco, mas, quando falam, todos escutam.

As corujas um dia se tornam *elefantes*, quando adquirem experiência, *gravitas* (palavra em latim que significa peso, dignidade, e conota força de caráter). Os elefantes têm uma memória fantástica e são pessoas respeitadas nas organizações, não tanto pelos cargos que ocupam, mas por sua sabedoria e autoridade. É possível identificá-los nas empresas graças ao seu peso moral: "Você conheceu o senhor...?", "Você sabe o que ele pensa sobre...?", "Antes precisamos falar com..." são as frases usadas quando alguém se refere a esses personagens e que podem nos ajudar a descobrir quem são os elefantes, famosos também como *formadores de opinião*, sujeitos que influenciam o modo de pensar nas empresas com suas habilidades de avaliação. Quando identificamos um elefante, a primeira regra é ir conhecê-lo com o devido respeito. Os pavões procuram adulação, os elefantes incutem respeito e sobriedade. A segunda regra nos leva à nossa capacidade de escutar e de fazer perguntas, de pedir conselhos. A melhor estratégia é convencer os elefantes a serem nossos guias, como Virgílio foi para Dante, moral e espiritualmente, na viagem da *Divina Comédia*.

Os *leões* são os únicos líderes reais das organizações. Aqui entra em questão o paradoxo do líder que, por um lado, deve representar os valores da empresa e, por outro, deve conseguir transformá-la. Quando penso nesse paradoxo, lembro imediatamente do papa Francisco: de um lado, chefe de uma organização, a Igreja Católica, com 2 mil anos de história; de outro, guia de uma transformação extraordinária relacionada ao combate à corrupção e à abertura a temas considerados tabus pela Igreja até pouco tempo atrás. Um verdadeiro líder, que personifica perfeitamente esse paradoxo.

No que os leões diferem das corujas e dos elefantes? O que eles têm que os outros não têm? *A coragem de lutar por suas próprias convicções*, custe o que custar, a qualidade mais importante de um líder. Vou apresentar para vocês três leoas e dois leões, cada um com uma frase retirada de suas vidas extraordinárias.

- *Madre Teresa de Calcutá*, fundadora da organização Missionárias da Caridade, Prêmio Nobel da Paz em 1979: "Eu descobri um paradoxo: se você amar até doer, não haverá mais dor, somente mais amor".
- *Rosa Parks*, ativista estadunidense de direitos humanos que no dia 1º de dezembro de 1955 recusou-se a obedecer à ordem de um motorista de ônibus que a intimou a mudar de lugar, de acordo com as leis raciais em vigor na época: "Você nunca deve ter medo do que está fazendo quando estiver certo".
- *Aung San Suu Kyi*, ativista política da Birmânia, que passou quinze anos entre a cadeia e a prisão domiciliar, Prêmio Nobel da Paz em 1991: "A única prisão real é o medo, e a única liberdade real é a liberdade de não ter medo. O medo é um hábito e eu não tenho medo". Frase que merece ser relida. Eu não tenho medo.
- *Mahatma Gandhi*, líder político-religioso indiano, guiou a independência de seu país do colonialismo inglês: "Primeiro eles o ignoram, depois riem de você, depois lutam contra você e, então, você vence".
- *Giorgio Perlasca*, empresário italiano que durante a Segunda Guerra Mundial, com a colaboração dos diplomatas espanhóis, salvou 5.218 judeus do extermínio e da deportação para campos de concentração. Quando alguém lhe perguntava por que ele havia feito isso, ele respondia: "Mas você, se tivesse a possibilidade de fazer alguma coisa, o que faria se visse homens,

mulheres e crianças sendo massacrados sem nenhum motivo além de ódio?".

Não podemos esquecer também de outras pessoas, menos conhecidas, mas nem por isso menos heroicas: as vítimas do terrorismo, como Luigi Marangoni, diretor clínico do Policlínico de Milão, ou Walter Tobagi, jornalista *incômodo*, assassinados no início dos anos 1980 pelas Brigadas Vermelhas;* Elisabetta Tripodi, eleita em 2010 prefeita de Rosarno, na Calábria, e que, como Roberto Saviano, viveu durante anos sob escolta por ter descrito as ações da máfia e da 'ndrangheta.** A lista, infelizmente, poderia continuar.

We can be heroes... Todos podem ser heróis

Os leões têm, portanto, *a coragem de lutar por suas convicções*: são pessoas que sofreram em nome de seus ideais, foram presas ou assassinadas. Devemos, então, seguir esse mesmo destino que, por mais heroico que seja, não é muito atraente? Tenho certeza de que todos, exceto raposas, pavões e cobras, são leões em potencial. E mais: se prestarmos atenção, veremos que existem milhares de leões ao nosso redor; talvez nós mesmos já o sejamos sem saber. Tenho certeza disso.

É um leão o homem de meia-idade que perde o emprego – e, assim, a própria identidade –, mas tem forças para retomar o jogo e está disposto a começar do zero, com dignidade, para chegar lá. É uma leoa a mulher sozinha, viúva ou divorciada, que com um forte sentimento de responsabilidade consegue seguir em frente dia após dia para oferecer um futuro melhor aos filhos. É um leão o jovem que, apesar de uma

* Brigadas Vermelhas: militância italiana de extrema esquerda responsável, entre outras coisas, pelo sequestro e assassinato de Aldo Moro, líder da Democracia Cristã, em 1978. [N. E.]

** 'Ndrangheta: máfia calabresa. [N. E.]

taxa de desemprego que deixa o coração nas mãos, luta por um trabalho digno, continua a estudar ou abre uma empresa ou uma *startup*. É um leão o operário que dá tudo de si por um salário digno, trabalhando de madrugada, pegando o mesmo ônibus há trinta anos às cinco da manhã. É uma leoa a faxineira que, trabalhando com dignidade antes das oito da manhã e depois das oito da noite, deixa os nossos escritórios limpos e em ordem. É um leão o imigrante que veio de um país distante e realiza tarefas ou serviços modestos com dignidade, embora seja advogado ou professor, mandando para a família tudo o que recebe. É um leão a criança adotada porque foi abandonada ou o filho de um casal divorciado que consegue não perder a confiança nos adultos, no amor, na vida. São leões o padre e a freira que ajudam os desamparados, os esquecidos, os invisíveis. São leões o médico, o professor, o juiz, o enfermeiro, o policial, que, muitas vezes com os salários modestos da rede pública, tomam conta da saúde, da segurança e da educação da sociedade. É um leão o empresário que, em meio a mil dificuldades burocráticas, consegue levar adiante o seu negócio, oferecendo trabalho a quem merece. É um leão quem, tendo passado por um evento terrível, faz de tudo para ajudar as pessoas que vivem a mesma situação, mostrando que até os momentos mais difíceis podem ser superados. São leões o jornalista e o artista que usam o seu conhecimento e a sua arte para narrar histórias, denunciar, servir e reconfortar. É um leão quem protege o meio ambiente e os nossos tesouros artísticos de exploradores sem escrúpulos. É um leão o aposentado que depois de quarenta anos de serviço recebe uma aposentadoria miserável, mas vive com dignidade e se esforça para ser um bom avô. É um leão quem, discriminado por sua etnia ou por sua orientação sexual, religiosa ou política, caminha com a cabeça erguida e segue adiante seu caminho, sem perder a dignidade e a identidade. É um leão quem não aceita a máfia, a corrupção, aproveitadores, fraudes, cartas marcadas que desfavorecem o real merecedor. É um leão quem dedica o tempo como voluntário para ajudar idosos abandonados, mulheres maltratadas, crianças esquecidas, presidiários, prostitutas, pessoas desamparadas.

Chegou a hora de mudar o nosso modelo de heroísmo. E assim *ser um leão* não será mais uma categoria mitológica reservada a super-heróis de histórias em quadrinhos, a poucas figuras lendárias ou, pior, a pavões que passam os dias na frente do espelho e embaixo dos holofotes. Ser um leão se torna o nosso modo de ser: não precisamos de atos heroicos, mas de dignidade cotidiana. O nosso trabalho será, portanto, não uma simples ocupação, mas a nossa identidade mais profunda e autêntica. Tenho certeza de que você também é um leão ou está se transformando em um.

Não vamos esquecer: "Caminhe com a cabeça erguida ou simplesmente não caminhe".[16]

6

O pacto com o diabo

O preço que devemos pagar para ter sucesso

A beleza é misteriosa e terrível ao mesmo tempo.
É o duelo entre Deus e o diabo,
e o campo de batalha é o nosso coração.
Fiódor Dostoiévski

O preço que devemos pagar

Vou me inspirar nos títulos de duas famosas obras-primas do rock para refletir sobre duas questões fundamentais.

A primeira música, "The Price You Pay", escrita por Bruce Springsteen, nos leva a pensar: *qual é o preço que devemos pagar para ter sucesso?* Atenção: sempre e necessariamente haverá um preço a ser pago; existem preços razoáveis e outros simplesmente inaceitáveis; alguns, inconscientemente, colocamos na conta de outras pessoas.

Pensando na segunda música, "Sympathy for the Devil", dos Rolling Stones, surge a pergunta: *fizemos um pacto com o diabo para ter sucesso?*

O capítulo termina com uma reflexão sobre a arte de negociar com nós mesmos – e com quem amamos – o preço que estamos dispostos a pagar pela nossa carreira e sobre como evitar um pacto com o diabo em nome de algo que é imprescindível: a nossa alma e a nossa liberdade.

Tenho certeza de que é muito mais importante elaborar perguntas certas do que adivinhar respostas plausíveis. No meu trabalho, uma pergunta que escuto com frequência é: "Como faço para ser promovido?".

Problema: essa não é a pergunta correta. Fazer seu trabalho com satisfação e amor é uma das maiores felicidades da vida, e é absolutamente legítimo tentar progredir na carreira. Se você aceita esse pressuposto, também precisa se perguntar qual preço deve pagar para isso, e não pensar apenas no salário que receberá.

Sempre me pergunto por que esse conceito, tão claro em nosso dia a dia, não é aplicado a questões mais amplas. Se, por exemplo, estamos em uma pizzaria e percebemos que a *pizza* de mozarela custa quinhentos reais, é ela que nós pedimos? Claro que não. Talvez estejamos dispostos a pagar até noventa, cem reais se estivermos em uma cidade turística, por exemplo, com vista para o mar, mas quinhentos reais é impossível. Outro caso: é domingo à noite, acabamos de perceber que o leite acabou e o único supermercado aberto fica a dez minutos de carro da nossa casa. Está chovendo, está frio e já escureceu. Depois de uma rápida análise de custo-benefício, concluímos que não vale a pena sair.

Conseguimos aplicar essa mesma metodologia à nossa carreira? Conseguimos perceber até que ponto *pode valer a pena*? Resumindo, pagar um preço pela nossa carreira significa colocar na balança também o *trade-off*, as escolhas que queremos – ou não – fazer e suas consequentes renúncias. Escolher quer dizer renunciar.

Quanto é suficiente?

Vamos começar com uma panorâmica: Robert e Edward Skidelsky, pai e filho, um economista e o outro filósofo, escreveram juntos um texto convincente, rico em sugestões de reflexão, que começa com uma pergunta: *Quanto é suficiente?*[1] De quanto precisamos realmente para aproveitar a vida? Os dois autores analisaram essa questão de diferentes ângulos, avaliando o ponto de vista da filosofia, da religião, da economia, distinguindo as chamadas *necessidades* (por exemplo, um teto, um prato de comida) dos *desejos*. A diferença é simples: as necessidades são finitas, quantificáveis e limitadas, enquanto os desejos são ilimitados. Em poucas palavras, *precisamos* de 2.500 calorias por dia para viver, mas *queremos* comer lagosta. Como Bruce Springsteen escreveu na letra de "Badlands", faixa do álbum *Darkness on the Edge of Town* de 1978, uma verdadeira obra-prima: "O homem pobre quer se tornar rico, o homem rico quer se tornar rei, e um rei não fica satisfeito até mandar em tudo", descrevendo em poucas linhas um problema fundamental: o mal-estar existencial de quem nunca fica satisfeito.

Se considerarmos a relação entre o aumento da renda e o nível de felicidade percebido na Grã-Bretanha, por exemplo, entre 1973 e 2007, veremos que, enquanto a renda duplicou, o nível de satisfação permaneceu igual; ao mesmo tempo, a desigualdade na distribuição de renda aumentou significativamente, assim como a obesidade, as mortes por alcoolismo e o número de divórcios. Em julho de 2015, o jornal italiano *La Repubblica* publicou um artigo que dizia: "Estávamos melhor quando estávamos pior: felicidade e crescimento não caminham lado a lado";[2] a partir de uma análise da Universidade Politécnica de Marche sobre a correlação entre o crescimento econômico e a qualidade de vida, concluiu-se que até os anos 1960, na Itália, a tendência à estabilidade era positiva, tornando-se negativa há quase cinquenta anos. Postas dessa forma, essas relações podem nos parecer apenas estatísticas que não nos afetam em absolutamente nada; mas, na prática, o que acontece com as pessoas normais como nós?

A relação entre estresse e produtividade é objeto de estudo desde os tempos da Revolução Industrial. Já em 1908, dois psicólogos americanos,

Robert Yerkes e John Dodson, demonstraram empiricamente a existência de uma relação direta entre esses dois fenômenos: sem nenhum estímulo, chamado popularmente de *estresse*, a produtividade é baixa, mas se recebemos estímulos em excesso, ou seja, se ficamos *estressados demais*, a produtividade vai se reduzindo até se tornar nula. A lei de Yerkes-Dodson demonstra que, *até certo ponto*, o estresse é positivo porque nos ajuda a focar algo e a nos manter concentrados. Passado esse limite, o estresse se torna negativo e coloca a eficiência em risco. Que ponto é esse? E o que acontece se vamos muito além dele?

Para tentar entender melhor essa questão, conversei com o doutor Jim Stricker, psicólogo e terapeuta do Banco Mundial por dezessete anos. Nós nos falamos pela primeira vez por ocasião da sua candidatura a gestor de uma equipe que iria medir e gerir o estresse de quase 17 mil funcionários. Eu lhe pedi para *quantificar*, de alguma forma, o preço, incluindo o estresse e os custos psicológicos, que os funcionários do Banco Mundial tinham de pagar, considerando que eles trabalhavam sempre sob pressão. A análise realizada por Stricker foi muito esclarecedora. No Banco Mundial, todos os funcionários são altamente qualificados, têm diplomas de cursos superiores e doutorados, falam três línguas fluentemente e têm a seu favor uma ótima experiência no país de origem. Resumindo, estamos falando de um ambiente muito competitivo, repleto de pessoas idealistas e confiantes na missão do Banco Mundial. Além disso, os funcionários viajam frequentemente para trabalhar em projetos ao redor do mundo. Eu mesmo estava acostumado a viajar a trabalho pelo menos 150 dias por ano.

Pensando no preço a ser pago para se construir uma carreira, isso tudo significa que essas pessoas se empenham até a exaustão, e o idealismo às vezes se transforma em cinismo quando enfrenta a lentidão exasperadora de alguns projetos, ou então quando observa a corrupção assustadora de alguns países, ou quando o *jet lag* e o cansaço físico pelas longas horas de viagem vencem qualquer resistência e as famílias em casa protestam, com razão, porque se sentem deixadas de lado.

No começo, qualquer profissional motivado e competente segue em frente, tentando administrar as situações da melhor forma possível, mas chega um momento em que se corre o risco de sofrer um colapso inesperado, fruto da exaustão do trabalho excessivo, que conduz a um longo período de recuperação e a desagradáveis consequências, como depressão, doenças e divórcios. É justamente esse o ponto que jamais deveria ser ultrapassado, o preço alto demais. Para começar, é preciso ter uma boa dose de consciência e de sabedoria na gestão do tempo e da energia. Estabelecer as prioridades certas, poder contar com o suporte de amizades construtivas, saber cuidar de si, tanto do corpo quanto da alma. É correto buscar uma motivação interna e trabalhar duro, mas existem limites, até mesmo físicos.

Portanto, o nosso objetivo aqui é aprender a continuar com uma motivação interna forte sem ter de pagar um preço alto demais, que não podemos suportar.

Para nos aprofundarmos no tema sobre qual é o preço *justo* a pagar, no próximo tópico recorrerei a dois dos meus melhores amigos, um russo e um siciliano, que todo mundo conhece.

De quanta terra precisa o homem?

De quanta terra precisa o homem? é o título de um conto escrito em 1886 por um dos mais importantes nomes da literatura mundial, Liev Tolstói, escritor e filósofo russo. O conto narra a história de Pakhóm, um camponês obcecado pelo desejo de possuir o maior número possível de hectares. Durante a busca por um terreno, recebe uma oferta vantajosa: ele poderá comprar por mil rublos o pedaço de terra que for capaz de percorrer a pé ao longo de um dia inteiro. Assim, ele chega ao vilarejo para fechar o negócio antes de o sol nascer, pronto para enfrentar o desafio, e corre durante horas, até perder o fôlego, tentando alcançar a maior distância possível. Quando chega a hora de voltar ao ponto de partida, Pakhóm vê um bosque e, cego pela avidez, não consegue ceder: volta a correr, embora perceba que está se afastando cada vez mais; extrai de si até a última gota de energia, porque não terminar o perímetro do bosque significa perder a aposta. Ele pensa: "Eu preciso, eu devo conseguir". E consegue: chega de volta ao vilarejo no tempo combinado, quase atrasado, mas ainda dentro do prazo para conquistar o seu terreno. Porém, exausto pelo esforço, enquanto aperta a mão dos moradores do vilarejo que querem cumprimentá-lo, desaba no chão, morto.

De quanta terra precisa o homem? "Mais ou menos dois metros", é a resposta irônica de Tolstói: o espaço exato para a sepultura no cemitério.

Giovanni Verga, um grande escritor italiano, escreveu uma história parecida: *La roba*. O protagonista também é um camponês, Mazzarò, "homem sem defeitos e sem sentimentos, com a cabeça brilhante, a barriga inchada e rico como um porco". A sua obsessão por acumular "coisas" o leva à loucura; quando lhe dizem que ele deveria se preocupar em salvar a própria alma, visto que está quase morrendo, ele começa a matar os animais da sua fazenda, gritando: "Minhas coisas, vocês vêm comigo".

Quantos Pakhóm, quantos Mazzarò encontramos em nosso caminho? Nós nos comportamos como eles?

A corrida dos ratos

Vou contar uma história que vivi pessoalmente. O meu chefe me informou que uma colega, Emily, ótima profissional, havia se demitido e que, se eu quisesse, ele me daria o seu cargo, me promovendo com um bom aumento de salário, uma equipe de cerca de trinta pessoas para gerenciar e frequentes viagens de trabalho. A minha resposta foi imediata, um "sim" confiante e entusiasmado. Depois de poucos dias, recebo um documento com o meu novo salário, 20% a mais, e o respeitável título de vice-presidente. No arco de pouco tempo, porém, entendo como funciona o jogo: levo duas horas para chegar ao novo escritório, trabalho de doze a treze horas por dia, tenho que viajar duas vezes por semana em voos que saem às seis da manhã e as minhas férias foram canceladas. Um colega me conta que Emily, na verdade, não pediu demissão, mas estava internada em uma clínica para curar o colapso nervoso que teve no trabalho. Cheguei ao limite quando, uma vez, saí do escritório às duas da manhã e segui direto rumo ao aeroporto para pegar o milésimo avião: eu acabara de completar trinta anos, mas sentia que estava com sessenta. Tremia de cansaço e me achava um completo idiota por ter aceitado um trabalho que acabei odiando. Minhas energias haviam acabado e me arrependi amargamente de ter tomado uma decisão sem refletir, enganado pela falsa vitrine que me foi apresentada. Decidi me demitir pouco tempo depois da promoção que tanto desejara.

Os *lobos* também seguem ritmos excessivos. São pessoas com uma vontade feroz de avançar na carreira:[3] G. M., americano, trabalhava na J. P. Morgan, vice-presidente do departamento de tecnologia; W. B., também americano, ex-diretor do Deutsche Bank, seria promovido a CRO (chefe de operações de risco, na sigla em inglês), mas a promoção foi interrompida; T. D., diretor de comunicação da corretora de seguros Swiss Re; P. W., diretor financeiro de uma outra corretora de seguros suíça. O que todos eles têm em comum? Trabalhavam em Londres, tinham salários de contos de fadas e se suicidaram, todos eles.

O famoso banco de investimento Goldman Sachs tentou conter a situação[4] ditando regras para os estagiários que, todo verão, começam a trabalhar na empresa na esperança de serem efetivados: eles não podem chegar antes das sete da manhã e devem obrigatoriamente sair até meia-noite. Imagino que isso para eles é um horário flexível: "só" dezessete horas por dia, uma espécie de férias!

Robert Reich foi ministro do Trabalho durante o governo do presidente americano Bill Clinton de 1993 a 1997. Também foi professor universitário em Berkeley (Califórnia), autor de livros de sucesso e escreveu o documentário *Desigualdade para todos*, absolutamente imperdível. Como muitas pessoas que amam o próprio trabalho, ele passava pelo menos catorze horas no escritório. Até que uma noite, durante o milésimo telefonema para avisar a família de que não chegaria para o jantar, o filho mais novo pediu que ele o acordasse, de todo modo, assim que chegasse em casa, mesmo que isso não fosse necessário, pois eles se encontrariam durante o café da manhã do dia seguinte. "Me acorda, papai: eu só preciso saber que você está aqui em casa, junto com a gente." Essas palavras fizeram Reich entender que precisava largar o emprego: o preço que ele pagava se tornara alto demais.[5]

Henry é um dos meus melhores amigos; ele passou quase quinze anos trabalhando cerca de oitenta horas por semana em um famoso banco de investimento. O seu objetivo na vida era ganhar uma certa quantia, na minha opinião absurda, antes de completar 45 anos. Eu me lembro de uma cena durante um almoço de Ação de Graças em que ele passou o tempo todo ao telefone, ignorando a mesa preparada com tanto amor por sua mulher, irritada e deprimida. A boa notícia é que Henry é tão eficiente que conseguiu ganhar a quantia estratosférica que havia estipulado; a má notícia é que em dez anos ele não conseguiu passar mais do que três dias seguidos com sua família, tornando-se um completo desconhecido para os próprios filhos. Obviamente, a mulher se separou dele porque não aguentava mais e – ironia do destino – ficou com quase todo o dinheiro, após anos de ferozes brigas judiciais.

* * *

A pergunta de Tolstói fica em nossa cabeça em letras garrafais: *de quanta terra precisa o homem?* O conceito de *ter uma carreira de sucesso* pode ser facilmente comparado à ideia de *rats race*, a corrida dos ratos. Estamos tão absolutamente preocupados em vencer a corrida que esquecemos que somos ratos? Se pensarmos na carreira como uma escada cujos degraus precisamos subir, é importante também avaliar se a escada não está apoiada na parede errada.

Um almoço juntos, em 28 anos

Eugene O'Kelly – CEO da empresa de consultoria KPMG, o trabalho dos sonhos, com escritório na Quinta Avenida em Nova York – escreveu um livro:[6] até aqui, nada de estranho. O que nos deixa de boca aberta é *o momento* em que decidiu escrevê-lo: no dia em que o médico diagnosticou um tumor em seu cérebro. Estado terminal, nada que ele pudesse fazer. A primeira linha do texto nos tira o fôlego. Eugene escreve: "Fui abençoado, tenho sorte: me disseram que tenho só mais três meses de vida". Esse livro vai me acompanhar pelo resto da vida: ele traz todas as despedidas dolorosas entre Eugene e as pessoas que marcaram a sua vida – conhecidos, colegas, amigos próximos, família, filhos. O adeus mais intenso é o da mulher Corinne, que escreveu as últimas páginas do livro, quando Eugene não era mais capaz de continuar. Em cada linha dessa história extraordinária, é nítido o sentimento de orgulho por uma carreira, para dizer pouco, brilhante, mas também se percebe o sentimento do tempo perdido, das palavras não ditas, dos beijos não dados, dos jantares em que ele não compareceu, dos filhos esquecidos, dos aniversários não comemorados, do ritmo enlouquecido, de uma vida sempre corrida. Isso me lembra uma frase incrível do poeta e filósofo libanês Khalil Gibran: "*Entre o que é dito mas não sentido e o que é sentido mas não dito encontramos o amor desperdiçado*". Uma memória do livro de Eugene me tocou: "Em 28 anos de trabalho, eu almocei com a minha mulher em um dia útil de semana apenas uma única vez". *Uma vez em 28 anos!*

Eugene se considerou um homem de sorte quando descobriu que tinha apenas mais três meses de vida. Nós somos ainda mais sortudos, pois temos a oportunidade de aprender a lição de um homem extraordinário que nos ensinou com carinho e compaixão o que realmente importa na vida. *Hoje* é o dia certo para almoçar com a pessoa que amamos. Hoje, não amanhã.

O preço do poder

Existem outros preços que devemos pagar para subir na carreira. Preços escondidos na angustiante busca pelo poder. Jeffrey Pfeffer, no livro *Poder*,[7] explica que ter poder aumenta a visibilidade e nos coloca sob os holofotes, como acontece com as celebridades. Sabemos tudo da vida delas: onde passam as férias, como se vestem, com quem saem e o que fizeram ontem. Ao avançarmos na carreira e conquistarmos poder, seremos observados atentamente, até mesmo quando não estivermos presentes.

A perda da autonomia é um outro custo que deve ser levado em consideração. James March, especialista em administração e política, diz que é possível ter poder ou autonomia, mas não as duas coisas. O poder por si só pode provocar dependência, como uma droga que exige doses cada vez maiores, mais fortes e mais intensas.

Posteriormente, paga-se ainda mais um preço: a solidão. Francesco Bogliari organizou um volume intitulado *Quem comanda está sozinho*,[8] um retrato de Sergio Marchionne: uma das consequências do poder é a solidão.

Surge daí o dilema da confiança: em quem confiar? As pessoas poderosas desenvolvem, compreensivelmente, uma espécie de escudo para se proteger e tendem a não confiar em quem está ao seu redor. Seria interessante avaliar a relação entre grau de poder e desconfiança para com o próximo. Jennifer Chatman, da Universidade de Berkeley, fez alguns experimentos para avaliar até que ponto lamber as botas de quem está no poder é eficaz. O estudo concluiu que a adulação funciona *sempre*, não existem limites, especialmente quando o interessado é um pavão/narcisista. Imagino que seja uma espécie de maldição do poder. De um lado, o poder leva a não confiar nos outros, mas, por outro, faz com que se acredite em suas adulações. Imagine a tristeza de chegar ao topo para só escutar papagaios, os bobos da corte, os pajens, e desconfiar de todos os outros. Observando e analisando o comportamento de algumas cortes imperiais modernas, também chamadas de conselhos de administração ou de *management teams*, fica fácil entender porque a adulação é tão respeitada e utilizada com tanta frequência.

Empresas como viveiros de sapos?

Em 1956, William H. Whyte escreveu o livro *The Organization Man*, um retrato dos Estados Unidos que mais tarde se tornou um manifesto da transformação social em curso na burocracia da época, que queria anular os indivíduos para criar perfeitos burocratas, capazes de superar qualquer teste de conformismo. Se eu pudesse, tornaria obrigatória a leitura do artigo que Jerry B. Harvey, professor de administração na Universidade George Washington, escreveu: "Organizations as phrog farms", organizações como viveiros de sapos.[9] Harvey comete um suposto erro – em inglês, sapo se escreve *frog*, não *phrog* –, justamente para apontar um processo de modificação aplicável ao reino humano, mas não ao animal. Transformar indivíduos autônomos em pequenos sapos obedientes, cada um coaxando em seu próprio lugar no pântano, parece ser uma característica exclusiva das empresas. O artigo é muito engraçado, mas explica que nós também podemos ser transformados em sapos. Por exemplo, em diversas empresas é muito mais importante obedecer à hierarquia dos cargos do que agir de forma sensata, com juízo e maturidade. De fato, acontece assim mesmo: em qualquer empresa, falar diretamente com o chefe do próprio chefe sem que este último tenha conhecimento disso é considerado um pecado mortal.

Não posso deixar de citar um trecho do artigo de Harvey: "Existe uma lenda que diz que beijar um sapo pode transformá-lo em príncipe. Acho importante notar que beijar um sapo costuma provocar apenas irritações na pele. Mas se algumas pessoas quiserem beijá-lo mesmo assim, acho oportuno avisá-las que em meio à névoa é difícil identificar de que lado está o rosto e de que lado está o traseiro do sapo". É um trecho genial para explicar como funcionam as dinâmicas de puxar o saco nas organizações. Elas são como uma modificação genética no nosso comportamento, lenta, mas inexorável.

Harvey em seguida descreve como as brigas internas assemelham-se em tudo às armadilhas que acontecem no pântano dos sapos, acostumados a preparar emboscadas uns para os outros. Dito de outra forma, se nos dispomos a preparar uma armadilha para os sapos, para os nossos pares, *nós já caímos na armadilha.*

Além disso, os sapos possuem uma outra característica da qual precisamos nos proteger: o medo de pensar com a própria cabeça. Os sapos deixam que os outros tomem as decisões por eles, e essa renúncia apresenta algumas vantagens indiscutíveis ligadas a um sentimento de total ausência de responsabilidade. Quantas vezes já ouvimos a frase: "Eu só obedecia a ordens vindas de cima"? Muitas vezes, por exemplo, durante o processo contra os nazistas em Nuremberg no fim da Segunda Guerra Mundial, ou da boca de réus em processos por corrupção. Esses seres humanos, transformados em sapos venenosos, diziam – e ainda hoje se diz – que quando matavam inocentes ou roubavam em nome do partido estavam apenas seguindo ordens, como se fosse impossível dizer não. Vocês acreditam nisso?

Viagem à China

Em setembro de 2014, eu visitei, com uns sessenta jovens empreendedores do Young Global Leaders – uma comunidade coordenada pelo Fórum Econômico Mundial –, a Escola Central do Partido Comunista em Pequim, instituição fundamental dentro do complexo sistema político chinês. Assim que entrei no prédio, fiquei surpreso: senti-me em um *campus* universitário da Inglaterra ou dos Estados Unidos, com edifícios modernos, gramados bem cortados, ordem, limpeza e até um lindo lago artificial. A escola forma e catequiza os cerca de 1.300 dirigentes de alto nível dessa nação de 1,3 bilhão de habitantes, pessoas que ocuparão posições fundamentais na sociedade chinesa. Para ser admitido nessa escola, é necessário passar por sistemas de seleção muito competitivos. Eu me surpreendi com o alto nível de abertura mental e de curiosidade: por exemplo, há muitos anos a escola convida profissionais dos setores financeiro, industrial e político do mundo todo para aprender, observar. Sem dúvida, a ideologia do Partido Comunista permanece absolutamente fechada e incontestável, mas a abertura e o interesse em aprender com quem vem de fora são evidentes. Os estudantes não me pareceram de forma alguma "sapos no pântano", retomando a analogia de Harvey, e sim cérebros pensantes – claro, com um perímetro de pensamento limitado pela ideologia que não se pode discutir – prontos para conquistar o mundo com uma determinação absoluta, digna de admiração e capaz de deixar qualquer um arrepiado.

Quando pensamos no preço que pagamos para ter uma carreira de sucesso, devemos nos perguntar: a empresa onde trabalhamos parece um viveiro de sapos? Temos espaços amplos, mas *cercados* por uma ideologia que não pode ser posta em discussão, como na Escola do Partido Comunista? Trabalhamos em uma empresa onde podemos ser nós mesmos, em um centro de treinamento onde podemos desenvolver o nosso talento? Se vocês ouvirem alguém coaxando ou, pior, se vocês mesmos já começaram a coaxar, deem um grande pulo e caiam fora. A história nos ensinou que a chance de sermos beijados por um príncipe ou por uma princesa é realmente pequena.

Três milênios de sabedoria e genuinidade

O preço que temos de pagar não diz respeito apenas a nós, mas pesa também sobre os ombros das pessoas que compartilham a vida conosco. A pergunta, portanto, se torna: qual é o preço que nós fazemos *os outros* pagarem?

O Men's Club (Clube dos Homens) é um grupo de umas quarenta pessoas com idades que variam de 65 a 90 anos e que há trinta se encontra na Virginia, perto de Washington, dois sábados por mês, das 7h30 às 9 horas da manhã. Eles se conheceram nos anos 1980 frequentando a mesma igreja. Um deles propôs que continuassem uma discussão em sua casa e isso se transformou em uma tradição a tal ponto que suas mulheres também começaram uma semelhante. A cada encontro, dois dos participantes levam o café, dois o suco de laranja e outros os famosos *bagels*, as rosquinhas americanas. Todos são muito pontuais e trazem de casa a própria cadeira. Fui convidado a participar de um encontro pelo meu amigo e vizinho Rick, um homem cheio de energia e otimismo com mais de 70 anos. Aceitei mais por educação do que qualquer outra coisa; eu era, de longe, o mais novo, mas, desde que fui à primeira, não perdi nenhuma reunião nos quatro anos seguintes. O grupo seguia regras severas. Primeira: não era permitido falar de trabalho nem fechar negócios. Segunda: era permitido falar de tudo *o que se guardava no coração*. Terceira: às nove em ponto a reunião terminava com uma oração para agradecer por ainda estarmos vivos, ainda próximos às pessoas que amávamos, lembrando das pessoas que sofrem. Não perdi nenhuma reunião durante quatro anos porque, além de me sentir bem-vindo, protegido e respeitado, eu queria entender quais arrependimentos, sonhos, aspirações poderiam ter esses homens genuínos que haviam chegado ao fim de suas carreiras.

Não precisei esperar muito. John, um dos participantes, havia se divorciado alguns anos atrás e por muito tempo tivera pouco contato com a filha, na época com 30 anos. Um dia, ela lhe telefonou com uma voz triste, mas ele, sempre ocupado com trabalho, estava muito empenhado em uma tarefa e lhe prometeu que retornaria mais tarde. Ele ligou depois de alguns dias, mas era tarde demais. A ex-mulher lhe contou que a filha havia se suicidado, sem nenhuma razão aparente. Ele recebeu a terrível notícia poucos dias antes de um dos nossos encontros e quis compartilhá-la no Men's Club para receber consolo e suporte. Ao final da triste história, seguiram-se alguns minutos de um silêncio ensurdecedor, um dos mais longos da minha vida. A história devastadora da filha do nosso amigo influenciou as nossas conversas nos meses seguintes. Que preço obrigamos os outros a pagar? Estávamos presentes e disponíveis quando eles precisaram de nós? Escutamos não só o que estavam dizendo, mas como diziam? *As pessoas se esquecem do que ouvem, mas se lembram de como se sentiram*. Lembro que os homens desse clube, de diferentes religiões e classes sociais, compartilhavam o remorso pelo tempo que não haviam passado com as mulheres, filhos e netos. Durante quatro anos, não ouvi nem uma única vez esses homens falarem de arrependimentos ligados à carreira. Entendi – antes com o coração do que com a cabeça – que aquilo que nos preocupa e ocupa o nosso cérebro aos 30, 40 ou 50 anos ("Preciso aumentar as vendas, reduzir o orçamento, ser promovido, comprar um carro, responder os *e-mails*...") não é importante quando fazemos *realmente* o balanço da nossa vida.

Quando a reunião aconteceu na minha casa, perguntei ao grupo: "Vocês conseguiram realizar o *sonho* que tinham quando eram jovens?". Deixo vocês imaginarem a intensidade e a beleza daquela conversa.

Durante essas reuniões, dei as melhores risadas da minha vida desde os tempos do colégio. Peter – 82 anos, sempre com o boné do seu time de *baseball* –, durante uma reunião anunciou a todos que talvez tivesse um tumor na próstata e pediu que rezássemos por ele. Duas semanas depois, Peter chegou à reunião e gritou alto: "Amigos, ótimas notícias: graças a Deus, são só hemorroidas!". Rimos até a barriga doer, gritando de felicidade e dando-lhe abraços de alegria. Nessa ocasião, entendi que ter saúde é uma fonte de felicidade e que nós subestimamos o seu valor. Percebi quanto é importante ter pessoas que nos apoiam, que nos escutam e que não nos julgam. Compreendi a felicidade de ser genuíno, de não ter que "representar" para ser convincente, construindo uma imagem que não corresponde à realidade. Na vida se aprende que encontramos muitas máscaras, mas poucos rostos, como afirmou o escritor Luigi Pirandello.

Quando saí de Washington, abracei com carinho e gratidão aqueles quarenta homens incríveis, um por um, tentando gravar na memória aqueles rostos, sabendo que é preciso ter coragem para não usar uma máscara.

Men's Club, eu realmente sinto saudade de todas aquelas pessoas genuínas: precisamos aprender a ser como elas, uma fonte de experiência e de amor. Com suas histórias incríveis, elas me ensinaram o que realmente importa na vida.

O táxi amarelo

É meu aniversário de casamento. Levo Laila a um restaurante lindo para comemorar. No momento do brinde, beijo-a com carinho e penso comigo que a minha mulher poderia ser uma candidata à beatificação por ter suportado alguém como eu. Foram dez anos maravilhosos, e eu lhe agradeço com sinceridade. Laila me corrige: "São sete anos, não dez". Eu hesito por um instante, depois respondo que não, que são exatamente dez anos. Ela, sem nenhum tom de bronca, me lembra das minhas 75 viagens de trabalho, com em média duas semanas de duração: 150 semanas, três anos de viagens longe de casa, em mais de cinquenta países diferentes. Ela tem razão. Que preço eu paguei? Que preço *eu fiz as pessoas que amo pagarem*?

No aeroporto, voltando da viagem seguinte, observo quantos pais e mães compram presentes para seus filhos. Eu também compro um presente inútil, mas dentro de mim sei que a minha filha não quer presentes, e sim passar mais tempo comigo, simplesmente. Penso no dia em que meu pai, quando eu tinha 7 anos, me levou ao cinema e depois a uma pizzaria, só eu e ele, juntos. Lembro-me de absolutamente tudo daquele dia: era 1971, estava chovendo, meu pai usava calças de veludo marrom; uma ocasião como essa nunca mais se repetiu. Ele trabalhou quinze horas por dia durante 35 anos. Da mesma forma, uma vez levei minha filha ao cinema para ver um filme que ela escolheu. Sadika tinha só 5 anos e quis sentar no meu colo: eu não podia me sentir mais feliz.

Eis que, no aeroporto, me lembro daquele momento, da respiração da minha filha, do calor do seu corpo de apenas vinte quilos, e decido sair de um trabalho do qual eu gosto, mas que está me levando para longe demais da minha filha. Decido procurar um trabalho em que não precise viajar tanto, que não me obrigue a pegar o táxi amarelo que me leva ao aeroporto todo domingo de manhã enquanto nós três fazemos um esforço gigante para não chorar.

Agradeço ao céu por ter me dado essa chance, assim como a Laila e Sadika, que estiveram sempre ao meu lado e, com o amor que sentem por mim, me ajudaram a entender que a nossa família estava pagando um preço alto demais. Se me arrependi da decisão? Sim, mas só de não ter feito isso antes.

De quanta terra precisa o homem? Temos consciência do preço que devemos pagar para ter uma carreira de sucesso? Até que ponto podemos ir? Queremos mesmo ganhar a corrida dos ratos? A análise do custo-benefício não deveria ser apenas econômica, mas também emocional e pessoal, começando pelos custos que impomos aos outros, geralmente para satisfazer exclusivamente o nosso egoísmo e a nossa vaidade. De quanta terra precisamos?

O pacto com o diabo

O que significa fazer um pacto com o diabo? Para responder a essa pergunta, é inevitável pensar em dois clássicos da literatura: *Fausto*, de Goethe, e *O retrato de Dorian Gray*, de Oscar Wilde. No primeiro, Fausto firma um pacto com o diabo Mefistófeles, não para obter favores ou riqueza, mas para acalmar um sentimento profundo de insatisfação que descreve com precisão o estado de espírito do homem moderno. Fausto vende a própria alma para Mefistófeles e é perdoado por Deus apenas no momento da sua morte graças ao seu contínuo desejo pelo infinito. No segundo, o protagonista, obcecado pelo culto de sua beleza e juventude, firma um pacto com o diabo para permanecer eternamente belo e jovem, enquanto o seu retrato, escondido no sótão, envelhece e mostra todos os sinais da sua decadência física e da corrupção e depravação moral da sua alma. Dilacerado pelo remorso, Gray rasga o quadro com uma faca, suicidando-se. No dia seguinte, ele é encontrado morto, com a faca enfiada no coração, envelhecido e decrépito, enquanto o quadro mostra a sua imagem perfeita e no auge da juventude.

Se passarmos à história e, portanto, a fatos que realmente aconteceram, podemos nos lembrar do experimento de Stanley Milgram, um psicólogo americano que não conseguia se conformar com o horror dos campos de concentração e, assim, realizou uma pesquisa na Universidade Yale que fez o mundo todo tremer. Milgram queria desvendar uma questão: se uma autoridade pedisse a um indivíduo comum, normal, que desse um choque elétrico de até 450 volts em outra pessoa, o que ela faria? O experimento foi realizado com quarenta voluntários, chamados "professores", supervisionados por um "pesquisador" de jaleco, que faziam perguntas e davam choques de intensidade crescente em "estudantes" se eles erravam a resposta a perguntas predefinidas. Na verdade, os choques eram falsos e os "estudantes" eram atores que faziam parte do experimento, mas os "professores" não sabiam disso. Conforme o experimento avançava, os efeitos – fictícios – produzidos pelos choques faziam com que os "professores" hesitassem e se recusassem a continuar. Nesse momento, o "pesquisador", para incitá-los a continuar, usava frases precisas: "Continue, por favor", "O experimento requer que o senhor continue", "É importante que o senhor continue", "O senhor não tem escolha: precisa seguir em frente". Em 65% dos casos, os "professores" continuaram dando choques até a intensidade mais perigosa. Ao final do experimento, 84% dos "professores" disseram que estavam felizes de ter participado. Como é possível que pessoas consideradas normais se tornem perversas e sádicas? Segundo o estudo realizado em Yale, os fatores ligados à obediência são vários, mas, em geral, a maioria das pessoas tende a obedecer se é pressionada por outra ou por um grupo com autoridade.

Às vezes, como nos experimentos de Milgram, os choques elétricos são de mentira, mas a história já nos mostrou que, outras vezes, pessoas consideradas normais podem se tornar cúmplices de eventos dos quais ninguém deveria ter participado. O livro de Daniel Goldhagen, *Os carrascos voluntários de Hitler*,[10] comprova isso. Nele, o autor se pergunta como o povo alemão pôde cometer o maior genocídio da história da humanidade. Obediência cega. Somente *imaginar* uma possível punição leva à obediência absoluta e à perda do princípio que nos diz que, na verdade, *sempre* temos uma alternativa, ou seja, *não obedecer* a ordens sem sentido. O aspecto legal pode ser levado em consideração até certo ponto: quase tudo o que Hitler fez era *legal* depois que ele aprovou leis inconcebíveis e desumanas.

* * *

Podemos considerar, por fim, um caso extremo, o de Eric Fair[11] e sua incapacidade de se rebelar contra a hierarquia que o levou a realizar ações horríveis. Inscrito no exército americano como intérprete de árabe, Eric trabalhou no Iraque como interrogador nos primeiros meses de 2004. Foi, então, enviado junto com outros colegas às prisões de Fallujah e Abu Ghraib (a infame prisão de Saddam Hussein) para interrogar cerca de mil prisioneiros. Turnos de doze horas, seis dias por semana. Eric precisava mantê-los acordados, pressioná-los, esgotá-los, gritar com eles, humilhá-los, ou, em outras palavras, torturá-los. E fez o seu trabalho. Essa experiência e o remorso de não ter tido coragem de se rebelar contra aquelas práticas desumanas de interrogatório o consomem dia após dia, e assim, em 2007, ele decide escrever uma carta ao *Washington Post*[12] para denunciar os crimes cometidos, a sua dor e os pesadelos que o atormentam. Lendo a sua carta, fiquei impressionado com a frase: "Eu falhei porque não tive coragem de desobedecer a ordens infames e sem sentido". Pela lei de contrapartida,* agora é ele que não consegue mais dormir nem viver por ter vendido a sua alma ao "Deus da tortura".

Desobediência ou escolha?

Voltando a Milgram, experimentos sucessivos demonstraram a importância da rebelião: quando um sujeito se recusou publicamente a obedecer, 90% dos outros "professores" se detiveram antes de dar choques graves nas vítimas. Pensando bem, a história da humanidade é feita de

* Lei da contrapartida: se refere à punição inversa e complementar ao próprio pecado que todo personagem da *Divina Comédia*, livro de Dante Alighieri, condenado ao Inferno sofre. [N. E.]

pessoas que não obedeceram, que disseram NÃO. Rosa Parks, ativista de direitos humanos, não se levantou do assento *daquele* ônibus, dando início a um movimento que levou ao fim da segregação racial. Martin Luther King também não aceitou a segregação racial. O estudante chinês não saiu da frente do tanque de guerra que avançava na Praça da Paz Celestial. Nelson Mandela não abaixou a cabeça. Mahatma Gandhi não se submeteu à colonização inglesa. Giacomo Matteotti não se curvou ao fascismo. Dalla Chiesa, Falcone e Borsellino* – e muitos outros com eles – não se calaram contra a máfia. O que aprendemos com essas pessoas?

Graças a Deus, não estamos vivendo situações tão extremas. Não estamos em guerra, não somos reféns de ditaduras cruéis, não estamos presos em lugares esquecidos pelo mundo. Algumas histórias podem nos ajudar a entender como também em situações *normais* de trabalho podemos acabar fazendo um pacto com o diabo e encontrar o nosso inferno interior. Por isso, quero compartilhá-las com vocês.

Em um congresso, encontro Gianni, um ex-colega que também trabalhava no RH e que eu não encontrava havia três anos, pois no meio tempo nós dois mudáramos de empresa. Eu o encontro envelhecido, pálido e triste. Combinamos de sair para beber alguma coisa depois do jantar de negócios, e ele me conta o que aconteceu no seu recente afastamento da empresa onde trabalhávamos. Gianni me conta que o seu superior havia lhe pedido para aprovar um aumento de salário para a sua mulher, ao que Gianni respondeu que não era uma boa ideia, que ele deveria esperar pela revisão anual dos salários, mas o chefe insistiu e Gianni acabou cedendo. Todo mundo ficou sabendo do aumento e, quando o superior se viu em uma situação complicada, colocou a culpa em Gianni, que foi obrigado a pedir demissão. Só

* Um general (Dalla Chiesa) e dois juízes (Falcone e Borsellino) que combateram a máfia na Itália, tendo sido assassinados em atentados terroristas. [N. E.]

depois o chefe também foi demitido. Gianni me conta, visivelmente abalado, como essa experiência o deixou traumatizado. Ele pensava que havia construído uma relação de confiança com o chefe, o qual, porém, não hesitara por um segundo sequer antes de colocar a culpa nele para salvar a própria pele: uma verdadeira cobra. Gianni me confessa que se arrependeu de não ter desobedecido ao chefe e de não ter deixado por escrito que não permitiria o aumento insensato. Cedendo à pressão de seu superior, ele acabou assinando a própria sentença.

Um tempo depois desse episódio, meu chefe me pede para contratar uma pessoa para uma posição alta, com um salário generoso, sem seguir o processo de seleção, sendo que não há uma vaga disponível e a empresa não tem caixa para cobrir aquele gasto. A pessoa interessada nem sequer tem a qualificação e a experiência necessárias para assumir aquele nível de responsabilidade. Eu lhe respondo que, de acordo com as regras internas que ele mesmo aprovou, não podemos fazer isso. Ele me intima, com tom grave e desafiador, a pensar bem no que estou fazendo. De madrugada, acordo de repente, lembrando da história de Gianni, e, às três da manhã, escrevo um *e-mail* elencando todos os motivos pelos quais não podemos fazer o que ele quer: duas páginas inteiras de anotações. Acredito que o problema esteja resolvido: ledo engano. Saio de férias e, quando volto, encontro em cima da minha mesa o contrato *daquela pessoa*. Ligo para o meu superior para conversar, ele não responde, e sua fiel assistente me diz, com poucas palavras, que devo assinar o documento, que não muda nada na minha vida: "Só uma assinatura, cinco segundos de trabalho". Não assino; coloco o documento em cima da mesa do meu chefe e digo, com voz firme, que ele é capaz de assiná-la sozinho. Fico sabendo, em seguida, que ele não pediu para nenhum outro diretor assinar. Um ano depois, alguns jornais falam dessa contratação, e não muito bem, obviamente, definindo-a como "surpreendente". Sou convocado pelo meu chefe para dar satisfações em uma reunião que poderia ver definida como surreal, na qual ele diz que se eu me demitir voluntariamente, naquele instante, por esse fato lamentável, irá me oferecer um generoso bônus para que eu deixe a empresa rapidamente e em silêncio. Eu lhe mostro as cópias do *e-mail* que lhe enviara e do documento que eu *não* assinara, tudo isso sem dizer uma única palavra. Sinto-me em um duelo cinematográfico. Saio da sala como um boxeador nocauteado: preciso me sentar no chão, sinto a cabeça rodar. Meu chefe para de falar comigo; se me encontra no elevador, finge que não me vê, e o seu silêncio e a sua indiferença me ferem. Compreendo que preciso sair dali o mais rápido possível. Hoje, depois de tantos anos, *o modo ainda me ofende.*[13] Sofri muito com isso, mas nunca me arrependi.

O que nós teríamos feito?

Proporei agora algumas situações curtas que nos colocam cara a cara com dilemas relacionados à oportunidade, à ética de se fazer determinadas escolhas.

- Somos auditores em uma consultoria famosa. Nosso próximo trabalho é examinar as contas de uma empresa farmacêutica, um cliente muito importante. Na análise, constatamos que há um orçamento de 2 milhões de euros em remédios vencidos há muitos anos. Eliminar esse valor significa que a empresa fechará o balanço no vermelho. Decidimos mostrar a situação ao nosso chefe, que, sem rodeios, diz para deixarmos para lá *porque não podemos nos permitir perder um cliente como eles*. Na mesma noite, o cliente nos leva para jantar, pede pratos e vinhos caros e nos dá uma caneta de ouro maciço de presente, dizendo que conta com a nossa *discreta colaboração.*
- Trabalhamos no departamento jurídico de uma organização e percebemos que o proprietário da empresa que ganhou a

licitação de uma obra muito importante é parente próximo do diretor executivo.

- Organizamos um curso de formação em um país estrangeiro, com cerca de 120 participantes do mundo inteiro. O material didático que enviamos pelo correio fica preso na alfândega sem nenhum motivo. A única solução para resolver o problema, conforme nos informam, é pagar 5 mil dólares em dinheiro ou seremos obrigados a cancelar o curso.
- Um colega nosso escreveu um livro e comprou trezentas cópias à custa da empresa para distribuí-lo como material didático em um curso organizado por ele.
- Descobrimos que os sistemas computacionais da nossa empresa foram invadidos por *hackers*. Avisamos o nosso chefe, o qual, porém, pede que não digamos nada a ninguém, enfatizando que está prestes a decidir se irá nos promover naquela mesma semana.
- Somos médicos. Uma indústria farmacêutica conhecida nos convida para um cruzeiro no Caribe com a condição de que prescrevamos somente remédios deles nas nossas receitas.
- Precisamos fazer uma seleção para contratar um número x de funcionários. Uma consultoria de recrutamento entra em contato conosco e nos oferece um valor equivalente a seis meses do nosso salário se optarmos por confiar o serviço a eles.
- Um funcionário da empresa apresenta um atestado médico que lhe permite afastar-se por três meses, de junho a setembro. Mas, no final de julho, o encontramos na pousada em que estamos passando as férias. Esbanja saúde, está bronzeado, trabalha ali como músico. Ele é parente do gerente da pousada e, se não dissermos nada sobre o que vimos, a conta da estadia fica por conta da casa.
- Representamos a nossa empresa em uma importante licitação. Uma pessoa de uma empresa concorrente, que também

participa do processo, nos oferece um ótimo carro 0 km. Com um pequeno detalhe: se aceitarmos, devemos propor um valor tão alto na licitação que a nossa empresa não terá nenhuma chance de ganhar.

- (E agora a minha história preferida, totalmente verídica.) Junto com outros colegas, preciso negociar o parcelamento da dívida de uma empresa de porte médio. Depois de uma longa viagem, chego a um hotel que pertence à empresa. Estou dormindo, é quase meia-noite, e ouço alguém bater à porta. Decido abrir, incomodado: é uma prostituta que se oferece para passar a noite comigo, cortesia do hotel. Dou risada, agradeço, mas recuso a oferta e volto a dormir. Duas horas depois, batem à porta novamente: é a mesma garota, oferecendo o mesmo serviço. Fecho a porta na cara dela. Às quatro da manhã, de novo as batidas na porta. Dessa vez, já irritado, abro a porta e vejo na minha frente um homem. Ele diz que, como eu obviamente não gosto de mulheres, a direção resolveu diversificar a oferta.

Reflexões para não perdermos a liberdade

Todas essas histórias são verdadeiras, algumas aconteceram comigo e outras com amigos bem próximos. Que lição tiramos delas? A primeira observação diz respeito à nossa total falta de preparo para lidar com tais situações: não existem cursos dedicados a isso na faculdade, devemos contar unicamente com *os nossos valores e as nossas escolhas conscientes*.

Segunda observação: estamos falando de corrupção, que o diabo pode ter muitas faces ou de algo mais profundo? Tenho certeza de que não se trata apenas de escolher entre corrupção e honestidade, mas, sobretudo, de decidir se *queremos ou não ser livres*. Aceitando uma contratação por influência de alguém, nos tornamos devedores. Quem tem débitos não é livre. Aceitando uma hospedagem em hotel, um presente caro, jabás, um favor de qualquer tipo, nos expomos a chantagem e automaticamente deixamos de ser livres para agir, pensar ou escrever o que realmente vemos. Tornamos-nos prisioneiros, vendendo a nossa integridade e a nossa liberdade. Vamos deixar que Mefistófeles vença e se apodere da nossa alma ou conseguiremos tomar a decisão certa? Viktor Frankl, autor de um livro fundamental, *O homem em busca de um sentido*,[14] diz que, em qualquer situação, sob qualquer hipótese, temos a liberdade de escolha e a possibilidade de encontrar um sentido, até mesmo, e sobretudo, no sofrimento.

Começamos com duas perguntas. Que preço pagamos – e que preço fazemos os outros pagar – para termos uma carreira de sucesso? Que preço pagamos se caímos na tentação de fazer um pacto com o diabo? Tantas histórias reais, alguns exemplos talvez até extremos para explicar o que é o pacto com o diabo. Em todas as empresas, as histórias são semelhantes: motivados pela própria autoridade ou em nome de um falso deus, muitos vendem a própria alma sem medir as consequências: dirigentes de empresas que fraudam o orçamento para receber bônus, políticos que recebem propinas, concursos com cartas marcadas que prejudicam pessoas preparadas e sérias, vagas de trabalho em troca de favores do pior tipo, indicações para contratar um parente, prejudicando o candidato honesto e experiente, licitações fraudulentas. E a lista ainda vai longe.

O pacto com o diabo existe, potencialmente, dentro de todos nós. Os experimentos de Milgram foram chocantes e devastadores porque nos obrigaram a ver a nossa imagem refletida no espelho e a admitir que também nós poderíamos ter dado choques elétricos ou coisas piores nos outros. A distância que nos separa de Auschwitz não é assim tão grande. Mas, se tivermos plena consciência disso, se avaliarmos as consequências dos nossos atos, teremos condições de escapar do "abraço fatal" do pacto com o diabo, salvando, dessa forma, a nossa alma.

Fazemos um pacto com o diabo quando deixamos que os outros decidam por nós, quando obedecemos cegamente a alguém e *executamos ordens* abdicando do nosso livre-arbítrio, da nossa capacidade de escolher – o maior privilégio que recebemos –, esperando qualquer tipo de recompensa. Isso não significa que devemos nos tornar pessoas do contra, petulantes ou nos comportar como ferrugem na engrenagem. Significa que devemos estar sempre bem alertas, atentos aos nossos valores éticos e morais, para não cairmos em acordos inaceitáveis que podem se apresentar sob diversas aparências sedutoras e perigosas. Jamais ative o piloto automático quando estiver dirigindo por estradas perigosas.

Concordo que não é fácil *resistir*, mas, sinceramente, temos outra escolha válida? Estamos falando da nossa alma, da nossa liberdade como seres humanos. Liberdade não significa absolutamente fazer aquilo que se quer, quando se quer, prejudicando os outros, mas, ao contrário, realizar escolhas ponderadas que nos permitam continuar autônomos e independentes, respeitando as regras e, sobretudo, os outros: porque os outros somos nós.

Acreditem em mim, conheci muitas pessoas que assinaram um pacto com o diabo e acabaram esquecidas e decadentes como o retrato de Dorian Gray ou, pior, engolidas pelo inferno, sem esperança, como o Don Giovanni de Mozart.

TERCEIRA PARTE

LIBERDADE

7

O sucesso na praia

Como crescer na carreira sem deixar de ser honesto

O sucesso é a habilidade de ir de fracasso em fracasso sem perder o entusiasmo.

WINSTON CHURCHILL

Os passos para ter uma carreira de sucesso

Não é difícil ter uma carreira de sucesso. Mas pode ser complicado ter uma carreira de sucesso conservando nossa autenticidade, permanecendo fiéis aos nossos valores, tentando não nos tornar puxa-sacos ou cobras.

Existem apenas dois modos de se ter uma carreira de sucesso: como pessoas honestas ou como pessoas desonestas. Este capítulo descreve somente o primeiro modo, mas ensina como podemos nos proteger de quem age segundo outros critérios.

Para entender como se constrói uma carreira de sucesso, devemos, pela ordem:

- parar de acreditar em Papai Noel;
- entender quem controla o poder;

- administrar a relação com o nosso chefe;
- investir no nosso capital de relacionamentos e na nossa presença.

Vou lhes contar uma série de histórias reais: estejam preparados, porque este capítulo possui um alto teor emocional.

Ainda acreditamos em Papai Noel?

Ignaz Semmelweis nasce em 1818 perto de Budapeste. Aos 26 anos, se forma em medicina e se especializa em obstetrícia. Em 1846, começa a trabalhar em uma das duas maternidades do Hospital Geral de Viena, mas o primeiro mês de trabalho o deixa traumatizado: de 208 gestantes internadas, 36 morrem, com uma taxa de mortalidade de 17%. E mesmo que o hospital seja gratuito, construído para pessoas necessitadas, muitas mulheres preferem dar à luz na rua, por causa da péssima reputação dessa unidade de saúde. Além disso, Semmelweis percebe que a taxa de mortalidade da outra maternidade é muito inferior. Ele se recusa a aceitar as explicações oficiais, que não possuem nenhum embasamento científico, e decide pesquisar causas precisas e verificáveis que esclareçam o fenômeno. Percebe que o necrotério fica ao lado da maternidade e que muitos médicos estão acostumados a realizar tanto autópsias quanto partos. Quando um colega se corta com um bisturi utilizado em uma autópsia e morre poucos dias depois, Semmelweis percebe que as feridas e a infecção desse colega são idênticas às das mulheres que morrem na sala operatória e, finalmente, intui a origem do problema. Ordena imediatamente que todos os médicos e enfermeiros lavem as mãos muitas vezes ao dia com água clorada e consegue reduzir drasticamente a taxa de mortalidade, que dois anos depois chega a zero.

A sua descoberta (que para nós parece óbvia, mas não era tão evidente assim na época) salvou milhares de vidas. Ignaz compartilhou os resultados da sua descoberta com a elite médica de Viena, afirmando que o simples ato de desinfetar as mãos deu fim à tragédia da mortalidade materna. Se na época já existisse o Prêmio Nobel de Medicina, vocês não acham que ele seria merecedor?

Mas, ao contrário, Semmelweis logo percebe que seus ensinamentos não são bem-vistos na comunidade médica de Viena, que o ataca e ridiculariza. Ele deixa o Hospital Geral e, um ano depois, a taxa de mortalidade materna volta aos números de antes. A comunidade médica de Viena começa uma guerra aberta contra ele, ridicularizando publicamente o seu livro *Die Ätiologie, der Begriff und die Prophylaxe des Kindbettfiebers*, de 1861, sob a acusação de que ele não possui nenhum valor. Semmelweis contra-ataca com cartas enfurecidas nas quais acusa os médicos de serem assassinos; até mesmo sua mulher começa a duvidar de sua saúde mental. Em 1865, em uma armadilha, ele é convidado a visitar um manicômio no qual acaba sendo preso contra a sua vontade. Amarrado em uma camisa de força, maltratado por enfermeiros sádicos, esquecido por todos, Semmelweis morre duas semanas depois. Ele teve o mérito de fazer uma descoberta científica excepcional, mas errou ao alimentar a inimizade dos colegas: um erro fatal, literalmente.

Agora pensemos em Winston Churchill, um dos maiores estadistas que já existiram. Ele foi o primeiro-ministro mais amado da Grã-Bretanha, derrotou os nazistas, venceu a Segunda Guerra Mundial e, ainda assim, perdeu as eleições de 1945.

Muitas pessoas, no mundo do esporte, da política, dos negócios, do ensino, são *excluídas* depois de atingirem resultados brilhantes, e muitas, pelo contrário, permanecem em seus postos mesmo após clamorosos fracassos.

Tenho 25 anos; primeiro emprego e primeira crise empresarial. A única opção para salvar a filial italiana é reduzir os custos demitindo 50% dos funcionários em um ritmo quase impossível. Estou claramente despreparado para administrar uma situação tão dramática. O meu superior, que deveria tomar as rédeas da situação do alto dos seus trinta anos de experiência e com um salário dez vezes maior do que o meu, abandona a empresa depois de uma semana e vai embora sem cumprimentar ninguém. O medo me impede de dormir à noite. Seria um milagre conseguir manter a filial aberta e salvar trezentos dos cerca de seiscentos empregos. Trabalho de catorze a dezesseis horas por dia, sete dias por semana e toda manhã sei que posso ser demitido. Depois de oito meses de negociações, discussões, lutas ferozes com os colegas, com os sindicatos e com a central americana, recebemos a informação de que a filial, após uma intensa reestruturação, continuará aberta: um meio milagre. Muitas pessoas qualificadas perdem o emprego e são mandadas embora. Outras, mais espertas e inteligentes, encontram um modo de permanecer.

Naquele dia, *perdi* minha inocência: estilhaçaram a minha ideia utópica de que só constrói uma carreira de sucesso quem merece e quem trabalha duro. Senti-me uma criança ao descobrir, não só que Papai Noel não existe, como também quanto fui tolo por ter acreditado em sua existência. Um ditado popular alemão diz: "Uma guerra deixa de herança um exército de mortos, um de mancos e um de ladrões". Na minha opinião, uma reestruturação empresarial violenta tem praticamente os mesmos efeitos devastadores.

Trabalho como diretor de RH há muitos anos. Independentemente das empresas onde trabalhei, sempre me impressionou a baixa correspondência entre resultados, talento e sucesso. Ter talento e obter resultados são condições necessárias para *se chegar ao topo*, mas não bastam por si sós. Então, se acreditamos que para ter uma carreira de sucesso basta sermos bons no que fazemos e trabalharmos duro, chegou a hora de nos conscientizarmos de que nem sempre é assim: Papai Noel não existe.

É difícil manter a confiança quando perdemos a inocência. Somos adultos o suficiente para saber por experiência própria que a vida não é necessariamente *fair*, justa. Essa lucidez não deve nos levar à depressão ou nos transformar em cínicos pessimistas. Ao contrário, desistir não é uma hipótese: devemos acrescentar um algo a mais, cientes das dificuldades que nos esperam, mas também das capacidades, do talento, das paixões, dos sentimentos, da competência, do mérito, da integridade que nos movem. E do suor na camisa, do muito suor na camisa de que vamos precisar.

Entender quem controla o poder

Em uma das empresas que me contratam, passo as primeiras semanas conhecendo *as pessoas mais importantes*. Todo dia eu escuto cinco, seis diretores e vice-presidentes: todos com grandes salas e símbolos evidentes de poder. Percebo que todos me falam de uma pessoa que eu *preciso sem dúvida conhecer*: ela se chama Manuela, uma moça miúda. A sua sala fica em uma esquina, escondida atrás de uma planta. Eu a encontro e percebo que ela se mantém discreta, tem um jeito simples, não se maquia, vai trabalhar de bicicleta, fala pouco e em voz baixa, mas sempre diz algo inteligente e profundo. Apesar de estar dois níveis abaixo do vice-presidente na escala hierárquica, ela é respeitada, consultada e bem-vista tanto pelos colegas quanto pelos ex-funcionários da empresa, que ainda confiam no seu juízo crítico. Manuela é, sem dúvida, a pessoa mais influente da empresa. Ela sabe disso e administra a autoridade que possui com elegância, humildade e uma pitada de humor.

Muitos novatos caem no erro de achar que o nível hierárquico é o único fator que define o poder de uma pessoa dentro de uma empresa. Como o exemplo de Manuela demonstra, um fator importantíssimo é o *grau de influência* de uma pessoa. Com base nessas considerações, podemos *visualizar* um gráfico simples do poder.[1] O eixo vertical indica a posição na hierarquia da empresa, e o eixo horizontal, o grau de influência.

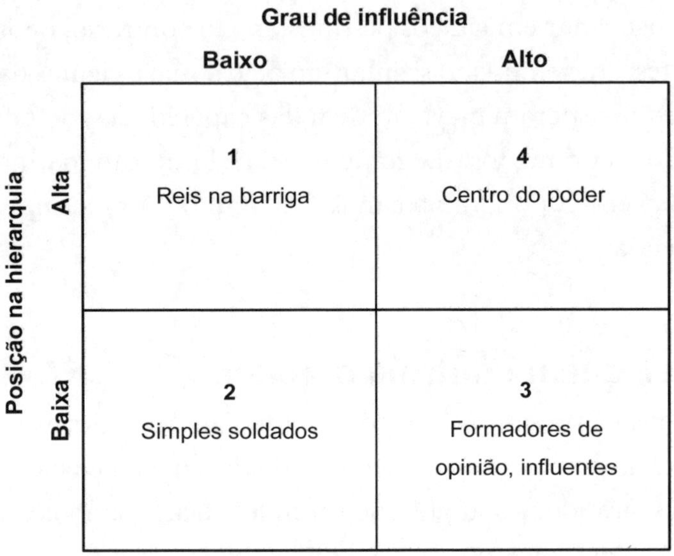

No primeiro quadrante desse diagrama, estão os "que têm o rei na barriga", semelhantes aos pavões do Capítulo 5, pessoas que têm títulos cheios de pompa (por exemplo, "vice-presidente de projetos globais e estratégicos"), mas não possuem nenhum peso real ou influência. Na maior parte dos casos, essas pessoas estão em uma fase difícil na carreira; em outros, estão prestes a sair da empresa. Por isso, essa zona do gráfico é chamada de "cemitério dos elefantes".

No segundo quadrante, semelhante à zona dos cães fiéis, encontramos os simples soldados, pessoas cujo grau de influência se restringe ao próprio quintal.

Se nos movermos para a direita, na direção do poder, no terceiro quadrante encontramos pessoas como Manuela, muito influentes, mas não necessariamente em uma posição alta na hierarquia da empresa. Podemos comparar essa categoria à das corujas: sábias, influentes e líderes formadoras de opinião.

Sem dúvida, o centro do poder de uma empresa está no quarto quadrante: nele, as pessoas não só ocupam uma posição alta na hierarquia, como ainda possuem influência para administrar o poder. E o que essas pessoas fazem além de decidir e comandar? *O verdadeiro trabalho delas é criar e manter a cultura da empresa.* Isso se torna evidente quando trabalhamos em uma organização familiar, em que há uma constante doutrinação para reafirmar os ensinamentos do fundador.

Para entender o poder de uma pessoa em uma empresa, também devemos levar em consideração outros fatores: anos atrás, eu não conseguia entender como uma jovem secretária tinha um poder tão desproporcional em relação à sua posição. Subestimei a sua influência até o dia em que a vi beijar apaixonadamente um dos vice-presidentes.

Em síntese, averiguamos que Papai Noel não existe e agora temos um instrumento que nos permite decifrar quem é dono do poder com base na posição que ocupa na hierarquia da empresa e em seu grau de influência. Quem será a pessoa mais influente no sucesso da nossa carreira? Em primeiro lugar, nós mesmos. E, em segundo, o nosso chefe.

Administrar a relação com o nosso chefe

Quando entramos em uma organização, sempre temos um "chefe", em inglês, *boss*. Ao longo da minha carreira, tive dezessete chefes, de treze nacionalidades diferentes, e eu mesmo também fui o superior de muitas pessoas. Quando pensamos nessa figura, nos sentimos geralmente vulneráveis, à mercê dos caprichos de alguém; às vezes, nos sentimos como vítimas e, em outras, mais sortudos.

Na realidade, devemos *aprender a administrar a relação com o nosso chefe*, sabendo que estamos ligados por um objetivo em comum: os nossos resultados positivos serão úteis tanto para nós quanto para ele. Precisamos, portanto, partir de uma outra concepção: o nosso chefe não deve ser visto como um inimigo ou alguém a ser evitado, mas como uma pessoa com a qual devemos interagir positivamente, sabendo que nós é que devemos nos adaptar a ele, e não o contrário. É uma relação que deve ser vivida como uma interdependência entre duas pessoas com suas próprias fraquezas, imperfeições, defeitos, aspirações e culturas.[2]

Antes de mais nada, e falo por experiência própria, não podemos colocar expectativas altas demais nas costas do nosso chefe, não por má-fé de sua parte, mas porque o seu tempo e as suas energias não são infinitos. Quando comecei a trabalhar no Banco Mundial, cometi um erro enorme: prometi que iria conhecer todas as pessoas da minha equipe. O problema é que eram cerca de 120 pessoas, e levei quase um ano para cumprir minha promessa. Quando finalmente consegui conhecer todos os funcionários, percebi que muitos tinham ficado irritados por terem esperado tanto tempo até a nossa primeira reunião, e muitos porque, depois de eu já os ter conhecido, foram negligenciados por meses. Embora tenha me esforçado ao máximo, sei que decepcionei muitas pessoas: foi um grande erro.

O que devemos fazer para construir uma boa relação com o nosso superior? Comecemos observando seu estilo de direção e sua personalidade.

Peter Drucker dividiu os chefes em duas categorias: a dos que preferem ler e a dos que preferem falar e ouvir.[3] É fundamental entender os seus hábitos: alguns adoram ter conversas frequentes e informais, outros preferem falar conosco com hora marcada.

Precisamos aprender a linguagem de cada um. Para entender o nosso chefe, é importante observar quem ele é, o que faz, qual é o seu estilo de direção. É preciso fazer perguntas a pessoas que o conhecem há anos: como ele/ela trabalha? A que horas chega? Do que gosta? Como prefere delegar? O que considera importante e o que considera secundário? Trata-se de uma pessoa formal ou informal? De onde vem? O que estudou? Qual é a sua idade? Tem família? Como e quando fala? Comunica-se diretamente por *e-mail*, SMS, telefone ou por intermediários? Gosta de uma conversa articulada ou prefere uma linguagem de estilo telegráfico? O que lhe é insuportável? O que o faz perder a cabeça? Quais assuntos o deixam entusiasmado e quais é melhor nem mencionar?

Tive um chefe do Texas que parecia uma caricatura de *cowboy*. Usava botas de couro de crocodilo, fumava charuto, falava palavrões e entrava na minha sala sem bater, contando piadas sujas em alto e bom som. Ele foi substituído pelo filho mimado e muito antipático de um diplomata, que usava uma linguagem elegante e me encontrava só às quartas-feiras às nove da manhã por exatos quinze minutos, nem um a mais ou a menos. Se havia alguma urgência que precisava ser resolvida na quinta--feira, eu tinha que esperar uma semana inteira para falar com ele. Eu estava enlouquecendo, até que entendi que era *eu* que deveria me adaptar às suas regras, e não ele às minhas.

Além disso, é necessário considerar o desenvolvimento e a completude da personalidade de cada indivíduo: alguns chefes são pessoas maduras e ponderadas, outros não são nada disso.

Há uma teoria extremamente útil para decifrar e entender o nosso chefe, e também para nos autoavaliar, elaborada por Susanne R. Cook--Greuter, autora de um artigo excepcional[4] em que demonstra que as fases de desenvolvimento psicológico de um adulto são sequenciais e múltiplas. Na fase convencional do desenvolvimento psicológico dos adultos, vamos encontrar muitas pessoas *oportunistas ou interessadas exclusivamente em si e que veem os outros como simples instrumentos para obter o que querem. Isso pode valer para qualquer pessoa, principalmente para o nosso chefe*. Continuando por esse percurso, nós, adultos, entramos em uma segunda fase definida como *diplomática*, em que percebemos que não estamos sozinhos e que precisamos interagir com os nossos semelhantes. Em geral, todos queremos nos tornar bons em alguma coisa, assim como queremos construir uma identidade profissional bem definida, passando então à fase do *especialista*. Na última fase convencional do desenvolvimento dos adultos, nos tornamos *conquistadores*, pessoas que pisam no acelerador com toda a força para alcançar os seus objetivos. Alguns, cerca de 15%, conseguem ter um desenvolvimento psicológico mais profundo e completo e se tornam *alquimistas*, ou seja, são capazes de transformar não apenas a si, mas também as pessoas que os rodeiam e os sistemas organizacionais dos quais participam. Dos meus dezessete chefes, apenas três eram capazes de trabalhar e *estar* nesse nível: eles me ajudaram a transformar a mim mesmo com suas formas de gerenciar os funcionários. Outros foram puros oportunistas ou diplomatas, aterrorizados por qualquer tipo de conflito ou incapazes de tomar decisões importantes.

Na relação que estabelecemos com nosso chefe, é importante entender e esclarecer as expectativas recíprocas, sobretudo em relação aos resultados que devem ser atingidos. Vou usar uma história para explicar melhor esse ponto.

O diretor de vendas, Silvio, me chama à sua sala com urgência e eu entendo, pelo seu tom de voz irritado, que não vai ser uma conversa agradável. "Precisamos demitir Luca! Aquele vagabundo chega na empresa na hora do almoço, enquanto todo mundo chega muito antes das nove: é um absurdo! Mande-o embora já, hoje mesmo!" Ele está enfurecido e não parece aberto a negociações. Eu saio preocupado e vou até a sala de Luca: são dez da manhã e os colegas me confirmam que *ele nunca chega antes do meio-dia*. Mando-lhe várias mensagens, mas ele me retorna só à tarde. O seu destino parece inevitável, as acusações de Silvio são legítimas. Marco um café com ele fora do escritório e Luca pede um expresso triplo. Parece muito cansado. Na minha cabeça, penso: "Como se não bastasse chegar ao trabalho às duas da tarde, ele ainda precisa de um triplo expresso para ficar acordado. Mas o que é que está acontecendo?". Em seguida, porém, descubro que há uma explicação racional para tudo isso: na realidade, este é o oitavo mês em que ele cuida dos clientes asiáticos. "Faço isso com prazer", me diz, "mas sou obrigado a trabalhar de acordo com o fuso horário deles.

Essa madrugada eu falei com dois clientes, um na China e outro no Japão, e acabei às seis da manhã; depois, dormi algumas horas e vim encontrá-lo. Faz meses que estou trabalhando do meio-dia até o nascer do sol, não aguento mais, bebo dez cafés por dia, mas não é suficiente: vocês podem me ajudar?"

Foram raras as vezes em que Luca conseguiu falar com o seu chefe, Silvio, que obviamente não faz ideia da situação: "Já tentei várias vezes, mas ele sempre cancela a reunião no último minuto. Na semana passada, me fez esperar duas horas e depois desmarcou". Duas horas depois, vou até a sala de Silvio. Assim que entro, ele me pergunta se demiti *aquele inútil*: agora Silvio tem que me ouvir, e eu lhe explico que Luca na verdade merece um prêmio, e não uma demissão. Silvio quase cai da cadeira, mas depois autoriza o prêmio e aceita almoçar com nós dois. Assim, eles se falam pela primeira vez em quinze meses.

Preciso confessar uma coisa: já ajudei empresas e equipes com um exercício muito simples. Trabalhando, por exemplo, com uma equipe de tamanho médio, de mais ou menos trinta pessoas, começo separando, fisicamente, o gestor (ou o grupo de gestores) do resto da equipe. Pergunto ao gestor quais são as três coisas mais importantes que devem ser realizadas pelos membros da equipe. Depois, pergunto à equipe quais são, segundo eles, as três coisas mais importantes que devem ser realizadas, com base no que imaginam que o chefe espera deles. Faz mais de vinte anos que faço esse exercício, e vocês podem imaginar a surpresa quando descobrem que as metas esperadas pelo chefe são sempre (isso mesmo, *sempre*!) diferentes da buscada pela equipe, que age de total boa-fé. Isso acontece não porque as pessoas são ignorantes ou mal-intencionadas, mas por diversas razões: pouca comunicação, barreiras culturais e falta de tempo são alguns dos constantes obstáculos para que as metas sejam compreendidas de forma eficiente. É um conceito fácil de entender, mas continua na raiz da maior parte dos problemas entre gestores e funcionários: a falta de clareza sobre as metas e sobre as expectativas recíprocas.

Passei os primeiros seis anos da minha carreira em um banco em que eu tinha a missão de, sempre e de qualquer forma, reduzir as despesas da empresa. Depois entrei no Banco Mundial, que não podia ser mais diferente: tudo o que o chefe mais queria dos funcionários era receber relatórios imensos e impecáveis. Ninguém falava de redução de custos; aliás, se alguém falasse sobre isso, receberia olhares de reprovação, como se houvesse dito algo sem sentido ou vulgar. O meu conselho é: discuta com o seu chefe as metas esperadas pelo menos uma vez por mês, ou até mesmo com maior frequência, se você for novo na empresa. É preciso esclarecer as expectativas recíprocas, deixar claro o que significa "sucesso". Estabelecer expectativas recíprocas significa conquistar a confiança do próprio chefe, o que, como vimos no Capítulo 4, é o ingrediente-chave de uma relação profissional construtiva.

Às vezes, a relação com o chefe piora e se torna fonte de frustração e ansiedade, podendo culminar na demissão. Vi centenas de casos assim, *divórcios* dolorosos tanto para o funcionário quanto para a empresa, e com altos custos econômicos e emocionais. O que devemos fazer? Uma abordagem que costuma funcionar é sentar para conversar, não logo depois da briga, mas assim que a poeira abaixar, para tentar entender o que deu errado. A pergunta a se fazer não é "Quem é o culpado?", mas sim "O que podemos fazer para melhorar a situação atual?", cientes de que *nós também* precisamos oferecer soluções e sugestões. Geralmente, a relação com o chefe começa com o pé direito. No fundo, foi ele que nos escolheu ou, ainda que não tenha nos selecionado diretamente, terá interesse no nosso sucesso, pois ele também terá algum benefício com isso. Ninguém gosta de ter na equipe uma pessoa que não consegue resultados: devemos reconhecer qual é o objetivo compartilhado e trabalhar juntos para superar os obstáculos em comum.

Essas considerações pressupõem uma relação profissional normal. Às vezes, não é assim tão simples, e as dinâmicas de poder abrem espaço para verdadeiros assédios e violências psicológicas.[5] O *bullying* escolar, o trote no serviço militar, a discriminação, o sarcasmo, a humilhação, o desprezo, a ridicularização, a exclusão, o ostracismo, o racismo, a grosseria também existem no mundo corporativo, sem dúvida. Podemos cair nas mãos de um chefe psicopata, uma pessoa que tem todas as características da cobra do Capítulo 5; eu mesmo já tive um chefe assim, que me fez penar muito. Saiba que os psicopatas escolhem suas vítimas com astúcia e crueldade: são verdadeiros monstros dos quais precisamos nos libertar para reconquistar nossas vidas, pedindo ajuda a profissionais, recorrendo à justiça, apoiando-nos em quem nos ama. Já vi muito sofrimento, vidas abaladas e, em alguns casos, destruídas. Sempre, em qualquer situação, temos a possibilidade de escolher não ser a vítima. Em casos extremos, é necessário pedir uma transferência ou, até mesmo, largar o emprego – melhor do que perder a saúde, a autoestima e o amor pela vida. É preciso lutar, e não se colocar na posição de vítima.

Como sobreviver ao novo chefe?

Quando um novo chefe chega à empresa, o risco de não fazer parte de sua equipe aumenta de modo exponencial, como mostra o artigo de Kevin e Edward Coyne na *Harvard Business Review* de maio de 2007.[6] De acordo com um estudo realizado em empresas americanas, se o novo responsável for uma pessoa promovida dentro da própria empresa, o *turnover* passa de 8% para 12%, podendo chegar a até 26% se o novo chefe vier de fora. (O *turnover*, rotatividade de pessoal, é calculado a partir do percentual de funcionários que deixam a empresa dentro de determinado período. Por exemplo, se oito em cada cem funcionários pedirem demissão em uma empresa dentro de um ano, a rotatividade será de 8%.)

Geralmente, o novo chefe decide quem fica e quem vai embora nos primeiros dois meses; por isso, causar uma excelente primeira impressão é fundamental. Quando o novo chefe chega, valem as regras dos parágrafos anteriores: *estudar seu estilo de direção e entender qual é o seu modo de agir; o que importa é demonstrar que somos úteis, que somos uma parte da solução, não do problema*; estudar, fazer perguntas, ser ativos, propor ideias. A presença de um novo chefe pode renovar as energias, sobretudo se o seu antecessor estava na fase de pré-aposentadoria e/ou de preguiça mental. Dito isso, algumas vezes os programas do nosso novo superior são diferentes do que esperávamos e não conseguimos de jeito nenhum trabalhar com ele.

Jamais ofusque o Rei Sol

Nicolas Fouquet foi superintendente de finanças na França de 1653 a 1661, sob o reinado de Luís XIV, conhecido também como Rei Sol, que entrou para a história não graças à sua humildade, e sim como brilhante exemplo de monarquia absoluta que decretava: "O Estado sou eu". Em 17 de agosto de 1661, Fouquet, homem muito rico graças a dois casamentos abastados, organizou no seu castelo próximo a Paris uma festa extraordinária para homenagear o Rei Sol, considerada uma das recepções mais suntuosas de todos os tempos, com 3 mil convidados, na qual Molière estreou a sua nova peça, *Os importunos*. Fouquet recebeu os cumprimentos dos convidados, a elite monárquica francesa, deliciados com a comida e os vinhos refinadíssimos e entretidos pelos espetáculos teatrais, pirotécnicos e musicais. Luís XIV se ofendeu profundamente, sentindo seu brilho ofuscado pela grandiosidade do evento. Jean-Baptiste Colbert, conselheiro do rei, um personagem enfadonho e avaro, se aproveitou da situação e convenceu o Rei Sol de que Fouquet se apropriava de impostos do reino. Luís XIV mandou prender o superintendente de finanças, que morreu em uma prisão real depois de vinte anos de cárcere. Voltaire escreveu que "em 17 de agosto, às seis horas da tarde, o verdadeiro rei da França era Fouquet; às duas da manhã do dia seguinte, já não era mais ninguém". Robert Green, no livro *As 48 leis do poder*,[7] anuncia a primeira lei: jamais roube a cena de seu chefe. A segunda lei, eu acrescentaria, é lembrar-se bem da primeira. A terceira diz que, se você esquecer as duas primeiras, enviarão soldados para prendê-lo, jogá-lo em uma cela e esquecer que você existe (é uma metáfora, obviamente). As cortes de anões, bailarinos, cafetões, cortesãos, bobos da corte e velhos retrógrados não desapareceram completamente depois do reinado de Luís XIV: elas ainda existem, acreditem em mim. O modelo de negócios do Rei Sol continua sendo um modelo empresarial muito *en vogue*, para usar a expressão francesa. Um método quase infalível para saber se estamos em uma "corte" é observar se as pessoas que trabalham ali sentem e manifestam *Schadenfreude*, termo alemão que traduz o sentimento de prazer e felicidade que se tem ao assistir às desgraças alheias, num misto de sadismo e maldade.

Resumo dos tipos de chefe

Em todas as organizações onde trabalharmos, sempre teremos um chefe. Precisamos aprender a trabalhar com ele, e não a sair de férias com ele. Podemos encontrar chefes maravilhosos, verdadeiros mentores que nos farão crescer. Michael Jordan, o lendário jogador de basquete, lembrava do seu primeiro treinador como alguém "sempre disponível quando eu precisava dele".[8] Ainda falo com um chefe que tive quinze anos atrás, uma pessoa extraordinariamente generosa com os outros, tanto em questão de tempo quanto de sabedoria. Ainda lhe peço conselhos com frequência; não tenho vergonha de escrever que gosto muito dele.

Em casos extremos, encontramos chefes psicopatas, sem dúvida os piores. Um estudo recente da Universidade de St. Gallen, na Suíça,[9] explica que alguns operadores financeiros da bolsa de valores têm mais interesse em prejudicar os seus colegas do que em fazer bem o próprio trabalho. Encontramos chefes indiferentes, preguiçosos ou até mesmo como Steve Jobs, que entrou para a história por exigir de seus colaboradores e funcionários metas inalcançáveis em prazos surreais; para Jobs, quem resistisse poderia fazer parte do seu círculo restrito, mas muitos abandonavam o barco, engolidos por esse ser absolutamente genial que não hesitava em destruir sem pudor quem, em sua opinião, não estivesse à sua altura.[10]

Há ainda os chefes que querem controlar tudo e nunca confiam em ninguém; outros que se comportam como jogadores de pôquer, sem nos dar nenhum tipo de *feedback*; indivíduos apáticos ou distraídos; superiores que vivem um inferno pessoal, com problemas colossais fora da empresa; ou supervisores narcisistas, ingênuos (que, no entanto, nunca duram muito tempo), generosos e confiáveis.

Vamos dedicar alguns minutos agora para analisar duas categorias específicas de chefes que talvez venhamos a enfrentar: a dos *cretinos* e a dos *burros*.

Aaron James dedicou um livro muito engraçado[11] aos chefes cretinos, os da primeira categoria. A principal característica dessas pessoas é que elas têm certeza absoluta de que estão um nível acima ao dos reles mortais, arrogando-se privilégios com um sentimento de impunidade porque se consideram "ungidas pelo Senhor", imunes a qualquer reclamação e provavelmente a eventuais penalidades. Elas se distinguem pela linguagem pedante, ilustre, *cretina*, enfim. O livro *Sobre falar merda*, de Harry Frankfurt, fala sobre a origem, a teoria e o objetivo desse tema.[12] A categoria humana dos cretinos é tão difusa e universal que nos Estados Unidos tiveram a ideia de fazer um dicionário sobre isso, um dicionário muito engraçado, se não fosse pelo fato de que muitas vezes nós devemos aguentar pessoalmente uma dose maciça dessas cretinices.[13] O perigo é que, depois de aguentar tantas situações desse tipo, deixamos de identificá-las e, assim como a radiação das usinas nucleares, não as *enxergamos* mais, embora o seu efeito continue devastador: nos tornamos seus "portadores saudáveis" ou, em casos mais graves, começamos a pensar como os "produtores", nada saudáveis, de cretinices, a vestir sua carapuça. Em casos extremos, trabalhamos para eles ou, por mais impossível que pareça, votamos neles para depois encontrá-los como nossos representantes no governo. O círculo, ou melhor, o nó da força, se fecha.

Tive a oportunidade de ler uma carta enviada pelo CEO de uma grande empresa aos seus funcionários. Escrito em terceira pessoa, o texto comparava o que ele havia feito durante *o seu reinado* a uma obra arquitetônica maravilhosa, mas incompleta, e chamava de *anões* todas as pessoas que não compartilhavam das suas ideias, obviamente maravilhosas. Quando li a carta, minha primeira reação foi rir até perder o ar, mas depois lembrei que esses personagens existem, não fazem parte de um desenho animado, e que é muito difícil trabalhar com eles.

Para entender a categoria dos *burros*, o livro de Carlo Cipolla, *Allegro ma non tropo*,[14] é ainda hoje uma obra-prima incontestável, um texto genial. Alguns dos comportamentos que ele cita podem nos deixar na dúvida se não fazemos parte desse grupo, induzindo-nos a refletir sobre alguns erros que podemos cometer. A "lei áurea" da burrice defende que "uma pessoa burra é aquela que causa um dano a alguém sem tirar nenhuma vantagem disso ou, ainda por cima, gerando uma perda. Por isso, o burro pode ser muito perigoso, muito mais do que o bandido ou o delinquente".

Para saber se o nosso chefe pertence a essa categoria, basta observar as suas ações. Se ele é capaz de passar por cima das pessoas, de criar conflitos entre elas, de instituir um clima de guerra, uma espécie de "todos contra todos", de travar batalhas desenfreadas contra outros departamentos, existe uma alta possibilidade de que ele seja um chefe *burro*.

Dizer apenas o estritamente necessário

"O silêncio é um verdadeiro amigo que nunca nos trai", afirmava Confúcio. Lembrem-se: *nós somos escravos das nossas palavras, mas donos do nosso silêncio*. Ou, como afirmava Oscar Wilde, às vezes é melhor ficar quieto e deixar que pensem que você é um idiota do que abrir a boca e acabar com qualquer dúvida. Pensando na minha carreira, quantas vezes me arrependi de ter dito – ou escrito – alguma coisa? Mil vezes. Quantas vezes eu me arrependi de não ter dito nada? Acho que duas ou três. Dizer apenas o estritamente necessário ou, como ouvíamos na escola, falar só se formos chamados, nos poupará dores de cabeça, mal-entendidos e fofocas. Além disso, deveríamos evitar nos abrir muito também por outros motivos: o primeiro é que, revelando muito sobre nós e sobre as nossas intenções, ao confessar, por exemplo, quanto uma promoção é importante para nós, nos tornamos vulneráveis. Oscar Wilde, de novo ele, defendia que, enquanto uma pitada de sinceridade é perigosa, a sinceridade total é absolutamente fatal.

O filme *Um sonho de liberdade*, um belíssimo clássico de 1994, narra uma história de esperança e de redenção de dois presidiários condenados à prisão perpétua, interpretados por Morgan Freeman e Tim Robbins. Não vou contar o final, caso vocês não o tenham visto. Resumidamente, a cada cinco anos os presidiários são interrogados por uma comissão que avalia se eles se arrependeram do crime e se podem ser soltos. Obviamente, eles fazem de tudo para demonstrar que se arrependeram de verdade, mas todas as vezes, sem exceção, a comissão lhes nega a liberdade. Até que Morgan Freeman, em vez de repetir a mesma ladainha, afirma que não tem nenhum interesse em ser solto, que está feliz na prisão e que, sinceramente, não dá a mínima para a opinião da comissão. Ele é, então, o único a ser solto. É apenas um filme, mas transmite uma grande verdade: se forçarmos demais a barra por uma promoção, por exemplo, podemos ter de esperar por ela sentados, ansiosamente, durante anos. Não falemos muito sobre isso e, quando a hora chegar, façamos de conta que fomos pegos de surpresa.

Reputação

O que Gioacchino Rossini e *O barbeiro de Sevilha* (composto quando Rossini tinha apenas 24 anos, em 1816) têm a ver com o nosso percurso? Vamos ler, quem sabe cantarolando, as palavras da ária "A calúnia é um ventinho".

> A calúnia é um ventinho,
> um arzinho muito gentil
> que insensível, sutil,
> ligeira e docemente,
> começa a sussurrar.
>
> Devagarzinho, agachada no chão,
> falando baixinho, vai sibilando,
> vai se alastrando e vai zumbindo;
> nos ouvidos das pessoas
> entra com jeitinho,
> e as cabeças e os cérebros
> pode atordoar e pode inchar.
> Da boca ela vai saindo
> e o tumulto vai crescendo,
> toma força pouco a pouco,
> voa já de um lugar a outro;
> parece o trovão, a tempestade
> que no centro da floresta
> vai assoviando, resmungando
> e de horror te faz congelar.

No final derrama-se e explode,
se propaga, se duplica
e produz uma explosão
como um estouro de canhão,
um terremoto, um temporal,
um tumulto geral,
que o ar faz retumbar.

E o miserável caluniado,
ofendido, pisado,
sob público flagelo
por sorte vai expirar.

Vocês lembram do *efeito escada* do Capítulo 4? Devemos ter consciência de que basta uma informação distorcida para acabar com a nossa reputação, então não devemos jamais nos colocar em situações que dão margem a possíveis críticas ou calúnias e devemos evitar situações potencialmente perigosas. Antes de tomar qualquer decisão, vamos perguntar a nós mesmos: "Se o meu chefe, os meus colegas, a minha família e o meu melhor amigo ficarem sabendo, o que aconteceria?". Se a resposta for *absolutamente nada*, então temos sinal verde. Já se a resposta for diferente, então é melhor pensar duas vezes; sem nos tornar paranoicos, obviamente. Ao longo da minha experiência, vi muitas carreiras prejudicadas, às vezes de forma irreparável, por calúnias ou ações realizadas de forma irresponsável, sem que antes se avaliasse as consequências com cuidado. Uma vez, dei carona a uma colega por três semanas, mas tive que parar quando me disseram que todos pensavam que ela fosse minha amante. *A calúnia é um ventinho.*

Em janeiro de 1998, o mundo inteiro estava comentando a relação entre o presidente Bill Clinton e a estagiária Monica Lewinsky. Eu morava nos Estados Unidos e ainda lembro as piadas cruéis e vulgares que circulavam em quantidade industrial. Foi o primeiro escândalo digital, espalhando-se pelo mundo à velocidade da luz. Até pouco tempo antes, havia apenas os jornais, a rádio e a televisão. A chegada da internet e as redes sociais produziram o famoso escândalo. Lewinsky falou sobre aquela experiência, compartilhando momentos devastadores em uma emocionante palestra no TED:[15] a culpa que sentiu ao se apaixonar pelo homem errado aos 22 anos, a humilhação pública e a ridicularização, a reputação destruída, a mortificação e o aniquilamento; e o milagre de ainda estar viva depois de tudo. Tenho certeza de que defender a própria reputação é, sem dúvida, um princípio de vida e não apenas um princípio profissional. Fiquei impressionado como o famoso livro infantil *Ah, os lugares aonde você irá!*, do Dr. Seuss,[16] começa exatamente a partir desse ponto, *a escolha de não ir* a lugares povoados por monstros que podem nos destruir e evitar situações que podem nos trazer problemas.

Investir no nosso capital de relacionamento

No Capítulo 1, falamos das zonas de Johari. Todos temos algum ponto cego, uma zona que desconhecemos, aspectos nossos que não notamos mas que são evidentes para os outros. Torna-se, portanto, fundamental tomar consciência desses aspectos, e o melhor método para isso é se autoconhecer com a ajuda de um *coach* ou pedir o *feedback* das pessoas em quem confiamos. Principalmente no momento em que começamos a trabalhar em uma organização, é importante aprender como funcionam as coisas ali e qual é a percepção que os outros têm de nós.

Uma boa notícia: em todos esses anos eu sempre – sempre mesmo – encontrei pessoas disponíveis a dar *feedbacks*, conselhos e "dicas". Geralmente são pessoas que trabalham há anos no mesmo lugar e que ficarão felizes em ser nossas conselheiras. Basta fazer uma pergunta com humildade: "Você está aqui há muito tempo, com certeza conheceu muita gente que fracassou, outras que simplesmente sobreviveram e outras que tiveram sucesso. Qual é a diferença entre elas?". Pergunte abertamente. O livro *Never Eat Alone*, de Keith Ferrazzi,[17] mostra a importância de se construir relações duradouras e nos convida a nunca perder uma ocasião de interagir de modo positivo com as pessoas. Muita gente só pensa em criar um *network* quando precisa dele, mas, na realidade, precisamos investir pelo menos 10% do nosso tempo construindo relações, pedindo *feedbacks* e mostrando a nossa disponibilidade. Cada um de nós possui um *capital de relacionamento* que pode ter um valor imenso se cultivado com inteligência, respeito e generosidade. Estamos investindo para aumentar esse capital de relacionamento?

Afiliação, mas com prudência

Qual é a primeira coisa que fazemos quando conhecemos alguém? Procuramos pontos em comum: estudamos na mesma universidade? Somos da mesma cidade? Passamos as férias no mesmo lugar? A busca por pontos em comum facilitará a aprovação no novo grupo e simplificará a nossa vida. Dito isso, precisamos tomar cuidado para não ser engolidos, assimilados a tal ponto que esqueçamos dos nossos valores para ser aceitos. No filme *Pão e chocolate*, dirigido por Franco Brusati em 1973, Nino Manfredi interpreta um garçom italiano que emigrou para a Suíça. Ele faz de tudo para ser aceito pelos nativos, chega a descolorir o cabelo para ficar loiro, mas trai o "disfarce" comemorando um gol da Itália em uma partida de futebol. A lição que ele deixa: se tentarmos entrar em um padrão de comportamento ou nos adequar a uma cultura apenas de modo superficial, no final a nossa verdadeira natureza irá se revelar.

Henry Fairlie, jornalista inglês, cunhou nos anos 1950 a palavra *establishment* para descrever a relação entre tradição, instituição e poder.[18] Ser aceito pelo *establishment*, pela classe dirigente, nunca será fácil. A verdadeira dificuldade surge da necessidade de encontrar um equilíbrio entre ser aceito e, ao mesmo tempo, manter-se fiel a si mesmo.

Presença

Presença é um conceito que se refere à comunicação, à compostura, à imagem e à credibilidade de uma pessoa. Sylvia Ann Hewlett[19] propôs uma análise interessante, mostrando como o elo entre o mérito e o sucesso em uma carreira bem-sucedida é justamente a presença. A presença é uma combinação de muitos elementos: como uma pessoa se comporta, como se comunica e que imagem transmite. Acho que podemos acrescentar também a inteligência emocional e a *inteligência contextual*, ou seja, a capacidade de *ler* as situações, de perceber semelhanças entre conceitos diferentes, de entender quem está do nosso lado. Um exemplo clássico: quando somos apresentados a alguém, o primeiro passo é entender quem está nos ouvindo, e não apenas pensar no que queremos dizer e conseguir. Saber escutar, de verdade, é essencial. Além disso, ainda que a imagem não deva se limitar apenas à aparência, devemos ter consciência de que seremos julgados também com base na nossa imagem em um milésimo de segundo.

Neste capítulo, aprendemos que Papai Noel não existe, que devemos saber quem está no comando, administrar a relação com o nosso chefe, ter prudência, cuidar da nossa reputação, construir relações e ser aceitos permanecendo fiéis aos nossos valores. Se este capítulo esclareceu o que devemos fazer, o capítulo seguinte se concentrará em uma pergunta: *Should I stay or should I go?*, ou seja, se devemos ficar ou ir embora da organização da qual fazemos parte.

8

Should I stay or should I go?

Continuar na organização ou buscar novas experiências?

Uma decisão sábia baseia-se em conhecimento,
e não em números.

Platão

Ir atrás ou sair correndo?

Os títulos das duas músicas que vou mencionar neste capítulo são ótimos pretextos para refletirmos sobre onde estamos e para onde queremos ir. A música *Should I stay or should I go?* ("Devo ficar ou devo ir embora?"), da banda britânica de *punk rock* The Clash, foi lançada no distante ano de 1982: já se passaram mais de trinta anos, mas a indecisão nos momentos em que precisamos escolher entre permanecer no próprio trabalho ou ir em busca de novas oportunidades ainda é a mesma. Como nos assuntos do coração, também nas relações de trabalho ambas as partes podem decidir terminar a relação. Para decidir se é melhor *ficar* ou *ir embora* devemos avaliar, antes de mais nada, se estamos em uma situação de risco, quais são as possibilidades de sermos mandados embora, se estamos em um beco sem saída, se estamos quase perdendo o bonde, se temos chances concretas de crescimento.

O balanço da situação nunca será realista se não levar em consideração o que *realmente* significamos para as empresas. Quero revelar alguns truques da profissão e algumas metodologias utilizadas *por todas as organizações* para avaliar seus funcionários. Para superar esse momento sem nenhum arranhão, é imprescindível que façamos um breve exame introspectivo, o qual nos ajudará a determinar, criticamente e com honestidade intelectual, se estamos *Comfortably numb*, "confortavelmente adormecidos" – como diz o título de uma legendária música do Pink Floyd –, ou se estamos em uma fase de *Roar*, rugir – como diz a música de Katy Perry –, ou seja, crescendo sem arrogância, com plena confiança em nossos métodos.

Vamos avaliar também um cenário diferente, em que nós é que decidimos ir embora. Uma escolha difícil, a ser feita com plena consciência das nossas motivações internas, que, por sua vez, podem ser completamente negativas, se, por exemplo, estamos fugindo de uma situação insustentável, se nos sentimos como um peixe fora d'água no ambiente de trabalho, se fomos atraídos por falsas aparências ou, pior ainda, se estamos diante de uma cultura organizacional que consideramos moralmente inaceitável.

Se concluirmos que estamos positivamente motivados pelo *desejo de ir atrás de uma experiência nova*, e não simplesmente *escapando de uma rotina* que não nos agrada mais, poderemos confirmar a decisão de nos demitir sem hesitar, dedicando-nos à realização do projeto que temos para nós e para as pessoas ao nosso redor. Também nesse caso, há o tempo e o modo certo para que nos separemos da empresa sem traumas, mantendo a nossa reputação intacta.

Celebridade armada

Gilbert Arenas começa a jogar basquete na faculdade no Arizona, destacando-se rapidamente pela velocidade e pelo talento. Em 2001, realiza o sonho de entrar para a liga profissional americana, a NBA. Joga por dois anos pelo Golden State Warriors, na Califórnia, e depois é contratado pelo Washington Bullets. Durante seis anos, vive em ascensão absoluta, conquistando uma vitória após a outra, batendo recordes, recebendo prêmios e títulos e vivendo a vida ao máximo dentro e fora do campo, a ponto de chamar a atenção da mídia para fatos como uma festa de aniversário de 1 milhão de dólares.

De repente, uma contusão no joelho o obriga a diminuir o ritmo, e ele passa a jogar poucas partidas na temporada; embora seu time lhe ofereça um novo contrato com um valor exorbitante e à prova de balas, os fãs o adorem e a imprensa ainda esteja a seu favor, Arenas começa a alternar performances positivas com partidas péssimas, mostrando seu talento só esporadicamente. Além disso, alguns de seus comportamentos excêntricos também fora do campo vão se revelando, de modo que a mídia muda o tom e começa a criticar abertamente a sua conduta. A gota d'água ocorre quando descobrem que ele levou armas para o vestiário durante um treino, em suas palavras para "acertar as contas" do jogo com os companheiros de equipe. A notícia vaza, a polícia investiga o fato e o jogador é declarado culpado por posse ilegal de armas em local público. Ele é suspenso do time e da NBA e, quando volta a jogar, é ignorado ou vaiado pelos torcedores. Começa o seu declínio: Arenas é vendido para outros times, sempre com resultados decepcionantes, até emigrar inutilmente para a China, para jogar pelo time de Shanghai. A sua carreira acabou, ele é um profissional destruído e a sua reputação está em pedaços.

No momento, ninguém sabe onde ele mora ou o que está fazendo: Arenas definitivamente evaporou.

Onde foi que ele errou? Em primeiro lugar, em seu comportamento absurdo, e em se deixar rodear por péssimos conselheiros. Mas o erro mais grave foi ter se acomodado aos resultados positivos do passado e à sua alta popularidade, acreditando que fossem o suficiente para se manter no topo. Na época em que os jornais cobriam os seus excessos, como a famosa festa de aniversário de 1 milhão de dólares, as reportagens tinham um tom jovial, do tipo: "São coisas de adolescente, vamos deixar ele se divertir um pouco, ele merece". Tendo começado a queda do céu ao inferno, a mesma festa de aniversário foi relembrada como exemplo de falta de maturidade, um escândalo, um insulto à desigualdade social. Assim, um mesmo acontecimento foi analisado com duas lentes completamente diferentes. Quando as pessoas se envolvem em algum escândalo, ninguém lhes perdoa nada, incluindo os comportamentos que pouco tempo antes haviam sido considerados toleráveis.

Arenas confiava em uma espécie de impunidade, mas estava errado; ele não entendeu que, para qualquer organização, não importa apenas *o que* fazemos – os nossos resultados –, mas *sobretudo como o fazemos*, o nosso comportamento, a nossa capacidade de nos adaptar às regras do jogo. Quando estamos em Roma, nos comportamos como os romanos, não? Devemos, então, entender quais são os comportamentos socialmente aceitos em determinado lugar, seja uma cidade, um time de basquete, ou mesmo uma organização. Performance e resultados são, sem dúvida, fundamentais, mas o nosso comportamento é mais importante.

O que aprendi em Davos?

Trabalho no Fórum Econômico Mundial, conhecido no mundo todo pelo encontro anual realizado em Davos, na Suíça, sempre na última semana de janeiro, seguindo uma tradição consolidada há 44 anos; durante o evento, a elite internacional – *premiers*, ministros, CEOs das empresas mais importantes do mundo, vencedores do Prêmio Nobel, acadêmicos, expoentes do mundo sindical, religioso e artístico – se encontra, discute, trabalha e compartilha ideias e projetos. Lá circula um ar diferente, não por acaso definido como *o espírito de Davos*, uma atmosfera positiva, cheia de energia, onde cerca de 3 mil pessoas que exercem papéis-chave no mundo inteiro vivem quatro dias incrivelmente intensos.

A edição de Davos de 2015 foi a minha primeira como funcionário e, acreditem, não é a mesma coisa do que estar do outro lado: isso certamente me permitiu enxergar muitos elementos, como o que acontece *nos bastidores*, observando o comportamento dos meus colegas. Fiquei impressionado com a organização extraordinariamente minuciosa e o imenso esforço coletivo de todos os funcionários do Fórum, tanto na parte conceitual quanto na organizacional. Nenhum detalhe foi deixado de lado. O encontro anual começa: todos os funcionários se apresentam às oito da manhã, somos quinhentas pessoas, cada uma com a sua função bem definida. Klaus Schwab, fundador e presidente do Fórum Econômico Mundial, nos lembra, com palavras simples, que somos os anfitriões e, como tais, devemos fazer de tudo para que a experiência dos nossos convidados seja inesquecível: devemos estar à disposição deles com boa vontade, profissionalismo e entusiasmo. Nos dias seguintes, não faremos o mesmo trabalho que fazemos sempre em Genebra, mas nos empenharemos do amanhecer até a noite para realizar o melhor Davos da história. Os participantes estão para chegar, e sinto a adrenalina correndo solta; a expectativa é cada vez maior, e nós estamos extremamente concentrados. O que observei no comportamento dos meus colegas? Todos trabalham *pelo menos* catorze horas por dia, sorriem sempre e são muito solidários. Se um participante faz um pedido especial, todos se esforçam ao máximo para satisfazê-lo, não importa qual seja a dificuldade. Alguns exemplos banais, mas significativos: um ministro diz a um de meus colegas que o médico lhe recomendou beber suco de laranja três vezes ao dia, e o meu colega leva o suco até a sua mesa durante todos os dias do encontro; o presidente de uma empresa percebe que perdeu uma caneta de valor, e um colega nosso consegue encontrá-la depois de procurá-la em mil lugares diferentes, devolvendo-a a ele no dia seguinte; uma delegação numerosa percebe que esqueceu de pegar a sacola com o programa e o material do congresso. São oito da noite, está escuro e a temperatura está alguns graus abaixo de zero. "Paolo, você poderia fazer a gentileza de levar essas bolsas ao hotel dessa delegação e entregá-las a eles?" E assim eu me vejo, junto de outros colegas, congelando durante vinte minutos até chegar à entrada do hotel, com os dedos roxos de frio, mas um sorriso no rosto. Entregamos o material e tomamos um chocolate quente oferecido pela delegação. Um deles me conta que é professor universitário, conversamos durante dez minutos; no dia seguinte, descubro que ele é um Prêmio Nobel.

O que se espera dos funcionários do Fórum é, simplesmente, que estejam à disposição dos convidados, em todos os momentos e de todas as formas. Depois de uma semana, voltamos para Genebra, exaustos, mas satisfeitos, porque demos o nosso máximo, sorrindo sempre. Temos certeza de que fizemos o melhor Davos da história, mas sabemos que o próximo deverá ser, e será, ainda melhor. Entendo e aprendo que, embora uma pessoa seja contratada com base em seu currículo e em sua experiência, ela só permanecerá e fará carreira no Fórum Econômico Mundial se deixar o próprio ego do lado de fora. Assim, decidi continuar a trabalhar no Fórum Econômico Mundial depois de ter compreendido que tipo de comportamento é valorizado ali: o que demonstra uma boa dose de humildade, incluindo servir suco de laranja, se necessário. E sem tirar o sorriso do rosto.

Como *realmente* somos avaliados?

Quais são os comportamentos mais valorizados por determinada organização? O melhor a fazer é observar *os grandes mestres*, pessoas que alcançaram o sucesso e são respeitadas, mas não temidas, pela reputação que construíram. Como elas se comportam? Como conquistaram a confiança de todos? Como se movem? Entenderemos melhor a cultura de uma empresa observando com atenção aqueles que construíram uma carreira de sucesso e muitos comportamentos valorizados que podem ser facilmente identificados. Entremos na ponta dos pés, sem fazer barulho, e façamos perguntas; em outras palavras, é importante passar os primeiros meses ouvindo e aprendendo, sem tirar conclusões precipitadas. Vamos respeitar a hierarquia, dar o melhor de nós tendo em vista a nossa função. Assim como em uma conta corrente, precisamos *primeiro depositar, para depois sacar*. No começo, ainda não temos crédito aprovado, e muito menos reputação suficiente para isso.

Cometi um grande erro quando comecei a trabalhar no Banco Mundial. Eu acabara de completar trinta anos e, em poucas semanas, achava que já tinha entendido tudo. Mandei uma mensagem aos meus colegas dizendo onde eles estavam errando. De um ponto de vista puramente técnico, eu até tinha razão, mas, ao me comportar assim, criei inimizades com quase todos eles. Reconstruir relações que parecem comprometidas demanda muito tempo. Ninguém gosta de ser criticado pelo último a chegar, principalmente se ele tiver razão.

Querem saber como a maioria das empresas avalia os seus funcionários? Observemos o gráfico a seguir. No eixo horizontal, está o comportamento, e no vertical, os resultados. Mesmo que tal modelo não seja usado de forma explícita, as pessoas são avaliadas sempre com base nessas duas dimensões. Esse gráfico é usado também na famosa avaliação de desempenho, a avaliação anual dos funcionários. O que isso significa? Que não somos avaliados apenas com base no que fazemos, *nos resultados*, mas também no como fazemos, nos comportamentos que – nunca me canso de dizer – precisam estar alinhados com a cultura da empresa. Já moderei, conduzi e facilitei pelo menos cem reuniões em que os dirigentes do alto escalão precisavam decidir quem seria promovido e quem "perderia a rodada", quem merecia um futuro dentro da empresa e quem deveria ser mandado embora. Essas reuniões, sempre muito difíceis e cheias de tensão, têm sempre o mesmo foco: o comportamento e a inteligência emocional das pessoas. Vi carreiras crescerem, serem freadas ou destruídas em função do comportamento real ou percebido de uma pessoa, mais do que em virtude de seus resultados. A pergunta-chave é sempre a mesma: “Podemos confiar nessa pessoa?”.

Gráfico de resultados *versus* comportamento

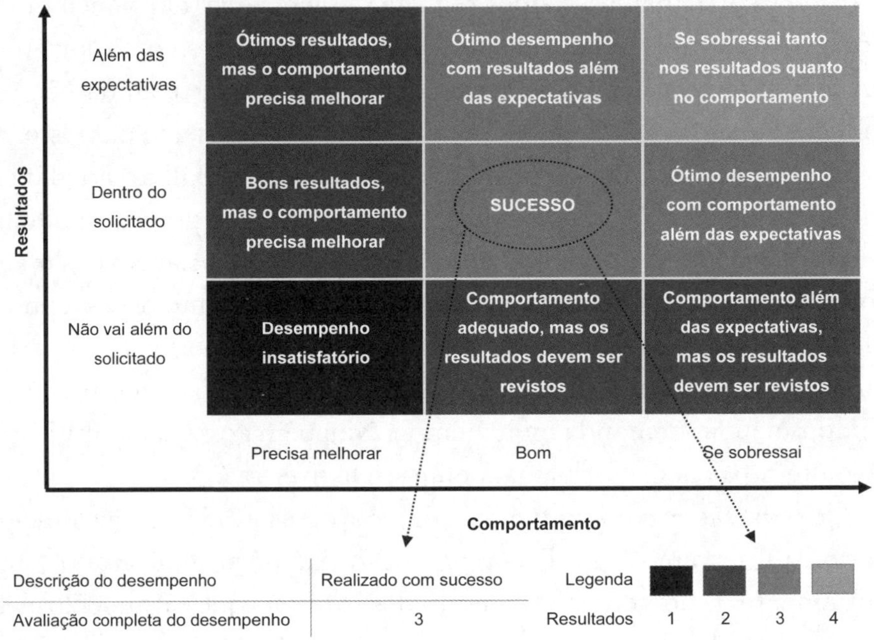

***Comfortably numb* ou rugindo como leões?**

Manuela e Silvano trabalham há vinte anos na mesma empresa, filial italiana de uma grande corporação alemã, com seiscentos funcionários, que nos últimos dois anos registrou perdas significativas. A matriz cobriu os débitos, esclarecendo que tinha sido a última vez. Silvano tem o mesmo chefe há dez anos e se dá muito bem com ele, mas este vai se aposentar em poucos meses. Silvano sempre recebeu pequenos aumentos de salário, o qual é cerca de 20% maior do que a média do mercado. Sempre recebeu avaliações positivas, mas nunca excepcionais. Chega ao trabalho às 8h30 em ponto e vai embora sempre às cinco da tarde. Foi contratado porque falava bem alemão, mas, com a falta de prática, acabou esquecendo a língua. O seu trabalho: realizar os pagamentos, controlar as faltas e os atestados médicos. Poucos anos atrás, lhe ofereceram a oportunidade de passar alguns meses na sede da empresa, na Alemanha, mas ele educadamente recusou, pois não o animava a ideia de enfrentar o inverno alemão. Tem ensino superior completo e fez alguns cursos de atualização sobre novos sistemas tecnológicos, mas, junto com seu chefe, decidiu manter o sistema antigo. Silvano se relaciona bem com todo mundo, mas não criou uma amizade verdadeira com ninguém, exceto com um colega que também gosta de ir ao estádio ver as partidas do mesmo time de futebol.

Manuela começou a trabalhar na empresa com apenas 18 anos, como secretária, ama falar inglês e faz cursos à noite, depois do trabalho, para aprender bem alemão e francês. Apaixonada por tecnologia, com a ajuda do namorado ela se tornou *web designer*, estudando de forma autodidata. Ao saber da oportunidade de passar alguns meses na Alemanha, conseguiu convencer seu chefe a lhe oferecer a vaga depois que Silvano a recusou, e os seis meses na matriz se transformaram em um ano. Quando Manuela volta, ela fala alemão fluentemente. Um ano depois, ajuda seu novo chefe a redesenhar o *site* do departamento, demonstrando a sua versatilidade. É premiada com uma das bolsas de estudo oferecidas pela empresa, matricula-se num curso noturno da universidade e se forma. Por mais baixo que seja o seu salário, Manuela demonstra interesse por tudo, e todos os dias almoça com os colegas para se atualizar sobre o que está acontecendo. Em função da crise, a empresa começa a executar um plano de redução de custos: cortam não só promoções e aumentos de salário, como também cursos de formação, viagens e projetos, incluindo o do novo *site* em que Manuela estava trabalhando. Seu chefe lhe diz que ela deve se limitar a fazer o próprio trabalho, como secretária, e que tempos difíceis virão.

* * *

Julie e Chris trabalham há dois anos em uma *startup*. O ritmo de trabalho é alucinante, mas existem muitas oportunidades para fazerem coisas novas, projetos que aparecem por todos os lados, às vezes um certo caos, um ambiente dinâmico, estressante e divertido. Julie não parece muito feliz, pois seu novo chefe deu início a muitos projetos novos, e ela vive reclamando da enorme quantidade de trabalho. Ela tem razão, mas, embora as condições sejam as mesmas para todos, Julie não aceita assumir responsabilidades sem que antes haja um acordo claro sobre as vantagens que ela obterá: se lhe pedem para trabalhar em algum projeto extra, recusa educadamente, sempre repetindo que recebe pouco considerando tudo o que faz. Um dia, Julie fica sabendo que uma colega que acabou de ser contratada recebe mais do que ela e, contrariada, apresenta um atestado médico de duas semanas.

Chris trabalha no setor financeiro, mas, assim que termina as suas tarefas, passa muito tempo ajudando em três projetos que não fazem parte do seu departamento, contribuindo com ideias decisivas. Ele sai do escritório muito tarde, mas não parece tão cansado como Julie. Além disso, começou uma pós-graduação, e seu trabalho de conclusão de curso tratará de um assunto tão importante para a empresa que provavelmente seus resultados serão apresentados aos dirigentes.

Vamos observar o gráfico a seguir com atenção: no eixo horizontal temos o comportamento da pessoa. De um lado, observamos um comportamento que chamamos *Comfortably Numb*, ou seja, adormecido, mentalmente preguiçoso, acostumado com a mesma rotina durante anos; do outro, um comportamento *Roar*, de uma pessoa que ruge como um leão, sempre pronta para pular como um tigre sobre oportunidades de aprendizado, que se dedica, com esforço e com prazer, a uma melhoria contínua até mesmo em âmbitos que não estão ligados diretamente à sua tarefa.

Empresa \ Pessoa	*Confortably numb*	*Roar*
Crescendo	**4** Perdeu o bonde Hora de acordar	**3** Oportunidade de crescimento
Em crise	**1** Sério perigo Dias contados	**2** Beco sem saída Considerar outras opções

Observemos o ponto de vista da empresa no eixo vertical: ela está em crescimento, é dinâmica e está pronta para investir nos talentos da casa, ou está definhando, corta gastos de forma indiscriminada e considera as pessoas apenas como gastos, e não como talentos que merecem se desenvolver? Em qual quadrante desse gráfico podemos colocar Silvano, Manuela, Julie e Chris? Vamos refletir sobre isso por um minuto antes de continuar.

- **Silvano, quadrante 1**. Sinto muito, mas vou direto ao ponto: Silvano está com os dias contados na empresa. Ele recebe um salário mais alto do que a média, mas não só não aprendeu nada de novo, como ainda esqueceu o que já sabia; a proteção do seu chefe logo irá acabar e, depois de uma séria revisão de custos, muito provavelmente será demitido. Infelizmente, Silvano nem ao menos se dá conta do que está acontecendo, isolado de todos mais por opção sua do que por qualquer outro motivo. E ainda terá muita dificuldade em achar outro emprego com as mesmas condições. Sairá logo, sem alternativas viáveis. Ele ficou *Comfortably Numb*, confortavelmente adormecido, inconsciente de que, sem investir no próprio crescimento profissional, acabamos esquecidos no porão, como os velhos rádios que já não funcionam mais.

- **Manuela, quadrante 2**. Uma pessoa interessada, que toma a iniciativa, muito esforçada. Apesar da crise, a empresa vai tentar segurar Manuela. Ela, porém, precisa se perguntar se vale a pena continuar: sem perspectivas de crescimento e muito menos de um plano de carreira, o que vai aprender se continuar com o mesmo trabalho de secretária depois de ter dado passos de gigante? Ela chegou a um beco sem saída, sem possibilidades de evoluir na empresa, relegada a uma posição bem delimitada. Talvez o melhor fosse pedir demissão e investir em outra empresa. Afinal, ela fala três línguas, concluiu a faculdade, é *web designer*, ainda tem um salário baixo e não terá dificuldade em encontrar uma empresa em que possa desenvolver ainda mais o seu talento e a sua nata curiosidade intelectual.
- **Chris, quadrante 3**. Chris está no lugar certo, está aproveitando muitas oportunidades de crescimento, está aprendendo, investe muita energia. Trabalha em uma organização que está caminhando bem, e, em pouco tempo, terá a chance de crescer ainda mais, não apenas economicamente, mas também no que se refere a responsabilidade, confiança e perspectivas.
- **Julie, quadrante 4**. Julie perdeu o bonde. Sempre insatisfeita, ela parece não entender as oportunidades ao seu redor; apenas sobrevive, em vez de tomar a iniciativa. Sua postura, embora abarque preocupações ligadas à quantidade de trabalho, parece mecânica e, em alguns aspectos, mercenária. Ela se isolou e não perde nenhuma ocasião para se lamentar; seguindo nessa direção, provavelmente será esquecida pelos demais, ocupados em trabalhar se divertindo.

Conseguimos analisar a nossa situação a partir desse gráfico? Em que tipo de empresa estamos trabalhando? Como nos comportamos? Se olharmos dentro de nós, com honestidade, somos mais parecidos com Silvano, com Manuela, com Julie ou com Chris?

Vou tomar a liberdade de lhes dar um conselho. Pensemos em nós como se fôssemos uma linda casa com um jardim cheio de flores maravilhosas. Para que a casa e o jardim permaneçam bonitos e eficientes, precisamos investir continuamente tempo, energia e recursos, entender o que devemos fazer de acordo com as estações. Depois de alguns anos, nós melhoramos ou pioramos a casa? Se a vendêssemos, quanto nos pagariam por ela? Se não investirmos hoje, não acontecerá nada; mas, se não investirmos nunca, a casa cairá aos pedaços e valerá muito menos. Tenho certeza de que todos desejamos investir em nós para crescer, sobretudo como pessoas. Seria um grande desperdício impedir as flores que temos dentro de nós de brotarem.

Por que ir embora?

O *turnover*, a rotatividade de pessoal, é um custo relevante para as empresas. Segundo diversos estudos, ele equivale a cerca de um a dois anos de salário anual. Esse percentual é calculado, como vimos no Capítulo 7, dividindo o número de pessoas que saem de uma empresa pelo número total dos funcionários: por exemplo, se uma empresa tem mil funcionários e todo ano 150 vão embora, o *turnover* será de 15%.

Mas atenção: as empresas avaliam também a qualidade da rotatividade. Isso significa que elas tentam "segurar" os funcionários considerados competentes, os que trazem resultados e se comportam de acordo com os princípios da organização. No livro *Por que seus funcionários mais talentosos não querem ficar?*,[1] Leigh Branham mostra algumas estatísticas significativas do mercado de trabalho nos Estados Unidos: 4% das pessoas sai do emprego logo no primeiro dia e 50% durante os primeiros seis meses. Sem dúvida, há alguma coisa errada se tantas pessoas se arrependem tão rápido da sua escolha. A Gallup,[2] uma importante empresa de pesquisa de mercado, calculou que apenas cerca de 30% das pessoas está *comprometida* com o seu trabalho, se interessa ativamente por ele, enquanto 15% está a um passo de se tornar um real sabotador, chegando até a odiar o próprio trabalho. De acordo com um estudo realizado pela Universidade de Phoenix, no Arizona,[3] apenas 14% das pessoas acreditam ter o trabalho dos sonhos, sendo que 73% têm certeza de que não estão trabalhando com aquilo que, em sua opinião, deveriam trabalhar. Tudo isso se transforma em custos financeiros enormes para as organizações, mas também em custos pessoais devastadores para todos nós devido às relações profissionais que arrastamos sem nenhuma vontade.

Alguns anos atrás, tive a oportunidade de participar de um projeto do Banco Mundial na Etiópia, um país extraordinário com quase 100 milhões de habitantes. O objetivo do projeto era analisar as causas da rotatividade dos funcionários públicos e sugerir soluções práticas. As causas eram muitas, como os salários inadequados. Fiquei impressionado ao ouvir Alemayehu, um dos poucos médicos-cirurgiões que ainda trabalhavam na Etiópia dizer que, dali, os jovens com diploma universitário preferem emigrar para os Estados Unidos ou para a Europa, onde há dez vezes mais oportunidades de carreira e salários dez vezes maiores. Pesquisando um pouco, nota-se que a incapacidade das empresas, sejam elas públicas ou privadas, de manter e motivar os seus funcionários é um obstáculo enorme para que consigam alcançar objetivos básicos, como a satisfação de seus funcionários. Resumindo: todos saem perdendo.

Há quase vinte anos, sou responsável por aquela conversa conhecida como *exit interview*, a entrevista de desligamento. Não deveria ser uma sessão de terapia – não sou psicólogo –, mas se torna, geralmente, um intenso e longo diálogo em que faço apenas uma pergunta: "O que teria feito você ficar?", em vez do clássico e repetitivo "Por que você está saindo?".

Durante um estudo feito pelo Saratoga Institute, na Califórnia,[4] perguntaram aos gestores: "Na sua opinião, qual é o principal motivo pelo qual uma pessoa pede demissão?"; depois perguntaram aos funcionários: "Por que você saiu da empresa?". O resultado foi que 89% dos gestores acha que as pessoas pedem demissão por motivos econômicos, enquanto 88% das pessoas decide sair de um emprego *por razões que não têm nada a ver com dinheiro*. Interessante, não?

Tenho certeza de que vocês estão curiosos para saber, pensando em todos esses estudos e levando em consideração a minha experiência pessoal, o que eu faria em seu lugar, o que faria se enfrentasse a pergunta: "*Should I stay or should I go?* Vou embora ou fico?".

Há um outro elemento que pode influenciar essa resposta. Eu escutei e observei muitas crianças. Por quê? Porque elas sabem coisas que nós, adultos, esquecemos.

Para vocês, por qual motivo, nós, pais, vamos à apresentação escolar de fim de ano dos nossos filhos? Nós nos lembramos da expectativa que sentíamos quando éramos crianças antes da apresentação?

A minha filha me perguntou mil vezes: "Papai, eu melhorei? Papai, você está orgulhoso de mim? Papai, você me ama?". Tenho certeza de que as pessoas não são *mercenárias*, mas têm, sim, uma necessidade real de serem reconhecidas emocionalmente, de serem respeitadas e tratadas com dignidade. Precisamos ouvir do nosso chefe e dos nossos colegas um "Estou orgulhoso de você", ou simplesmente um *obrigado*. Receber uma "curtida" no Facebook não é a mesma coisa. Permanecemos em um trabalho por razões que têm a ver com as partes mais profundas da nossa humanidade, e que vão muito além do nosso cargo: a necessidade de sentir que confiam em nós, de sermos respeitados, de termos valor como indivíduos, de termos esperança e oportunidade de crescimento.

A minha primeira promoção foi uma das experiências mais negativas da minha vida profissional. Encontrei uma carta em cima da minha cadeira me comunicando que eu havia sido promovido – meu chefe não achou conveniente conversar comigo sobre isso antes, e tive de ficar atrás dele por dois meses para conseguir uma reunião. Eu teria pago uma fortuna para receber um aperto de mão seu, mas, em vez disso, me deram um pouco de dinheiro, e eu não podia falar nada. Já uma das experiências mais positivas que tive foi justamente quando *não consegui uma promoção* e o meu supervisor me convidou para almoçar, me explicando o que eu deveria fazer para melhorar no ano seguinte e ser promovido. Eu me senti respeitado e, honestamente, ele tinha toda a razão.

Mas quais motivos nos levam a mudar de trabalho?

- **O trabalho não é aquilo que tínhamos pensado**. Nos capítulos 2 e 3, aprendemos algumas maneiras de descobrir se uma empresa de certo modo não está sendo sincera em sua proposta, ou, até mesmo, se está agindo de forma falsa e enganosa. Muitas vezes o problema é gerado pelas empresas. Vejamos como.

  Fomos selecionados para ser jurados do programa de TV *X Factor*. Passamos alguns dias junto de outros colegas do júri para avaliar a capacidade artística de cantores e grupos musicais. Depois de muitas discussões e debates, chegamos ao veredicto: o vencedor é um cantor de ópera, que consideramos ser o novo Pavarotti. Ao final da cerimônia de premiação, ficamos sabendo que o vencedor fará parte da seleção olímpica de tiro ao prato. Obviamente, a situação descrita é absurda, mas muitas vezes acontece exatamente isso: empresas e comissões de seleção de pessoal passam dias, às vezes meses, avaliando quem é o melhor candidato por si só, e não em relação à função que ele irá desempenhar.

- **O chefe**. Costuma-se dizer que as pessoas escolhem ir trabalhar em uma empresa, mas decidem ir embora por causa de seu superior. No capítulo anterior, analisamos vários tipos de chefes. Para além de aspectos ligados ao caráter e ao psicológico, o verdadeiro problema geralmente está na falta de *feedback*, de *coaching*, de apoio, de encorajamento e, quando necessário, também de críticas construtivas.
- **Não estamos crescendo**. Todo mundo quer crescer, e não só economicamente. Crescer quer dizer aprender, tornar-se melhor no trabalho que fazemos, adquirir habilidades em novas áreas, trabalhar com pessoas experientes que podem nos ensinar muitas coisas. Não queremos apenas um trabalho, mas uma carreira, a perspectiva de um plano, um percurso de formação e de evolução. Se percebemos que não há um projeto, depois de certo período de tempo nos cansamos, como acontece em relacionamentos pouco sérios que se arrastam por inércia durante anos, mas que nunca chegam a um projeto de vida em comum.
- **Estresse devido à quantidade excessiva de trabalho**. As causas são muitas: nos sentimos sufocados, incapazes de administrar expectativas simplesmente impossíveis de serem correspondidas; em alguns casos, somos vítimas inconscientes de planos empresariais errados, chefes irracionais ou metas surreais. O preço que pagamos às vezes se torna alto demais. Fala-se muito de reestruturação empresarial e de pessoas que perdem o emprego porque são vítimas inocentes de crises econômicas ou de escolhas erradas. Ninguém lembra, porém, dos "sobreviventes" que estão pagando a duras penas um preço muito alto para manter o emprego, carregando nas costas as funções daqueles que foram mandados embora.
- **Falta de confiança nas pessoas que dirigem a organização**. A falta de confiança nos líderes, um fenômeno – acreditem

– que não se limita à Itália, foi um dos temas abordados durante os últimos encontros do Fórum de Davos. Vou ilustrá-la por meio de duas breves histórias.

Durante os cursos de formação em administração, peço aos participantes que resumam em uma única palavra o melhor líder que eles já tiveram. Os termos usados são sempre os mesmos: integridade, humildade, confiança, disponibilidade, generosidade. Muitos participantes, em seguida, citam os mesmos nomes de sempre, gigantes que fizeram a história, como Nelson Mandela, Mahatma Gandhi, Martin Luther King. Então, eu pergunto se o CEO e os executivos do mais alto escalão da empresa onde eles trabalham refletem esses valores: a resposta é quase sempre um silêncio absoluto, ensurdecedor. Já realizei esse breve exercício dezenas vezes, em diversos países, e sempre obtive os mesmos resultados.

Pouco tempo atrás, entrevistei um candidato que atualmente trabalha na Federação Internacional de Futebol (Fifa), que, como todos sabemos, está no olho do furacão: seus dirigentes foram acusados de corrupção e o presidente, Sepp Blatter, foi atingido pelos escândalos. O candidato admitiu, de forma sincera, sentir *vergonha* de trabalhar em uma organização desse tipo e ter perdido toda a confiança que depositara nos principais dirigentes. Seus olhos se encheram de lágrimas quando me mostrou a declaração dos princípios éticos da Fifa que aparece na primeira página do *site* da Federação.[5]

O que nos motiva?

Para comemorar o seu 65º aniversário, a *Harvard Business Review* republicou um artigo que teve mais de um milhão de cópias vendidas: trata-se do clássico "One More Time: How do You Motivate Employees?", escrito em 1968 por Frederick Herzberg.[6] O autor fala sobre os fatores motivacionais chamados de "higiênicos": fatores que NÃO nos motivam, mas cuja ausência nos desmotiva, como as condições de trabalho, de salário e as normas internas. Já os fatores realmente motivacionais são de outro calibre: a sensação de ter alcançado um objetivo e de ter melhorado, o prazer intrínseco ao ato de realizar um trabalho, o senso de responsabilidade, o crescimento humano e profissional de quem desenvolve com paixão o seu trabalho, o orgulho de fazer parte de determinada empresa. Daniel Pink, no livro *Motivação 3.0*,[7] explica que os fatores motivacionais são: a presença de um objetivo importante, a autonomia e a possibilidade de crescimento. Se refletirmos um pouco sobre isso, veremos que os motivos que nos levam a sair de uma empresa e os motivos que nos encorajam a permanecer onde estamos são duas faces da mesma moeda, contam a mesma história. Muitas vezes, a decisão de ir embora vai ganhando força aos poucos, mas explode depois de um trauma, um evento desagradável, por exemplo, ordens recebidas do chefe com um tom de voz despótico, uma briga com um colega, uma promoção não recebida, uma injustiça sofrida.

Quero compartilhar com vocês quatro histórias reais que nos ajudarão a entender como as motivações que nos levam a optar por ir embora ou permanecer são diferentes: algumas irão produzir efeitos de curta duração, enquanto outras podem nos levar ao caminho certo – desde que saibamos para onde realmente queremos ir.

- Carlos está muito decepcionado: seis meses atrás, mudaram o seu escritório para uma sala menor e ele não recebe nenhum aumento há dois anos. Além disso, o seu chefe contratou um candidato mais jovem que já entrou com um salário maior que o seu. Enfim, a gota d'água: Carlos teria direito a uma vaga no estacionamento, mas, depois de um ano na lista de espera, deram a vaga ao recém-chegado. Carlos então decide pedir demissão.

- Humberto me diz quatro vezes em menos de uma hora que *está esperando ser promovido a gestor*. Algumas semanas depois, o seu supervisor decide não promovê-lo, e, depois de alguns meses, Humberto marca uma reunião comigo. Ele me entrega uma carta de demissão, afirmando que recebeu uma oferta para ser D-I-R-E-T-O-R, soletrando o seu novo *status* com uma lentidão quase irritante. Humberto depois ainda diz que receberá o dobro em seu novo trabalho e que terá um carro da empresa. Eu lhe dou meus parabéns e fico sem notícias dele. Por seis meses.
- Giovanna percebe que há quase dez anos faz o mesmo trabalho, não se diverte muito e, brincando, diz aos colegas que quando chega ao trabalho liga o piloto automático. A empresa não oferece projetos excitantes e se ocupa de vender alimentos de baixa qualidade produzidos na China. Giovanna tem uma relação cordial com seu chefe, mas distante; em geral, almoça sozinha, pois não se deu muito bem com os seus colegas, que têm interesses muito diferentes dos seus. Ela se sente um peixe fora d'água.
- Roberta, recém-formada com nota máxima, recebeu muitas ofertas de emprego, mas decidiu trabalhar, apesar do salário mais baixo, na empresa XYZ principalmente pelo plano de carreira que eles oferecem. A quantidade de trabalho é impressionante, mas ela tem a oportunidade de viajar e de trabalhar em projetos diferentes e interessantes e, depois de uma primeira fase de formação de quase três anos, irá trabalhar por dois anos no exterior, onde também poderá aprender uma língua nova.

Vamos refletir sobre essas histórias enquadrando-as em um gráfico de quatro dimensões como o que vemos a seguir. Na parte inferior, estão os fatores negativos que nos levam a *fugir* e a *sair da situação atual*, enquanto na parte superior encontramos os fatores positivos, que nos estimulam a *ir na direção de algo novo*. À esquerda, pensemos em fatores motivacionais *externos*, entendidos como efêmeros, de curta duração, por exemplo, um título que soa como algo grande (gestor, diretor), e, à direita, fatores motivacionais de longo prazo, tais como a possibilidade de crescimento, o objetivo do nosso trabalho, o alinhamento dos nossos valores éticos com os da empresa da qual fazemos parte.

Quais dessas motivações nos levam a permanecer ou a deixar uma empresa?

A situação de Carlos está no quadrante 1. Ele sem dúvida está frustrado com algumas situações, mas, sinceramente, nós realmente acreditamos que vale a pena ir embora de uma empresa por causa de uma nova sala menor ou por não ter uma vaga no estacionamento? Carlos fez as perguntas certas?

Giovanna, no quadrante 2, sente que não tem espaço para crescer dentro da empresa e percebe que está no lugar errado; no seu caso, ir embora pode ser uma decisão sábia.

Roberta, no quadrante 3, ao contrário, fez a escolha certa: ela aprende algo novo todos os dias, e sacrificou alguns objetivos de curto prazo para apostar em um projeto de trabalho de longo prazo. Ao optar por permanecer, Roberta está investindo em seu crescimento profissional, e as oportunidades que irá colher no futuro durante seu percurso recompensarão o sacrifício.

Humberto, no quadrante 4, também ficou irritado porque não recebeu uma promoção e se deixou enganar por uma proposta aparentemente melhor, que massageava seu ego, com um título pomposo e a ilusão de um salário maior. Eu o encontrei depois de seis meses, desiludido e decepcionado com a nova empresa e suas regalias *para inglês ver*.

Também é preciso saber reconhecer quando se chega a certas condições em que permanecer não é mais a melhor escolha. Fazendo uma comparação, é como se fôssemos hóspedes que prolongaram demais a estada, tornando-nos de fato *persona non grata*. Como não lembrar de um exemplo que fala por si? O jogador de futebol Vincenzo Iaquinta, campeão mundial em 2006 pela seleção italiana do treinador Lippi, foi comprado pela Juventus com um contrato que previa cerca de 3 milhões de euros por ano durante cinco anos. Ele fez apenas oito gols no primeiro ano, um desempenho pouco satisfatório. Depois de uma segunda temporada simplesmente medíocre, durante o terceiro ano, entre 2009 e 2010, Iaquinta sofre uma lesão no joelho, fica no banco de reservas por seis meses e entra em campo só por alguns minutos durante poucas partidas; ainda assim, é convocado para jogar pela seleção italiana no desastroso Mundial de 2010, surpreendendo todos os torcedores. Em 2011, o treinador Antonio Conte é contratado pela Juventus e deixa claro a Iaquinta que ele está fora de seus planos para o time. Normalmente, os jogadores aceitam a situação e vão atrás de outro contrato, talvez recebendo menos, mas não Iaquinta. Ele se recusa absolutamente a trocar de time, de modo que fica na Juventus, relegado ao banco de reservas ou à arquibancada, segregado na própria casa. Depois de uma breve tentativa, infeliz, de ser emprestado para o time do Cesena, sem, no entanto, abrir mão de um centavo, volta a Turim rejeitando todas as ofertas de clubes interessados nele, por mais que lhe digam de todas as formas possíveis para ir embora. Ele continua na Juventus sem jogar nem mais um minuto sequer, e, quando seu contrato termina depois de cinco anos, nenhum time o quer mais. Torna-se, assim, um ex-jogador, e quando a Juventus de Conte vence o campeonato italiano, ele é excluído das comemorações e o seu nome não aparece sequer no *site* do clube. Foi *persona non grata* por tempo demais, sem entender que teria sido melhor ir embora, mostrando para todos que era um jogador forte e digno. Assisti a dezenas de histórias semelhantes, um misto de teimosia entre não querer entender a situação e não querer ir embora, em empresas que tendem a se tornar vingativas.

Konstantinos Kavafis foi o poeta grego moderno mais famoso. Viveu em Alexandria, no Egito, compartilhando as suas obras somente com amigos e familiares, de modo que foi reconhecido apenas depois de sua morte, em 1933. Escreveu poesias extraordinárias e, em uma das primeiras, "Muros", expressa o sofrimento de quem se sente isolado e excluído.[8] Os últimos versos do poema dizem: "Nunca ouvi nem vozes nem barulhos/ Excluíram-me do mundo sem que eu percebesse".

Às vezes, nos acontece algo parecido no trabalho, como demonstra o exemplo de Kathryn Bolkovac. Quando era policial no estado de Nebraska, ela foi contratada pela DynCorp International, empresa que fatura 3 bilhões de dólares por ano como *military contractor*, uma prestadora de serviços militares privada que atende o Departamento de Defesa dos Estados Unidos. Em 1999, Bolkovac é enviada à Bósnia para uma operação de manutenção de paz conduzida em apoio aos Capacetes Azuis da ONU, e percebe que alguns de seus colegas participam de um vergonhoso esquema de exploração sexual. Bolkovac tenta impedir que os crimes continuem acontecendo e decide denunciar o escândalo aos seus superiores. Ela se torna, dessa forma, uma delatora, alguém que revela práticas de corrupção na organização em que trabalha. Daí em diante, a vida de Bolkovac se transforma num inferno: no começo, ela é excluída de todas as decisões e da própria equipe pelos seus chefes e colegas, em seguida percebe que está em perigo, e, por fim, é demitida junto com outro colega, igualmente culpado de ter se declarado contrário ao tráfico de seres humanos. A sua experiência torna-se um filme e, logo depois, Bolkovac publica um livro-denúncia;[9] vence o processo contra a DynCorp graças à evidência indiscutível das provas.

Por sorte, não é muito comum nos vermos em uma situação tão extrema como essa, que conduz a uma ruptura total e definitiva com a empresa por motivos não relacionados diretamente com o nosso trabalho, mas muito mais graves, como foi o caso de Bolkovac. As reflexões que compartilhamos no Capítulo 6 sobre o preço que devemos pagar para ter uma carreira de sucesso e sobre o significado de fazer um pacto com o diabo também valem nesses casos. E a importância de escolher um trabalho em uma empresa que reflita os nossos valores, ainda mais.

Proteger a identidade profissional e ir embora com elegância

Andre Agassi é um dos maiores tenistas de todos os tempos. A sua autobiografia,[10] narrada de forma lúcida e honesta, começa pela história da sua aposentadoria: tem 36 anos e já soma mais de mil partidas no circuito profissional; desde sempre sofre de uma escoliose severa, com dores lancinantes no nervo ciático, e dorme no chão – o único modo de aliviar a dor da coluna. Um dia, ele abre os olhos, mas não sabe onde está, e se sente como uma raquete de tênis usada e destruída. Diz para si mesmo: "Por favor, faça com que tudo isso acabe", mas depois percebe que não está pronto para o momento em que tudo estará acabado.

Abandonar as quadras, tanto para um campeão de tênis quanto para qualquer profissional, é um momento muito difícil psicologicamente. Duas tendências opostas nos dividem: a vontade e, ao mesmo tempo, o medo de continuar e de parar, um redemoinho emocional. Um trabalho não é apenas um trabalho, pois, com o tempo, ele se torna a nossa identidade, nossa segunda pele. A aposentadoria é um processo de transformação complexo, como explica Herminia Ibarra no livro *Identidade de carreira.*[11]

Entendi o verdadeiro significado de *identidade profissional* e o que realmente significa deixar uma empresa quando trabalhei em um projeto de reforma do sistema de aposentadoria. Em 1998, o Banco Mundial precisava resolver dois problemas internos, que se tornaram comuns para muitas organizações públicas e privadas: mudar o sistema de previdência complementar, que havia se tornado muito caro, e reduzir a folha de pagamento. A solução encontrada foi oferecer aposentadoria integral aos funcionários com no mínimo 50 anos de idade e que já tivessem completado pelo menos dez anos de casa. Em suma, eliminou-se a regra segundo a qual, em geral, se um funcionário se aposenta antes da idade mínima (por exemplo, 65 anos), sua aposentadoria recebe uma redução de cerca de 4% para cada ano de antecipação.

Ao mesmo tempo, o sistema de previdência complementar foi alterado, para pior, para todas as pessoas que haviam começado a trabalhar para o banco a partir de maio de 1998. Naquela época, o Banco Mundial tinha cerca de 11 mil funcionários, dos quais mais de 2 mil podiam usufruir da aposentadoria antecipada, e temia-se um êxodo em massa. Quando o fatídico dia chegou, esperávamos *filas nas catracas* como se fosse haver um *show* do Bruce Springsteen ou do U2. A oferta da aposentadoria representava uma oportunidade vantajosa demais, principalmente para quem sabe fazer as contas. Quantas pessoas aceitaram a proposta? Menos de 10% das que tinham direito. Eu jamais poderia imaginar que, tendo uma chance como essa, quase todos optariam por continuar com o emprego, preferindo trabalhar por um salário só um pouco maior a receber uma cômoda aposentadoria. Intrigado, fui falar com algumas dessas pessoas: por que raios haviam tomado essa decisão? Depois de poucas conversas, entendi que elas não *faziam* um trabalho, mas *eram* o trabalho que faziam, e que não só nunca haviam pensado em sair, como jamais o fariam, independentemente de qualquer vantagem econômica. Uma identificação total entre trabalho e indivíduo.

O que aprendi com essa história? Que a decisão de sair de uma empresa não se restringe ao aspecto econômico, mas está ancorada na parte mais profunda da nossa alma, na nossa identidade. O momento da escolha – *Should I stay or should I go?* – às vezes é dilacerante, envolve muita incerteza e tensões conflituosas. Continuamos ancorados na nossa velha identidade, ainda sem saber qual será a nova, como um navegante que parte otimista rumo a terras desconhecidas e, ao mesmo tempo, sente medo ao ver o porto conhecido distanciar-se no escuro da noite.

O momento de ir embora chega para todos, mais cedo ou mais tarde. As perguntas-chave são muitas: se estamos pensando em nos demitir, vale a pena mudar de ideia caso nosso empregador nos ofereça uma contraproposta? Vale a pena voltar para a mesma empresa depois de um certo tempo? Qual é o *timing* certo? Como e quando ir embora? Vamos enfrentar essas perguntas uma por uma.

- **Se estamos pensando em nos demitir, vale a pena mudar de ideia caso nosso empregador nos ofereça uma contraproposta?**
  Acredito que a decisão de sair de uma empresa, de pedir demissão, *não deve partir de uma reação, mas sim de uma reflexão.* Se, depois de refletir com discernimento, decidirmos ir embora, não devemos atribuir um preço a essa decisão. Na minha opinião, o melhor caminho é mostrar o cartão amarelo antes do vermelho. Explico melhor: se estamos insatisfeitos porque constatamos que não estamos crescendo, que não temos oportunidades e/ou que não seremos promovidos, vamos conversar honestamente com o nosso chefe e, de forma inteligente e construtiva, propor

alternativas plausíveis. Muitas vezes, essas conversas trazem mudanças concretas e chega-se a uma solução para sair de uma situação potencialmente negativa. Mas se, ao contrário, nada acontecer ou, pior, se as nossas propostas não forem sequer ouvidas, então a única coisa que resta a fazer é tirar o cartão vermelho do bolso. Entregar uma carta de demissão significa atravessar uma linha sem volta, uma mudança definitiva na relação de confiança entre o funcionário e a organização. Pela minha experiência, as pessoas que são convencidas a ficar acabam saindo, de um jeito ou de outro, em no máximo um ano, porque um simples aumento de salário, por exemplo, não é suficiente para alterar uma situação em todos os seus aspectos. Vamos supor que um marido compre de presente para sua mulher uma joia muito cara para convencê-la a não pedir o divórcio: é uma solução permanente ou o problema só está sendo adiado?

- **Vale a pena voltar para a mesma empresa depois de um certo tempo?**
  Depende. As empresas tendem a contratar pessoas que já passaram por ali antes, desde que não tenham vivido um divórcio litigioso. Vale a pena se obtivermos um reconhecimento da experiência adquirida no meio-tempo, mas não acho viável se for para voltar para o mesmo cargo, para fazer as mesmíssimas coisas que fazíamos antes: figurinha repetida não completa o álbum, e costuma decepcionar quem a tem em mãos. E, ainda, uma advertência: a relação com os antigos colegas não será a mesma se voltarmos em uma posição de maior responsabilidade, o que possivelmente causará ciúmes internos. A ideia de voltar, portanto, não deve ser excluída *a priori*, mas deve ser ponderada com discernimento, tomando cuidado com as dinâmicas do grupo.
- **Qual é o *timing* certo?**
  Ninguém tem uma fórmula matemática para definir o *timing*

perfeito, mas existem modelos e percepções correntes. Vamos analisá-los juntos.

Pensando de forma realista, podemos dividir o problema em "zonas". Zona vermelha: se estamos em uma empresa há menos de dezoito meses, teremos dificuldade para explicar por que queremos sair tão rápido. Precisamos ter um motivo válido, por exemplo, "a empresa transferiu todas as atividades produtivas para o outro lado do mundo", para argumentarmos de forma segura. Se não existe um motivo válido, teremos dificuldade de conseguir um novo emprego. Zona amarela: depois de dezoito meses até o terceiro ano, entramos em uma zona mais fácil de administrar, pois nesse período de tempo é considerado socialmente aceitável procurar um novo emprego. Mas atenção: esse *timing* se encaixa melhor na categoria dos juniores e dos recém-formados, e não tanto na dos gestores ou diretores. Zona verde: entre três e cinco anos, o *timing* é praticamente perfeito, pois pode demonstrar como aprendemos e contribuímos de forma positiva com a organização.

Se estamos no mesmo cargo há mais de cinco anos e menos de sete, voltamos para a zona amarela: por que ficamos lá por tanto tempo? É importante, nesse caso, explicar de que modo crescemos e como conquistamos maior responsabilidade. Se, porém, fazemos o mesmo trabalho há mais de sete anos sem nenhum progresso em nossa função, chegamos mais uma vez à zona vermelha. Pense nesse problema pelo ponto de vista de uma empresa que quer contratar um profissional com quinze anos de experiência. Existem três interessados: o primeiro trabalhou em uma única empresa, o segundo trabalhou em três empresas diferentes, cada uma por cinco anos, e o terceiro, em dez empresas diferentes. Todos eles têm, portanto, os mesmos quinze anos de experiência exigidos, mas adquiridos de formas muito diferentes. Quem você escolheria?

- **Como e quando ir embora?**

Três palavras: educação, respeito e gratidão. E boas maneiras, sempre. Ainda que tenham nos tratado mal, não devemos nunca, sob hipótese alguma, cortar relações, mesmo que a tentação de bater a porta e de mandar todo mundo que nos feriu ir tomar banho seja enorme. Algumas pessoas, porém, optam por agir de outra forma.

Greg Smith escolheu pedir demissão de forma original: ele escreveu uma carta ao *The New York Times* com o título "Why I left Goldman Sachs", publicada no seu último dia de trabalho, em 14 de março de 2012.[12] Goldman Sachs é o maior e mais poderoso banco de investimento do mundo. Na sua carta, Greg denuncia a cultura destrutiva e tóxica da organização. Ele afirma que a única preocupação do banco onde trabalhou por dez anos é lucrar à custa de seus clientes, chamados de forma irônica de *muppets*, os fantoches do famoso programa de TV. A carta foi lida por 3 milhões de pessoas e se tornou viral na internet, abrindo o caminho para que ele publicasse um livro com o mesmo título.[13]

Vocês acham que Greg fez a coisa certa? O que sabemos é que, escolhendo uma modalidade pública de guerra declarada, ele cortou todas as relações de forma definitiva, não só com a empresa, mas também com todo o ambiente do qual fazia parte.

Saber escolher o momento certo e sair de cena com elegância ainda é uma qualidade extraordinária. David Heenan, no livro *Leaving on Top*,[14] conta várias histórias de altos executivos que decidiram pedir demissão, separando cada um deles por categoria. Na primeira categoria, estão os que, apesar da idade avançada e das décadas de profissão acumuladas, continuam sendo profissionais excepcionais. Lembro dos nomes do jornalista italiano Enzo Biagi, do diretor e ator Clint Eastwood, já na casa dos 85 anos, e do cantor e músico Bruce Springsteen, que aos 67 anos faz *shows* extraordinários com pelo menos três horas de duração. Na segunda categoria, estão os déspotas envelhecidos, como Robert Mugabe, que, com mais de noventa anos, ainda é o presidente do Zimbábue, um país africano em condições desesperadoras, ou outros políticos, atletas, homens de negócios e artistas que não conseguem se conformar com o fato de que está na hora de sair de cena.

O papa Francisco – na minha opinião, o último verdadeiro revolucionário da Terra – falou justamente sobre isso na Praça de São Pedro no dia 3 de julho de 2015: "Existe uma tentação para os líderes de que se considerem insubstituíveis [...], aos poucos, cai-se no autoritarismo e no egocentrismo. O poder leva à vaidade, você sente que é capaz de fazer qualquer coisa, mas os líderes também devem sair de cena, se necessário". Ivan Scalfarotto e Stefano Caselli tratam desse assunto em detalhes no livro *Contro i perpetui.*[15] Alguns fundadores de empresas que "veem a sua aposentadoria como um meio-termo entre a eutanásia e a castração"[16] formam uma categoria à parte. Por fim, vamos lembrar aqueles que Heenan define como "os que sabem sair de cena com elegância", passando as rédeas do comando para outra pessoa com respeito, sabedoria e classe. Na obra-prima *Memórias de Adriano*, Marguerite Yourcenar[17] reconstrói a vida íntima do imperador romano Adriano, criando ao mesmo tempo uma obra de poesia, um romance histórico e uma análise psicológica. Uma das reflexões de Adriano me deixou impressionado: ele percebe que foi um bom imperador porque Roma *não precisa mais dele*. Como *coach* profissional, eu lhe diria que ele desenvolveu as capacidades das pessoas que o rodeavam sem que elas se tornassem dependentes dele. Ele está pronto para ir embora. O exato contrário dos pseudolíderes, que não deixam o palco nem sob fogo cruzado, agarrados às próprias cadeiras.

Em 4 de novembro de 2008, Barack Obama foi eleito presidente dos Estados Unidos. Ele derrotou John McCain, candidato republicano e senador do estado do Arizona, que conduziu uma feroz campanha eleitoral contra o adversário. Às nove horas da noite, na sede do partido, McCain se apresenta diante das câmeras e de seus principais apoiadores. Deve fazer o pronunciamento conhecido como *concession speech*,[18] o discurso do candidato derrotado, um sapo difícil de engolir. Em poucos minutos, ele demonstra uma elegância e um senso de responsabilidade fora do comum: sem nenhum rancor, McCain dá sinceros parabéns ao novo presidente, pede com firmeza para que seus apoiadores parem de vaiar Obama e se compromete a trabalhar sem reservas com o novo chefe do governo em busca do bem dos Estados Unidos, falando dos valores que têm em comum. Uma saída de cena digna de um *gentleman* e de um verdadeiro estadista.

E assim voltamos, mais uma vez, às palavras-chave: gratidão, sabedoria, classe, respeito, educação. Boas maneiras. Nossos atos finais em qualquer lugar ficarão marcados e farão parte da nossa reputação e herança, das lembranças que as pessoas terão de nós quando formos embora. Seguindo essas regras, construiremos uma reputação de pessoas livres e honestas.

9

O que realmente importa?

O balanço da nossa viagem

Procure ser uma pessoa de valor,
em vez de procurar ser uma pessoa de sucesso.

ALBERT EINSTEIN

Estragou a brincadeira

Durante a viagem que fizemos juntos, procuramos compreender, sobretudo pensando em quem somos, qual cultura organizacional e qual trabalho têm mais a ver conosco. Conhecemos nossos colegas e chefes, estabelecendo alianças e evitando problemas e mal-entendidos. Sabemos como conquistar a confiança das pessoas e construir uma carreira de sucesso, avaliando o preço que devemos pagar e evitando o pacto com o diabo. Aprendemos qual é o momento certo para ir embora e o melhor modo de fazê-lo. Resta, enfim, a última e fundamental pergunta: *o que realmente importa?* Como se mede o sucesso pessoal e profissional e, acima de tudo, *quem* determina essa medida?

Quando comecei a trabalhar, conheci uma pessoa que se apresentou a mim dizendo o seu grau na hierarquia da empresa, e não o seu nome.

"Eu sou um diretor executivo". Ele disse que eu precisava *necessariamente* me tornar vice-presidente em no máximo três anos, afirmando que, tanto para ele quanto para a empresa, uma carreira só é considerada de sucesso se tem uma rápida ascensão: eu deveria queimar etapas, conseguir uma promoção por ano, receber um salário cada vez maior. Depois de algum tempo, percebi que cometi dois erros: não só acreditei na versão do *diretor executivo*, como não me questionei sobre a existência de outras formas de se definir uma carreira de sucesso.

Quando entramos em uma organização, acreditamos que subir de posição seja o único critério para medir se estamos ou não progredindo; acredito, porém, que esse seja apenas *um modo* de se medir o sucesso da nossa vida profissional, e, francamente, não é nem mesmo o mais importante. O modelo de comparação atual não funciona. Pelo menos três motivos estragaram a brincadeira:

1. considerando apenas o aspecto hierárquico – *quem chega ao topo é um vencedor e quem não chega é um perdedor* –, teremos imediatamente um resultado negativo: 99,99% das pessoas *necessariamente perderão*, e assim criamos multidões de pessoas frustradas e infelizes que consideram – geralmente sem razão – que apenas quem chegou ao topo venceu de verdade;

2. moldando a carreira como se fosse uma corrida, em que apenas um escolhido chega em primeiro lugar e todos os outros perdem, entramos em um clima de luta contínua, recebendo tiros de todos os lados. Acredito que o estresse não esteja ligado tanto à quantidade de trabalho, mas sim à qualidade das relações que cultivamos com os nossos colegas. O clima de "todos contra todos" leva a um estado de barbárie, a uma desvalorização das relações que, por sua vez, se tornam transações automáticas e utilitárias, deixando de ser uma conexão real entre seres humanos. Como consequência desse modo de viver, deixamos de ser autênticos e nos preocupamos apenas em parecer algo que não somos, em impressionar com a forma,

sem nenhum conteúdo. Passamos o tempo todo pensando na nossa fama, no nosso *status* social, tentando conquistar a aprovação dos outros a qualquer custo. E isso tudo sem perceber que, assim, perdemos a nossa alma;

3. como eu disse, acabamos entrando em uma *rat race*, uma corrida de ratos. Ficamos tão absortos no desejo de vencer essa corrida que esquecemos que, mesmo se a vencermos, continuaremos sendo apenas ratos. E não é só isso: todas as crises econômicas, todas as reestruturações empresariais ou os eventos que não podemos controlar – por exemplo, a troca dos dirigentes da organização –, mudam completamente a hierarquia nas empresas. Se isso acontece, de repente podemos nos sentir excluídos do jogo, deixados de lado sem saber por quê, certos de que a nossa identidade será esquecida e destruída, com todas as consequências emocionais e sociais que isso acarreta. Se realmente estragaram a brincadeira, podemos inventar um jogo novo? *Yes, we can.*

Já observei e acompanhei centenas de pessoas e suas respectivas carreiras, passei anos pensando sobre o que significa ter uma carreira de sucesso e, principalmente, sobre como podemos monitorá-la e medi-la de acordo com os nossos critérios pessoais, e não com aqueles definidos por outras pessoas. Gostaria de compartilhar com vocês essas reflexões. Vou lhes fornecer um instrumento prático, fruto de 25 anos de experiência observando pessoas que, em diferentes empresas, tentaram escalar apressadamente os degraus da hierarquia – um modelo que, como acabamos de ver, não funciona. Deixamos de ver *o que realmente importa* e corremos o risco de desperdiçar a nossa vida profissional, um erro fatal, imperdoável e sem volta. O que importa, portanto, é a viagem e o significado que atribuímos a ela, e não ser o primeiro a cruzar a linha de chegada dando cotoveladas nos outros para, afobados, nos tornarmos o rei dos ratos.

O que realmente importa?

Existem dez ingredientes que definem uma carreira de sucesso, mas eu gostaria de substituir o termo "sucesso" por uma palavra muito diferente, *ligada ao significado*: "valor". Assim, o conceito de carreira se transforma, adquirindo uma ligação mais forte com o nosso crescimento humano e profissional, *mais próximo ao verbo ser do que ao verbo ter*. Acredito que é preferível sermos pessoas de valor a sermos pessoas de sucesso; é isso que diferencia Nelson Mandela de uma pessoa qualquer, talvez rica e famosa, mas sem nenhum conteúdo relevante.

Relações positivas

O que desejamos mais do que qualquer coisa, algo que acreditamos que nos deixará felizes? De acordo com os resultados de muitas pesquisas – realizadas, por exemplo, com os *millennials* ou com grupos de pessoas na Europa –, a resposta é simples: "Dinheiro e fama", ser rico e famoso. Esse binômio é considerado ainda hoje mais importante do que saúde, amor ou um sucesso mais genérico. Mas isso é real? Um estudo importante da Harvard Medical School,[1] que começou em 1938 e durou mais de 75 anos, tentou explicar as causas da felicidade, saúde e longevidade de 724 pessoas, observando-as ao longo de suas vidas. Durante a pesquisa, diversas gerações de pesquisadores analisaram e acompanharam, ano após ano, a existência dessas pessoas nascidas e crescidas em Boston – sessenta delas vivem lá ainda hoje –, através de perguntas sobre trabalho, saúde, hábitos, relações com a família, com a comunidade e com o mundo ao redor. O estudo chegou a uma conclusão que nos dá uma resposta ao mesmo tempo surpreendente e banal: o que nos torna felizes *são as relações positivas e duradoras com as pessoas que nos cercam*, que amamos e respeitamos. Viver relações negativas tem efeitos tóxicos, prejudiciais à nossa saúde, à nossa felicidade e, consequentemente, à nossa expectativa de vida. Por outro lado, relações positivas – baseadas na confiança, no respeito e no amor – não só aumentam nossa expectativa de vida, tornando-nos mais felizes, mas também nos protegem de doenças. Saber que podemos contar com o apoio de quem nos ama – que não significa sempre concordar em tudo – nos dá aquela segurança interior e aquela sensação de não estarmos sozinhos que nos tornam felizes.

Vocês ainda não estão convencidos? Então vamos analisar os aspectos ligados ao âmbito profissional. *Os outros*, as pessoas que nos cercam, nos ajudam a tomar decisões melhores. Vamos supor, por exemplo, que estamos perdidos no polo Norte e temos vinte objetos conosco, mas precisamos nos livrar de alguns para podermos sobreviver. Com quais ficaremos? Já propus esse exercício diversas vezes às equipes com as quais trabalhei, e ele sempre mostrou que as decisões tomadas individualmente nunca são tão positivas e eficazes quanto as tomadas em grupo. O que isso significa? Significa que os outros sempre poderão nos ajudar a tomar decisões melhores. Os outros são importantíssimos: são eles que nos dão o *feedback* necessário para o nosso crescimento, que podem sugerir o nosso nome para um trabalho ou mesmo nos avisar de uma vaga disponível.

Quando trabalhamos, passamos pelo menos quarenta horas por semana com outras pessoas. É verdade, nossos colegas de trabalho não são necessariamente os nossos melhores amigos ou parentes (embora muitas pessoas acabem conhecendo o futuro marido ou a futura esposa no trabalho, como aconteceu comigo), mas eles representam o tipo de relação positiva – de respeito, parceria e confiança – essencial para a nossa felicidade. Quem já perdeu essa serenidade em ambientes de trabalho tóxicos, carregados de energia negativa, sabe bem disso.

Compreender que o que realmente importa começa pela qualidade das relações que temos com as pessoas ao nosso redor, tanto na vida pessoal quanto profissional, nos tornará capazes de enxergar *os outros* não como inimigos ou como puros instrumentos que podemos usar, mas como preciosos aliados em nosso caminho.

Cura personalis

Cura personalis é uma expressão latina utilizada pelos jesuítas. Indica *o cuidado com todos os aspectos da pessoa*, saúde e bem-estar, interpretados num sentido humano e profundo, não econômico. Estamos em forma? Dormimos profundamente pelo menos sete horas por noite (ou, melhor ainda, oito)? Fazemos algum exercício, nos movimentamos o suficiente? O que e quanto comemos? O que colocamos na nossa dieta? O nosso estado físico influencia muito a nossa capacidade cognitiva. Para termos uma ideia imediata de nosso estado, façamos o teste do *site* www.luminosity.com: veremos como a nossa capacidade cognitiva e emocional está diretamente ligada ao nosso bem-estar físico e mental. A velocidade, a flexibilidade, a capacidade de resolver problemas, de memorizar algo, de se concentrar são habilidades que precisam ser incentivadas e desenvolvidas. Assim como os músculos, elas enfraquecem se não são utilizadas. Uma noite sem dormir reduz a nossa capacidade cognitiva de forma impressionante, e estudos científicos demonstraram que a melhor estratégia antes de tomar uma decisão importante é dormir pelo menos uma noite antes da escolha final, sem apressar as coisas.[2] Uma dieta errada, com açúcares e gorduras demais, causa os mesmos efeitos que a falta de sono, e uma vida sedentária traz danos irreversíveis. Quando nos desligamos de verdade do nosso trabalho? Conseguimos ficar no mais absoluto silêncio com prazer, aproveitando o momento para refletir? Quem se exercita, principalmente de manhã, tem uma chance maior de se sentir bem-humorado – uma predisposição importante para viver bem – até doze horas depois da atividade física. Respeitamos a regra de dar pelo menos 10 mil passos por dia? Vamos tentar, por exemplo, desligar o celular das oito da noite às oito da manhã do dia seguinte, praticar esportes ou pelo menos fazer uma longa caminhada três vezes por semana, beber dois litros de água por dia, reduzir os açúcares e os carboidratos da dieta, reduzir o álcool e o café, fumar menos, passar as férias em um lugar *sem* internet (uma verdadeira desintoxicação digital). São pequenos gestos que podemos colocar em prática facilmente. Estamos constantemente presos – eu diria até mesmo perdidos – em mil mensagens, reuniões, contínuas interrupções, interferências: conseguimos arrumar tempo para refletir, em vez de reagir instantaneamente como se estivéssemos em um duelo constante contra alguém? Confesso que, depois de um dia de trabalho cheio no escritório, tenho a impressão de que estou em um *videogame* com efeitos especiais, cada vez mais rápido, sem nenhuma pausa. Conseguimos desligar o *smartphone* que está nos transformando em zumbis, conseguimos controlar a vontade de estar conectados 24 horas por dia, uma vontade que está praticamente nos transformando em antissociais crônicos?

A *cura personalis* tem um valor sobretudo humano e espiritual: em nossa vida, há pelo menos uma pessoa que nos ama e que amamos? Temos espaço e energia para quem amamos? Podemos contar com o apoio de um grupo – lembrem-se do Men's Club do Capítulo 6 – ou com um amigo para conversar sem sermos julgados? Conseguimos dar voz à nossa criatividade, ao nosso lado artístico, à nossa espiritualidade? Ainda lembramos quando foi a última vez que pudemos admirar um céu estrelado, um pôr do sol nas montanhas ou o movimento das ondas na praia? Ultimamente, tivemos a possibilidade de passar algum tempo em contato com a natureza? É assim que a *cura personalis* deixa de ser apenas um modo de definir quanto estamos em forma e passa a ser também uma condição para sermos autênticos, para termos pleno controle sobre nossas vidas, sem nos iludir com atalhos perigosos que levam a formas de acomodação e dependência.

Objetivo

Sísifo, um homem esperto e sagaz, é um personagem da mitologia grega que teve a ousadia de desafiar os deuses do Olimpo e foi derrotado. Como ele foi punido? Foi mandado para a prisão? Pena de morte? Tortura? Não, nada disso: foi condenado por Zeus a empurrar uma pedra gigante até o topo de uma montanha para depois vê-la rolar abaixo e ter de começar tudo de novo por toda a eternidade. *The Rolling Stone* em versão mitológica. A punição se torna a consciência de não poder dar nenhum significado ao que se está fazendo.

Em Robben Island, na África do Sul, fica a prisão onde Nelson Mandela passou dezesseis terríveis anos. Quando visitei a ilha, um ex-prisioneiro me acompanhou como guia. Ele me contou que os detentos eram obrigados a trabalhar todos os dias em uma pequena mina de cal, que chegou ao fim depois de alguns anos. O que fizeram, então, os desumanos responsáveis pela prisão? Decidiram que os detentos teriam de levar uma certa quantidade de cal para dentro da mina para depois retirá-la novamente em semanas alternadas. Resultado: alguns prisioneiros enlouqueceram. Sísifo foi recriado, assim, em uma terrível prisão da África do Sul.

Encontrei o significado do meu trabalho no Banco Mundial em um vilarejo no meio do nada em Camarões. George, o motorista, ia me levar para visitar um projeto agrícola; depois de muitos quilômetros de estradas de terra, ele parou em frente a um poço e me contou que, antes de o poço ser construído, sua mãe tinha de caminhar doze quilômetros para ir até o rio pegar água. Desde que o Banco Mundial construíra o poço, distante apenas algumas centenas de metros do vilarejo onde ele morava, sua vida tinha mudado. George queria me agradecer, mesmo que pessoalmente eu não tivesse nada a ver com *aquele* poço, e me levou para visitar o vilarejo. Conheci a sua mãe – uma mulher de uma dignidade incrível – e nos abraçamos por bastante tempo. Quando voltei para o carro, meu coração havia finalmente entendido o que eu estava fazendo naquele lugar esquecido pelo mundo inteiro.

Todos somos "buscadores de significado" na nossa própria existência, como nos ensinou Viktor Frankl em seu já citado livro *Em busca de sentido*.

O nosso objetivo não é um cargo para exibir no cartão de visita, como acreditava o diretor executivo do tópico "Estragou a brincadeira", tampouco uma promoção para o nível hierárquico sucessivo. O nosso objetivo não está ligado ao que fazemos, mas ao *porquê fazemos determinada coisa* e *como a fazemos*.

Atenção também para não confundir ter uma *meta* com ter um *objetivo*. As metas são sempre limitadas no tempo e não trazem significado à vida. Um exemplo de meta pode ser: "Eu quero conseguir uma promoção". Já um objetivo seria: "Eu quero me tornar realmente bom no que faço". Reflitam sobre a diferença. Podemos não conseguir a promoção, digo isso por experiência própria, mas ninguém pode nos tirar o prazer de melhorar e de aprender. Um exemplo clássico de meta em uma empresa é aumentar as vendas em 20% ao ano, enquanto um objetivo é fornecer aos nossos clientes o melhor produto ou serviço possíveis. Não é a mesma coisa, como sabemos bem.

Edgar Lee Masters, autor de *Spoon River Anthology*, na poesia-epitáfio de George Gray[3] escreveu: "Tentar dar um sentido para a vida pode nos fazer enlouquecer, mas uma vida sem nenhum sentido é uma tortura feita de inquietação e desejos vãos; é um barco que deseja o mar e o teme ao mesmo tempo". A pergunta, então, é: qual é o nosso verdadeiro objetivo?

Amor

Amamos o que fazemos? Como vimos no começo do livro, conseguir cultivar a nossa paixão e o nosso talento ainda é um dos pontos cardinais para termos uma carreira de valor. Se amamos o que fazemos, o esforço se transforma em prazer. Em inglês, a expressão *in the zone* significa um estado mental quase de êxtase, em que o nosso ser se concentra completamente no que está fazendo: paramos de fazer e começamos a ser o que fazemos. Se observarmos as crianças enquanto elas brincam, vamos ver que elas estão *in the zone*.

Em junho de 2005, Steve Jobs, o fundador da Apple morto em 2011, deu um discurso de fim de ano, disponível no YouTube, aos formandos da renomada Universidade Stanford, na Califórnia. Nesse discurso, simplesmente extraordinário, Jobs conta que se olhava no espelho todas as manhãs e se perguntava: "Se hoje fosse o último dia da minha vida, eu desejaria fazer o que vou fazer?". Se a resposta fosse negativa por muitos dias seguidos, seria melhor procurar outro trabalho. Um ensinamento para não pararmos de nos perguntar se amamos o nosso trabalho.

Conseguiríamos fazer o mesmo trabalho com paixão, amor e criatividade por cinquenta anos seguidos? Charles M. Schultz, o legendário criador de Charlie Brown e Snoopy, conseguiu. Ele começou a publicar tiras de quadrinhos em 1950 e, em 3 de janeiro de 2000, depois de meio século de muito sucesso, resolveu parar, decidindo que ninguém mais poderia desenhar as histórias dos Peanuts. Na última tira, Schultz escreveu que desenhar os Peanuts fora o sonho da sua vida. A última frase de adeus foi: "Charlie Brown, Snoopy, Linus, Lucy... Como eu poderia esquecê-los". Ele morreu um dia antes da publicação da última tirinha, em 12 de fevereiro de 2000. Lendo a sua doce e comovente despedida, fica claro que era uma declaração de amor por algo que ele fez 17.897 vezes em cinquenta anos.

O explorador espanhol Juan Ponce de León foi o primeiro europeu a chegar à Flórida, em 1513, em busca da fonte da juventude, cuja água milagrosa, de acordo com a lenda, impedia o envelhecimento. A fonte obviamente não existe, mas existe uma forma de continuarmos jovens por dentro: basta encontrar o que realmente amamos. O tesouro está dentro de nós.

Observemos a genialidade de Picasso, que criou centenas de obras de arte depois de já ter completado 80 anos; ou a criatividade do *chef* italiano Gualtiero Marchesi, um verdadeiro artista, sem dúvida muito mais que um *chef*, capaz de unir a beleza artística com o paladar mais refinado; e pensemos também nos tantos empreendedores, artistas e escritores que, mesmo em idade avançada, usufruem plenamente de suas capacidades expressivas. O que suas histórias nos contam? *Amar o que fazemos é a verdadeira descoberta da fonte da juventude e da felicidade.* Confúcio nos "revelou" um segredo: escolha uma profissão que você ame e nunca mais precisará trabalhar, pelo resto da vida. Amar o que se faz é uma felicidade infinita, e amar a própria profissão significa realizá-la com devoção. É assim que se passa do conceito abstrato e sentimental de "amor" à aplicação concreta do verbo amar: coloquemos em prática o amor que dizemos sentir!

O documentário *Jiro Dreams of Sushi*, dirigido por David Gelb em 2011, conta a historia de Jiro Ono, que aos 85 anos busca a perfeição absoluta na arte de preparar *sushis*. Jiro cria pratos extraordinários há 65 anos e não tem nenhuma intenção de parar. Ele expressa uma forma de respeitosa devoção na elaboração do *sushi* perfeito.

Em 2015, Flavia Pennetta venceu, contra todas as previsões, o famoso US Open de tênis, derrotando na final uma outra italiana, Roberta Vinci. Ao final da partida, um jornalista lhe disse que a direita que lhe garantira a vitória havia sido uma jogada de sorte genial. E ela respondeu: "Jogada de sorte? Eu passei anos treinando *essa* direita". Flavia expressa uma forma de devoção total em ser uma tenista de classe mundial.

* * *

Ter devoção pela própria causa significa ter plena convicção de que, se quisermos, podemos melhorar. A psicóloga americana Carol Dweck se refere a isso como *growth mindset*, uma mentalidade positiva para crescer que faz você acreditar que não está errando, mas sim aprendendo, e que, com a paixão e a determinação certas, pode aprender qualquer coisa.

O sucesso é 10% de inspiração e 90% de esforço e dedicação absoluta. Não existem atalhos. Disciplina contínua, suor, esforço, foco total naquilo que devemos aprender e que mais tarde se tornará automático, parecerá fácil. Atenção, porém, às interferências. Explico com uma fórmula: a nossa Performance é o resultado da diferença entre o nosso Potencial e as Interferências.

$$P = (P - I)$$

O que são as interferências? Tudo aquilo que nos tira a concentração e nos distrai do nosso objetivo.

Façamos um exercício: vamos escrever em uma folha de papel as cinco coisas mais importantes da nossa vida. Depois, vamos refletir e avaliar quanto tempo e quanto esforço estamos de fato investindo para alcançarmos essas metas e objetivos. Devemos estar sempre atentos a possíveis interferências, tentando minimizá-las e administrá-las. O nosso tempo não é infinito, e é muito pior desperdiçar tempo do que dinheiro, já que este último pode ser recuperado. O tempo que temos é uma riqueza de valor inestimável. Percebi que muitas pessoas dedicam um esforço absurdo aos seus trabalhos, mas agem de forma desorganizada, sem disciplina, sempre ansiosas, sem tempo para parar e refletir, sem dar valor ao próprio tempo. Se seus métodos não funcionam, elas tentam acelerar e ir mais rápido. Em vez disso, seria melhor fazer uma pausa para descobrir as interferências, as distrações desnecessárias, incluindo pessoas e situações negativas que devem ser evitadas; driblar interferências perigosas requer esforço e foco contínuos. O que conta não é só a velocidade, mas também a direção e a capacidade de minimizar interferências, desvios perigosos do sentido original de nosso percurso de vida. Muitas pessoas se esquecem do peso das interferências. Por isso, atenção: se há interferências que nos tiram do foco por apenas alguns minutos, há outras que nos fazem perder anos inteiros de vida. É preciso identificar as do segundo tipo e eliminá-las ou reduzi-las o máximo possível.

Aprender

Devemos nos tornar verdadeiros *experts* em aprender continuamente. De novo: devemos nos tornar verdadeiros *experts* em aprender continuamente. Não temos outra escolha.

Confesso que há 25 anos começo as entrevistas de emprego que conduzo com a mesma pergunta, independentemente da vaga: "O que você aprendeu nos últimos seis meses?". A maioria dos candidatos não espera por esse tipo de pergunta e fica sem resposta, ou então diz qualquer bobagem, e a entrevista acaba ali. Se temos um diploma de graduação ou de ensino médio, nós o consideramos um ponto de chegada ou de partida? Se o vemos como um ponto de chegada, estamos enganando a nós mesmos. Pensemos nas nossas habilidades: nós as imaginamos como algo imutável ou como algo que podemos aprender a desenvolver com o tempo? Para mim, não há dúvida de que devemos ter disposição para aprender e para nos manter abertos a novas formas de raciocínio, de aprendizado contínuo, de inovação, de reflexão; abertos a entrar em territórios hoje desconhecidos e, assim, sair do nosso estado de inércia.

Para nos tornarmos *experts* em aprender continuamente, devemos nos lembrar de três regras importantes:

- **Regra 1**. *Começamos com uma pergunta*. Se pensarmos em Leonardo da Vinci, o que nos vem à mente? Pintor? Cientista? Escritor? Inventor? Arquiteto? Da Vinci foi tudo isso ao mesmo tempo. O termo *homem do Renascimento* indica justamente essa capacidade de se dedicar a diversas disciplinas, evitando uma especialização excessiva, que limita a capacidade de compreender o todo. A primeira regra é *não restringir seu aprendizado a um único tema/disciplina.* Steve Jobs explicou por que os produtos da Apple possuem um *design* perfeito e são tão elegantes e modernos: quando era estudante, ele frequentou um curso de caligrafia, e quis traduzir a beleza dessa arte nos produtos de sua empresa. O *design* dos produtos da Apple é até hoje um símbolo da marca.

Voltando a Leonardo da Vinci, ele disse: "A mente nunca se cansa de aprender"; não se limite, portanto, a aprender apenas um assunto. Vocês foram treinadores de time na escola? Ótimo, vocês começaram a aprender como se gerencia uma equipe. Deram aulas particulares a estudantes? Ótimo, vocês aprenderam a motivar uma pessoa. Foram vendedores de algum produto ou serviço? Ótimo, entenderam como funciona a psicologia dos clientes. Realizaram alguma atividade política? Ótimo, entenderam a complexidade e a dinâmica de um grupo. Guiaram turistas em museus ou passeios pela cidade? Ótimo, aprenderam a chamar a atenção para si e a falar em público. Trabalharam como *barmen*? Ótimo, sabem administrar os clientes. Trabalharam como segurança em uma casa noturna? Ótimo, sabem lidar conflitos e clientes difíceis. Trabalharam como *baby-sitters*? Ótimo, vocês demonstraram senso de responsabilidade. Esperaram sentados pela mesada dos seus pais? Acordem! Em outras palavras, muitos trabalhos que vocês aceitaram fazer, às vezes só para pagar uma viagem de férias, se tornarão elementos-chave em sua experiência profissional.

- **Regra 2**. *Colecionemos muitos "fracassos de sucesso", aqueles com os quais aprendemos a não repetir o mesmo erro.* O aprendizado vem de tentativas e erros, e não somente das aulas que frequentamos. Confúcio escreveu: "Se eu ouço, esqueço. Se eu vejo, lembro. Se eu faço, entendo". Se eu erro, não esqueço: aprendo e consigo explicar minha falha aos outros. Não acredito muito nos sistemas tradicionais de aprendizado, em que uma pessoa fala e as outras escutam, no máximo anotando o que ouvem; aprende-se muito mais fazendo, considerando o fracasso não como uma doença a ser evitada, mas sim como uma etapa essencial no nosso percurso de aprendizagem. Henry Ford escreveu que um fracasso é a melhor oportunidade de recomeçar de forma mais inteligente. Se nunca erramos, nunca aprendemos nada de importante. Aprender de verdade significa sair da nossa zona de conforto; em certos casos, pode significar sofrer num primeiro momento, para depois voar alto.
- **Regra 3**. *Nunca deixamos de aprender.* Em 1938, Ingeborg Syllm-Rapoport termina a sua dissertação para a Faculdade de Medicina e está prestes a se formar quando lhe negam o diploma por causa das absurdas leis raciais aprovadas pelo regime nazista. Syllm-Rapoport vai para os Estados Unidos, onde dá continuidade a seus estudos de medicina, trabalhando em muitos hospitais como pediatra e neonatóloga. Nos anos 1950, volta à Alemanha e funda a primeira clínica de neonatologia de Berlim Oriental. Em 2015, a Universidade de Hamburgo decide remediar a injustiça cometida e, depois de 77 anos, Syllm-Rapoport pode finalmente defender a dissertação de 1938, sendo aprovada com louvor e obtendo um novo doutorado aos 102 anos: sem dúvida, ela é um dos meus heróis.

Consciência

"Por que você repara no cisco que está no olho do seu irmão e não se dá conta da viga que está em seu próprio olho?" Essa famosíssima frase do Evangelho de Lucas (6,41) nos obriga a refletir sobre um fato: não conseguimos enxergar em nós mesmos os defeitos que vemos nos outros. Falamos sobre isso no começo do livro: a janela de Johari, mais especificamente o *blind spot*, o ponto cego que desconhecemos, implica a necessidade de melhorar nosso *self-awareness*, nosso autoconhecimento. Lembro-me muito bem de uma brincadeira inocente de 1º de abril: estou na pré-escola, alguns colegas colam um peixe de papel nas minhas costas. Todo mundo vê e ri, menos eu, que não sei o que está acontecendo e não entendo por que as outras crianças dão risada quando eu passo. Perceber que os outros sabem algo sobre nós que nós mesmos desconhecemos é uma sensação muito forte e desestabilizante, que nos traz insegurança. *Self-awareness*, vale lembrar, é uma das características que definem a nossa inteligência emocional; o pleno autoconhecimento é, de fato, um ingrediente fundamental para agir com segurança e trabalhar sobre os nossos pontos fracos com humildade. Algumas empresas utilizam um instrumento muito eficaz para avaliar seus gestores: chama-se "avaliação 360 graus", um sistema anônimo em que várias pessoas dão uma pontuação para o comportamento do gestor. Costuma ser uma avaliação muito precisa: a opinião de pessoas diferentes é capaz de fornecer uma narrativa muito clara e plausível sobre o estilo de direção de um gestor, que também deve se *autoavaliar*.

Sempre achei muito interessante observar – e avaliar – a diferença entre o que as pessoas pensam de si mesmas e o que os outros pensam delas. Quanto maior é a diferença, menor é o grau de autoconhecimento. Nesses casos, o papel do *coach* é essencial: ele deve nos ajudar a descobrir os nossos *blind spots*. Se tivermos a possibilidade de ter um *coach* ou de sermos avaliados com instrumentos como aquele de 360 graus, meu conselho é pedir frequentes *feedbacks* e escutar com atenção o que nos dizem. Depois que saí da universidade, participei do processo seletivo de uma empresa. As entrevistas correram bem, eu tinha certeza de que a vaga era minha. Mas, pelo contrário, não fui chamado. Então, liguei para a empresa para entender o motivo; pedi um *feedback*. Disseram-me que eu parecia mais interessado em ser visto como um amigo do que em obter resultados. Essa frase me atingiu como uma faca no peito. Eu não podia fazer mais nada para mudar a opinião deles, mas, desde então, mudei a minha estratégia de comportamento nas entrevistas. Se não tivesse telefonado, nunca saberia disso. Pedir *feedbacks* sinceros com um pouco de humildade aumentará exponencialmente o nosso autoconhecimento. Façamos isso.

Zengility

Vivemos em tempos de Vicra, ou seja, um estado de Volatilidade, Incerteza, Complexidade, Risco e Ambiguidade perenes. O problema é que não podemos controlar a maior parte das variáveis que provocam essa mudança incessante e constante. Com que estado mental devemos enfrentar os tempos de Vicra? Proponho um neologismo: *zengility*, uma mistura de filosofia budista zen e de agilidade mental em compreender, em dar um sentido ao que nos rodeia. Tomemos como exemplo a capacidade de ter tanto uma visão do todo, estratégica e geral, quanto um conhecimento pontual e analítico.

Para explicar o que quero dizer, vou usar uma anedota. Recentemente, encontrei dois colegas. Conversei com o primeiro, Bill, por muito tempo sobre os grandes temas políticos e sociais que estão transformando o mundo; depois de cerca de uma hora de interessante conversa, quando começamos a falar sobre a sua equipe, ele demonstrou que mal sabia o nome dos funcionários, além de não saber que uma pessoa havia acabado de se demitir e que outra estava doente havia dois meses. Bill "voa" a dez mil metros de altura e tem uma visão estratégica fora do comum, mas não sabe o que acontece debaixo do seu nariz. Helena faz exatamente o contrário: ela sabia tudo sobre todos, conhecia cada detalhe de forma minuciosa, mas não era capaz de elaborar uma estratégia, uma visão, para a sua equipe. Ela voa a dez metros de altura, é incapaz de ter uma visão do todo.

Agilidade, nesse caso, significa agir como o Google Earth, que é capaz de nos mostrar tanto o prédio onde moramos quanto a Terra vista da Lua. Cada um de nós tende a *voar* a uma certa altura e a ver a realidade de uma perspectiva particular. Devemos ser capazes de mudar a altitude do nosso voo continuamente.

Mas não é fácil manter a calma quando estamos sob pressão: quando o cérebro está estressado, ele produz uma substância chamada cortisol, que diminui a nossa capacidade cognitiva. Exercícios para controlar o estresse, combinados à agilidade mental, podem nos ajudar tanto a voar em diferentes altitudes quanto a ter pleno controle sobre nós mesmos e sobre a situação que nos rodeia. Devemos ficar zen, com a consciência de que vivemos tudo o que acontece conosco com total domínio das nossas faculdades emocionais e cognitivas, talvez recorrendo à meditação ou, se não temos tempo, simplesmente respirando devagar, com o diafragma, por três minutos: ficaremos mais calmos instantaneamente.

Confiança

"Construam pontes, não barreiras": entendemos bem essa frase cheia de significado dita pelo papa Francisco em um discurso aos escoteiros, em junho de 2015. Como colocá-la em prática? Vamos pegar um papel e uma caneta e escrever o nome das vinte ou trinta pessoas com quem trabalhamos com maior frequência. Depois, em um calendário, vamos marcar quantas vezes em um mês tivemos encontros positivos com elas, em que demos algo – geralmente, o nosso tempo ou a nossa experiência – a cada uma dessas pessoas. Tente manter a tabela atualizada: ela nos indicará com precisão se estamos construindo pontes e conquistando a confiança das pessoas ou se estamos nos esquecendo de alguém.

Façamos a mesma coisa com pessoas que não trabalham conosco, mas com quem seria bom manter um diálogo aberto. Fale com elas pelo menos duas ou três vezes por ano, sem pedir nada, mas, por exemplo, enviando-lhes um artigo interessante que talvez possa ajudá-las em algo ou simplesmente convidando-as para um café. Se elas telefonarem, atenda e coloque-se à disposição, dentro de suas possibilidades.

Não trabalhamos sozinhos; precisamos sempre dos outros e, portanto, devemos demonstrar constantemente que colaboramos com os nossos colegas de forma honesta, inclusive com aqueles que talvez não nos sejam muito simpáticos. Confesso que um dos meus critérios para avaliar se o meu dia foi positivo ou não se baseia justamente nisto: cultivar relações de confiança, investir generosamente meu tempo para ajudar os outros. Vamos nos perguntar todos os dias: "Eu coloquei ao menos um tijolo na construção da ponte?". As pontes são construídas aos poucos, mas depois de prontas duram anos e nos abrem caminhos e possibilidades. Vale lembrar que a maioria dos trabalhos são oferecidos com base nos conhecimentos e na relação de confiança que construímos com os outros, como vimos no Capítulo 4.

Mas devemos tomar cuidado com aquelas pessoas que só estão disponíveis para se aproveitar das nossas energias. O meu conselho é usar a "regra de três": se tivemos três encontros nos quais demos algo sem receber nada em troca, vamos fazer um teste com essa pessoa; se ela agir como se nada tivesse acontecido, talvez não valha a pena continuar investindo nessa relação. Devemos conquistar a confiança dos outros, mas também confiar. Um ato de confiança extraordinário é pedir ajuda, demonstrando não só que podemos falhar, mas também que temos a coragem de nos mostrar frágeis e vulneráveis.

Impacto

O que sabemos fazer? Conseguimos colocar em prática o nosso objetivo? Conseguimos causar um impacto, algo mais profundo do que obter resultados? Conseguimos explicar em dez segundos o que sabemos fazer e que impacto causamos ao fazê-lo?

Vou lhes contar como uma conversa pôde salvar milhões de vidas. Em janeiro de 2000, o fundador da Microsoft, o diretor-geral da Organização Mundial da Saúde (OMS) e o fundador do Fórum Econômico Mundial se encontraram e se fizeram uma simples pergunta: qual investimento na área da saúde pode causar o maior impacto? A resposta: vacinar as crianças, cuja taxa de mortalidade grita por justiça. Bill Gates, então, através de sua fundação, decide investir 750 milhões de dólares em cinco anos e nasce uma nova organização, a Global Alliance for Vaccine and Immunization (Gavi). Do ano 2000 para cá, a Gavi vacinou 500 milhões de crianças e salvou 7 milhões de vidas. O objetivo da Gavi é vacinar mais 300 milhões de crianças até 2020, protegendo outros 5 milhões ou 6 milhões de vidas. Não consigo pensar em um impacto maior do que esse.

O conceito de impacto é mais amplo do que o de resultado. Significa causar uma mudança duradoura e significativa. E isso está ao alcance de todos: pensem no professor que consegue criar em seus alunos interesse por uma matéria, no profissional que consegue ajudar um estagiário a amadurecer com conselhos e exemplos, na enfermeira que ajuda o paciente. Fazer bem o próprio trabalho, com integridade e competência, significa causar impacto.

Vou revelar um segredo. Durante um processo de seleção, todas as pessoas conseguem descrever o que fazem, algumas conseguem avaliar seus resultados, mas poucas conseguem explicar de forma convincente o impacto que causaram no seu trabalho. Devemos conseguir quantificar o que fizemos e ter uma narrativa, uma história para contar, convincente, honesta e verificável. Em toda entrevista de emprego, nos perguntarão o que sabemos fazer, e nós o demonstraremos explicando o impacto que conseguimos causar.

Reputação

Tudo se torna irrelevante se nossa reputação é negativa ou, simplesmente, se a impressão que os outros têm de nós não é positiva. Como dissemos no Capítulo 6, manter a integridade e uma reputação límpida vai além de não cometer um crime: trata-se de fazer diariamente escolhas autônomas que não nos tornarão chantageáveis e que nos permitirão conservar a nossa liberdade. São necessários anos para se construir uma reputação, mas apenas poucos minutos para destruí-la. Todos se esquecem dos resultados que alcançamos, mas ninguém se esquecerá da nossa reputação, daquilo que dizem de nós quando não estamos presentes. Nossa reputação, nossa integridade, é tudo o que possuímos. Não levaremos conosco nada além dela quando formos embora.

As organizações decidem se irão nos contratar, promover ou demitir principalmente com base na reputação que soubemos construir. Como diversos jornais já publicaram, um em cada três candidatos é eliminado por uso inadequado do Facebook ou de outras redes sociais. Precisamos, portanto, manter íntegra e irrepreensível inclusive a nossa *web reputation*, a reputação que temos na internet.

Conclusões

Nesta viagem que fizemos juntos, aprendemos muitas coisas. No último capítulo, entendemos que nós é quem definimos o que quer dizer ser uma pessoa de valor, e não apenas de sucesso, com base em critérios humanos significativos, relevantes. Vamos revê-los rapidamente:

- os outros, as pessoas ao nosso redor;
- cuidar de nós mesmos, *cura personalis*;
- ter um objetivo relevante, e não apenas metas efêmeras;
- amar o que fazemos e trabalhar com devoção;

- aprender sempre: com nossos erros, com os dos outros, com diferentes pontos de vista;
- ter consciência de quem somos e de como os outros nos veem;
- desenvolver a *zengility*, a capacidade de lidar com mudanças de forma leve e ágil;
- confiar nos outros e conquistar sua confiança: o otimismo da vontade;
- causar um impacto positivo duradouro, quantificável e profundo;
- ter e manter uma reputação límpida, de ser uma pessoa honesta, sempre.

Ao longo da nossa carreira, existirão muitos momentos alegres e muitos momentos difíceis; às vezes, nós nos sentiremos como uma pipa perdida no meio de uma tempestade. Se tivermos sempre presente o que realmente importa, seremos capazes de ter pleno controle sobre nós, sobre a nossa carreira, sobre a nossa vida. Para construir uma carreira relevante e de sucesso e para sermos pessoas de valor, devemos, por um lado, entender o ambiente e as pessoas que nos rodeiam e, por outro, estar ancorados em quem realmente somos, em nossos valores e em nossa autenticidade.

Os dez ingredientes essenciais, componentes-chave, que vimos neste capítulo nos servirão como bússola em nossa viagem. *O sucesso, portanto, nunca será um privilégio reservado a poucos, mas estará ao alcance de todos nós, desde que façamos a nossa viagem como pessoas de valor, honestas, causando um impacto positivo nas pessoas que amamos e que estão ao nosso redor.*

Observando o que acontece pelo mundo e analisando as dificuldades de se encontrar um trabalho, às vezes nos sentimos perdidos, desencorajados, amedrontados. A esse respeito, eu gostaria de concluir com a seguinte reflexão: vamos tentar pensar no que seríamos capazes de fazer se o medo não existisse, se não o sentíssemos dentro de nós, se ele não nos prendesse todas as vezes que ansiamos por seguir um novo caminho, por começar um projeto, por ir atrás de uma ideia ou de um sonho.

Perguntemos a nós mesmos: *o que eu conseguiria fazer se não sentisse medo?* A resposta está na coragem de ousar, de investir em nós, em nossas capacidades, valorizando os nossos sonhos, que são o objetivo da nossa existência, aquilo que nos faz viver e que faz tudo valer a pena. Pensemos nisso.

O livro, a nossa viagem, começou com a história do meu pai quando ele me buscou no primeiro dia de aula na escola. Com um voo de fantasia, imagino que hoje, cinquenta anos depois, chegou o último dia de aula e meu pai vem novamente me buscar. Ele me faz então três perguntas: "Você ama o que faz? Você aprendeu alguma coisa? Você conseguiu ajudar os outros?".

Hoje posso responder que tive a sorte de amar o meu trabalho e que aprendi muito, inclusive escrevendo este livro. Mas não consigo responder a última pergunta, se consegui ajudar os outros.

Se com este livro consegui fazer isso, me digam, para que eu finalmente tenha uma resposta a todas as perguntas do meu pai.

bussoladelsuccesso@gmail.com
www.linkedin.com/in/paolo-gallo
@pgallobussola1

Posfácio

por Karin Parodi[*]

Poder resumir em poucas palavras minha visão sobre este livro é um desafio, pois sou apaixonada pelo assunto e tive a felicidade de escolher uma carreira totalmente voltada às questões que Paolo Gallo aborda aqui.

Mas, antes de mais nada, quero ressaltar que é um privilégio ser amiga, admiradora e colega de profissão de Paolo, uma pessoa e um profissional com alto nível de qualidade humana, que está refletida em cada palavra que ele escreve. Conhecemo-nos em um evento internacional de Action Learning há vários anos, e a empatia foi instantânea. A partir daí, passamos a compartilhar nossos projetos pessoais e profissionais, e foi numa dessas trocas que Paolo me contou sobre seu projeto de escrever um livro que desafiasse e colocasse sob os holofotes o preço que pagamos, ou estamos dispostos a pagar, para sermos protagonistas da nossa carreira.

Embora tenha sido escrito por um italiano, *A bússola do sucesso* reflete a realidade de todos os profissionais, inclusive brasileiros, e sua grande riqueza é abordar de forma leve e objetiva questões intangíveis e complexas com que todo profissional se depara no mundo corporativo, e

---

* Fundadora da Career Center e da Wave People&Business

que muitas vezes não quer enxergar ou priorizar na hora de fazer suas escolhas profissionais. Ao longo de minhas quase três décadas trabalhando na gestão de carreiras, seja em um momento de transição, seja no desenvolvimento de cada executivo, convivi com histórias de sucesso, insucessos e tive oportunidade de ajudar pessoas a colocarem a carreira novamente nos trilhos. Mas o que faz um profissional de sucesso sair do trilho? Performance? Falta de engajamento? Falta de desafios? Infelizmente, a maioria se perde no complexo jogo das organizações. Se, como Paolo deixa claro ao longo destas páginas, não nos conhecermos, não tivermos clareza do que é sucesso para nós, não soubermos perceber a cultura organizacional da empresa na qual estamos trabalhando, se tivermos medo de fazer escolhas, tomar decisões e pagar o preço que vem com elas, poderemos acabar assumindo um papel de coadjuvantes e, o que é pior, ficar muito infelizes.

Como sempre digo, a maioria das variáveis da nossa carreira está em nossas mãos e não nas de terceiros, então cabe a nós ter confiança e clareza, e agir! Paolo, ao definir o conceito de confiança, explica de forma simples o seu significado: a soma da nossa credibilidade, confiabilidade e proximidade. E é a partir desses elementos que construímos nosso capital mais precioso: a reputação. Um patrimônio muito frágil que, quando perdido, é muito difícil de ser recuperado apesar de todos os bons resultados que obtivemos ao longo da vida. No final, o que vale é o que dizem de nós quando não estamos presentes. Precisamos trabalhar para que nossa reputação seja boa em todos os lugares por onde passarmos.

Como comentei anteriormente, o mundo corporativo é complexo, um rico celeiro de variáveis a serem percebidas, administradas, aceitas ou recusadas, e, para sobreviver nesse mundo tão complexo, o grande segredo é olhar para si próprio, principalmente para seus valores; assim, você conseguirá decidir se irá navegar, afundar ou saltar do barco antes que seja tarde. Tenho certeza de que os ensinamentos que você absorveu em *A bússola do sucesso* irão ajudá-lo a navegar em águas inquietas –

que surgem em minutos –, a se proteger e a desviar desse cenário sombrio. Considero este livro uma bússola para sobrevivermos no mundo atual, e no futuro, tão complexos. Mas não podemos parar por aqui, o mundo do trabalho está mudando em uma velocidade jamais vista, onde a imprevisibilidade ronda nossas carreiras. O futuro do trabalho tende a ser muito mais em rede, colaborativo, com estruturas organizacionais muito mais flexíveis e dispersas. Pense também na sua carreira neste mundo, onde provavelmente você irá criar o seu emprego ou atividade.

Fica aqui meu convite ao Paolo para compartilhar seus conhecimentos em um novo livro, dessa vez falando sobre as novas possibilidades profissionais.

Agradecimentos

Preciso confessar uma coisa: não fui eu quem escreveu este livro, mas sim vocês.

Eu simplesmente reuni histórias, narrativas, exemplos, ensinamentos tirados de diversas fontes e, assim, me sinto como uma criança que acaba de terminar um quebra-cabeça de um milhão de peças, ou como um trovador medieval que, viajando, compartilha histórias cada vez mais ricas e fascinantes depois de aprendê-las novamente a cada etapa de seu caminho. Por isso sou grato a muitas pessoas que, de modos diferentes, em tempos diferentes e com papéis diferentes, me ajudaram não só com *A bússola do sucesso*, uma viagem que durou quatro anos, mas também como pessoa.

Eu quis escutar e aprender com autores conhecidos e confiáveis. Daniel Pink, Adam Grant, David Kantor, cujos livros foram citados diversas vezes; me aconselharam e encorajaram Rene Carayol, Peter Senge, Linda Hill, Lynda Gratton, Severino Salvemini, Ben Zhender, uma pessoa que transforma vidas com sua música e energia positiva. Não posso deixar de citar pessoas que tiveram influência não apenas sobre o livro, mas também sobre o modo como penso: o professor Klaus Schwab, fundador do Fórum Econômico Mundial, cujo prefácio me deixou honrado, Ngozi-Okonjo-Iweala, uma líder e uma mulher extraordinária. Trabalhar com pessoas de tamanho calibre e carisma não é fácil, mas é importante, pois elas nos fazem ir além, não parar nunca, melhorar e não nos contentarmos com o *status quo*.

Quero agradecer à Rizzoli, que acreditou no meu livro e no meu projeto; Paola Rabezzana, Giovanni Ubbiali, Beatrice Mauri, Ottavio Di Brizzi. Seus conselhos e ensinamentos foram fundamentais para mim. Foi valiosa a consultoria editorial de Rosamaria Sarno e de Francesco Bogliari – a eles, minha sincera gratidão –, assim como a de Lidia Ferrara, Dana Lamparelli e Adrian Monk, que me forneceram sugestões, mudanças e *feedbacks* construtivos.

Franco Furnò, além de ter sido um amigo por quase vinte anos, me deu mil conselhos e incentivos, assim como Stefano Olmeti, com quem compartilhei ideias e histórias do livro enquanto bebia uma cerveja em um boteco de má fama no Rio de Janeiro. Um agradecimento especial a Matteo Achilli, um rapaz extraordinário e um empreendedor que nos faz acreditar em um futuro melhor.

Luigi Porta, Giulio Petris, Pepe Pedulla, Thea Chiesa: como não pensar em vocês? Mario Masarati, Yury Boshyk, Karin Parodi, Massimo Grandis, Gary McGillicuddy, Stefano Losi, Paolo Martelli, Guillermo Miranda, Antoine Platon, Gianmario Tondato da Ruos, Piero Cipollone, Giordano Fatali, Alberto Pravettoni, Rick Hendricks, Mel Rogers, Aulikki Kuusela, Nina Nordgren, Nerio Alessandri; a todos vocês, meu sincero agradecimento.

Há pessoas que não conheci e que não conheço pessoalmente, mas que continuam a me inspirar com seus exemplos. Os juízes Falcone e Borsellino, o general Dalla Chiesa, jornalistas como Walter Tobagi e Giorgio Perlasca, que salvou milhares de judeus na Hungria, o juiz Nicola Gratteri, Aung San-Suu Kyi, Madre Teresa de Calcutá, Rosa Parks: essas pessoas mostraram que lutar pelas próprias convicções não tem preço. Disseram não à máfia, à corrupção, às injustiças, ao racismo;

ajudaram os esquecidos, que não só existem como estão bem debaixo do nosso nariz. São meus heróis juntos a outros milhares de pessoas que – simplesmente – também disseram "Não, eu estou fora". E puseram mãos à obra: o mundo avança graças a eles.

Ao escrever estas páginas e lembrar dessas pessoas, me dou conta de duas coisas: em primeiro lugar, da minha sorte de ter conhecido pessoas simplesmente extraordinárias e do quanto aprendi com cada uma delas. Aprendi que qualquer um pode te dar algo precioso e inestimável e que o tesouro não está escondido em uma ilha deserta, mas está dentro de nós.

O segundo elemento – fundamental – é quanto reconhecimento, respeito e amor eu devo ter pelas cinco mulheres da minha vida, da minha família. Por Anna Maria, Francesca e Bianca, mãe, irmã gêmea e sobrinha que continuam a lutar, sorrir, se enfurecer, esperar e seguir em frente, apesar de tudo. Por Lalia, a companheira e o amor da minha vida. Pedi-a em casamento um dia depois que nos conhecemos: desde então, são vinte anos juntos, à espera dos próximos cem. E, enfim, por Sadika, minha filha, cuja existência preenche com amor, alegria e significado a minha vida e a de todos os que a conhecem. Nada me traz mais alegria do que vê-la crescer, rir e ouvi-la cantar as músicas que inventa diariamente.

O resto, acreditem em mim, não importa.

Notas

Capítulo 1

1. Von Oech, Roger. *A Kick in the Seat of the Pants*. Nova York: Harper Perennial, 1986.
2. Ver http://lancemackey.com/lance-mackey/.
3. Rath, Tom. *StrengthsFinder 2.0*. Nova York: Gallup Press, 2007, p. 20.
4. Disponível em http://thisibelieve.org.
5. Disponível em http://thisibelieve.org/essay/170985/.
6. Fonte: https://it.wikipedia.org/wiki/Schema_di_Johari.

Capítulo 2

1. Pettigrew, Andrew. "Cultura organizzativa; una famiglia di concetti". Em Gagliardi, Pasquale (org.). *Le imprese come culture.* Turim: Petrino Edizioni, 1986, p. 480.
2. Chapman, Gary. *The Five Love Languages*. Chicago: Nothfiled Publishing, 2010. [Ed. bras.: *As cinco linguagens do amor.* São Paulo: Mundo Cristão, 2013.]
3. Kantor, David. *Reading the Room: Group Dynamics for Coaches and Leaders.* São Francisco: Jossey-Bass, 2012.

4. Pink, Daniel. *Drive:* the Surprising Truth about what Motivates us. Nova York: Riverheads Books, 2009, p. 166. [Ed. bras.: *Motivação 3.0*. Rio de Janeiro: Elsevier, 2010.]

Capítulo 3

1. Zander, Rosamund Stone & Zander, Benjamin. *The Art of Possibility: Transforming Professional and Personal Life.* Londres: Penguin Books, 2002.
2. Regina Hartley, diretora de RH da UPS Information Services, fala sobre isso na palestra que deu para o TED, *Why the Best Hire Might not Have the Perfect Resume* [Por que as melhores contratações podem não ter um currículo perfeito]. Disponível em http://www.ted.com/talks/regina_hartley_why_the_best_hire_might_not_have_the_perfect_resume#t-331629.
3. Purkiss, John & Edlmair, Barbara. *How to be Headhunted*. Londres: How to Books, 2005.
4. Gladwell, Malcolm. *The Tipping Point*. Nova York: Little, Brown and Co., 2000, p. 38. [Ed. bras.: *O ponto da virada*. Rio de Janeiro: Sextante, 2009.]
5. Grant, Adam. *Give and Take*. Londres: Penguin Books, 2014. [Ed. bras.: *Dar e receber*. Rio de Janeiro: Sextante, 2014.]
6. Goldin, Claudia & Rouse, Cecilia. "Orchestrating Impartiality: the Impact of 'Blind' Auditions on Female Musicians". *Working Paper 5903*, National Bureau Research. Nova York: Harvard University, 1997.
7. Gallwey, W. Timothy. *The Inner Game of Tennis*. Nova York: Random House, 1974, p. 17. [Ed. bras.: *O jogo interior do tênis*. São Paulo: SportBook, 2016.]
8. Goleman, Daniel. *Focus: the Inner Driver of Excellence.* Nova York: Harper Collins, 2013. [Ed. bras.: *Foco: a atenção e seu papel fundamental para o sucesso*. Rio de Janeiro: Objetiva, 2014.]
9. Disponível em https://www.ted.com/talks/amy_cuddy_your_body_language_shapes_who_you_are.
10. Citação tirada de Pease, Allan & Pease, Barbara. *Perché mentiamo con gli occhi e ci vergogniamo con i piedi?* Milão: Sonzogno, 2005, p. 9. [Ed. bras.: *Desvendando os segredos da linguagem corporal*. Rio de Janeiro: Sextante, 2005.]

11. Pink, Daniel H. *To Sell is Human: the Surprising Truth about Moving Others*. Nova York: Riverheads Books, 2012. [Ed. bras.: *Saber vender é da natureza humana*. São Paulo: Leya, 2013.]

12. Grant, Adam. "The One Question you Should Ask about Every New Job". *The New York Times*, 19 de dezembro de 2015.

13. Goleman, Daniel. *Intelligenza emotive*. Milão: Rizzoli, 1995. [Ed. bras.: *Inteligência emocional*. Rio de Janeiro: Objetiva, 1996.]

14. Goleman, Daniel. *Lavorare con intelligenza emotiva*. Milão: Rizzoli, 1998. [Ed. bras.: *Trabalhando com a inteligência emocional*. Rio de Janeiro: Objetiva, 1999.]

15. Para saber mais sobre a linguagem corporal, ver Pease, Allan & Pease, Barbara. *Desvendando os segredos da linguagem corporal*. Rio de Janeiro: Sextante, 2005.

16. Sugiro a leitura da dissertação de Cardoncello, Mirella. *Il processo di selezione del personale: metodi e applicazioni*, disponível, em italiano, em http://tesi.eprints.luiss.it/74/1/cardoncello-tesi.pdf.

17. A bibliografia especializada sobre entrevistas é enorme. Para o candidato, pode ser útil entender as perguntas do ponto de vista da empresa. Veja-se, por exemplo, o livro de Falcone, Paul. *96 Great Interview Questions to Ask Before You Hire*. Nova York: Amacom, 1997.

18. Fear, Richard & Chiron, Robert. *The Evaluation Interview*. 4. ed. Nova York: McGraw-Hill, 1990.

Capítulo 4

1. O tema da confiança do ponto de vista dos negócios foi tratado neste estudo coordenado pelo Fórum Econômico Mundial: www3.weforum.org/docs/WEF_EvolutionTrustBusinessDeliveryValues_report_2015.pdf.

2. Mandela, Nelson. *Long Walk to Freedom: the Autobiography of Nelson Mandela*. Nova York: Little, Brown and Co., 1994, pp. 449-50. [Ed. bras.: *Longa caminhada até a liberdade: a autobiografia de Nelson Mandela*. Curitiba: Nossa Cultura, 2012.]

3. Disponível em www.un.org/Depts/OHRM/salaries_allowances/salary.htm. Se estiver interessado em trabalhar na ONU, inscreva-se na lista de trabalho de Sebastian Rottmair em http://unjoblist.org/.
4. Disponível em www.mercer.com/newsroom/cost-of-living-survey.html.
5. Rosenzweig, Phil. *The Halo Effect*. Nova York: Free Press, 2007.
6. Schmidt, Eric & Rosenberg, Jonathan. *Come funziona Google*. Milão: Rizzoli Etas, 2014. [Ed. bras.: *Como o Google funciona*. Rio de Janeiro: Intrínseca, 2015.]
7. Covey, Stephen R. *The 7 Habits of Highly Effective People*. Nova York: Free Press, 1989. [Ed. bras.: *Os sete hábitos das pessoas altamente eficazes*. Rio de Janeiro: Best Seller, 2009.]
8. Watkins, Michael. *The First 90 Days: Critical Success Strategies for New Leaders at All Levels*. Nova York: Harvard Business School Press, 2003. [Ed. bras.: *Os primeiros 90 dias: estratégias de sucesso para novos líderes*. São Paulo: HSM Editora, 2016.]
9. Maister, David H.; Green, Charles H. & Galford, Robert M. *The Trusted Advisor*. Nova York: Touchstone, 2000.
10. Gili, Guido. *La credibilità*. Roma: Rubbettino, 2005.
11. Ver www.motherteresa.org.
12. Disponível em http://it.wikipedia.org/wiki/Conflitto_di_interessi.
13. Ver http://en.wikipedia.org/wiki/Paul_Wolfowitz.
14. Churchill, Winston. *Never Give In! The Best of Winston Churchill's Speeches*. Nova York: Hyperion, 2003, p. 204. [Ed. bras.: *Jamais ceder! Os melhores discursos de Winston Churchill*. Rio de Janeiro: Zahar, 2005.]

Capítulo 5

1. Thompson, Christina. *Come on Shore and We Will Kill and Eat You All: a New Zealand Story*. Nova York: Bloomsbury, 2008.
2. Kimsey-House, Henry et al. *Co-Active Coaching: Changing Business, Transforming Lives*. Boston: Nicholas Brealey, 2011, pp. 31-47. [Ed. bras.: *Coaching coativo: mudando negócios e transformando pessoas*. São Paulo: Évora, 2015.]

3. Tese defendida no livro de Shafir, Rebecca: *The Zen of Listening: Mindful Communication in the Age of Distraction.* Wheaton, Ill.: Theosophical Pub. House, 2000.
4. Zunin, Leonard & Zunin, Natalie. *Contact: the First Four Minutes.* Nova York: Ballantine, 1979.
5. Watkins, Michael. *The First 90 Days*. Nova York: Harvard Business School Press, 2003. [Ed. bras.: *Os primeiros 90 dias: estratégias de sucesso para novos líderes.* São Paulo: HSM Editora, 2016.]
6. Adams, Marilee. *Change Your Questions, Change Your Life*. Oakland: Berrett-Koehler Publishers, 2009.
7. Fisher, Roger & Shapiro, Daniel. *Beyond Reason: Using Emotions as You Negotiate.* Londres: Penguin, 2003. [Ed. bras.: *Além da razão: a força da emoção na solução de conflitos*. Rio de Janeiro: Imago, 2009.]
8. Estudo citado por Karen Dillon, na introdução de *HBR Guide to Office Politics*. Boston: Harvard Business Review Press, 2014, p. 9.
9. DiFonzo, Nicholas & Bordia, Prashant. *Rumor Psychology: Social and Organizational Approaches.* Washington: American Psychological Association, 2007.
10. Senge, Peter M. *The Fifth Discipline: the Art and Practice of the Learning Organization.* Nova York: Doubleday; Currency, 1990. [Ed. bras.: *A quinta disciplina: a arte e a prática da organização que aprende*. Rio de Janeiro: Best Seller, 2016.]
11. Hotchkiss, Sandy. *Why Is it Always About You? The Seven Deadly Sins of Narcissism.* Nova York: Free Press, 2002.
12. Maccoby, Michael. "Narcissistic Leaders: the Incredible Pros, the Inevitable Cons". *Harvard Business Review*, janeiro-fevereiro de 2000.
13. Cleckley, Hervey. *The Mask of Sanity: an Attempt to Clarify Some Issues about the So-Called Psychopathic Personality.* La Vergne, Tennessee: Lightning Source, 2011.
14. Hare, Robert D. *Without Conscience: the Disturbing World of the Psychopaths Among Us.* Nova York: The Guilford Press, 1999. [Ed. bras.: *Sem consciência*: o mundo perturbador dos psicopatas que vivem entre nós. Porto Alegre: Artmed, 2013.]
15. Para saber mais detalhes sobre esse experimento, ver Babiak, Paul & Hare, Robert D. *Snakes in Suits: When Psychopaths go to Work.* Nova York: Harper, 2006, pp. 52-5.

16. Springsteen, Bruce. "Walk Tall or Don't Walk at All", da letra de "New York City Serenade", CBS Records, 1973.

Capítulo 6

1. Skidelsky, Robert & Skidelsky, Edward. *How Much is Enough? Money and the Good Life*. Nova York: Other Press, 2012.
2. Petrini, Roberto. "Si stava meglio quando si stava peggio: felicità e crescita non vanno di pari passo". *La Repubblica*, 17 de julho de 2015.
3. Franceschini, Enrico. "Lo stress fa strage di banchieri: ritmi eccessivi anche per i 'lupi'". *La Repubblica*, 29 de janeiro de 2014.
4. Letizia, Marco. "Goldman Sachs, basta orari massacranti per gli stagisti: non lavorino più di 17 ore al giorno". *Corriere della Sera*, 17 de junho de 2015.
5. Essa história é contada no livro de Reich, Robert. *The Future of Success*. Nova York: Vintage, 2000, p. 7. [Ed. bras.: *O futuro do sucesso*. São Paulo: Manole, 2012.]
6. O'Kelly, Eugene. *Chasing Daylight: How My Forthcoming Death Transformed My Life*. Nova York: McGraw-Hill, 2008. [Ed. bras.: *Claro como o dia: como a certeza da morte mudou a minha vida*. Rio de Janeiro: Nova Fronteira, 2006.]
7. Pfeffer, Jeffrey. *Power: Why Some People Have it – and Others Don't*. Nova York: Harper Business, 2010. [Ed. bras.: *Poder: por que alguns têm*. Rio de Janeiro: Best Business, 2013.]
8. Bogliari, Francesco (org.). *Chi comanda è solo. Sergio Marchionne in parole sue*. Milão: Rizzoli Etas, 2012.
9. Harvey, Jerry B. "Organizations as Phrog Farms". *Organizational Dynamics*, primavera de 1977.
10. Goldhagen, Daniel Jonah. *I volenterosi carnefici di Hitler*. Milão: Mondadori, 1997. [Ed. bras.: *Os carrascos voluntários de Hitler: o povo alemão e o Holocausto*. São Paulo: Companhia das Letras, 1997.]
11. A história completa de Eric Fair foi contada por Riccardo Stagliano em "Io confesso: così, ad Abu Ghraib, ho venduto l'anima al Dio della tortura",

no suplemento "Il venerdì" do jornal *La Repubblica*, 20 de julho de 2012, pp. 22-6.

12. Disponível em www.washingtonpost.com/wp-dyn/content/article/2007/02/08/AR2007020801680.html.

13. "*'l modo ancor m'offende*", verso da *Divina Comédia*, de Dante Alighieri ("Inferno", V, 102).

14. O livro do psiquiatra austríaco e judeu que sobreviveu aos campos de concentração foi publicado em alemão em 1946 com o título *Ein Psychologe erlebt das Konzentrationslager* e traduzido para 26 línguas.

Capítulo 7

1. McIntyre, Marie. *Secrets to Winning at Office Politics*. Nova York: St. Martin's Griffin, 2005, p. 147.
2. Gabarro, John J. & Kotter, John P. "Managing your Boss". *Harvard Business Review*, maio-junho de 1993. Um clássico que merece ser lido com atenção.
3. Drucker, Peter. *The Essential Drucker: the Best of Sixty Years of Peter Drucker's Essential Writings on Management*. Nova York: Harper Collins, 2001. [Ed. bras.: *O melhor de Peter Drucker: o homem, a administração, a sociedade*. São Paulo: Nobel, 2002.]
4. Cook-Greuter, Susanne R. "Making the Case for a Developmental Perspective". *Industrial and Commercial Training*, Emerald Group Publishing, v. 36, n. 7, 2004.
5. Hirigoyen, Marie-France. *Molestie morali: la violenza perversa nella famiglia e nel lavoro*. Turim: Einaudi, 2000.
6. Coyne, Kevin & Coyne, Edward. "Surviving your new CEO". *Harvard Business Review*, maio de 2007.
7. Greene, Robert. *Le 48 leggi del potere*. Org. Joost Elffers. Milão: Baldini & Castoldi, 2014, p. 29, lei n. 1. [Ed. bras.: *48 leis do poder*. Rio de Janeiro: Rocco, 2007.]
8. *USA Today*, 9 de fevereiro de 2015, p. 1.

9. “Going Rogue: Share Traders More Reckless Than Psychopaths”. *Der Spiegel on-line*, 26 de setembro de 2011, disponível em http://www.spiegel.de/international/zeitgeist/going-rogue-share-traders-more-reckless-than-psychopaths-study-shows-a-788462.html.
10. Para conhecer bem a personalidade e a genialidade de Steve Jobs, ver Isaacson, Walter. *Steve Jobs*. Milão: Mondadori, 2011. [Ed. bras.: *Steve Jobs*. São Paulo: Companhia das Letras, 2011.]
11. James, Aaron. *Ass-Holes: a Theory*. Nova York: Anchor Books, 2014.
12. Frankfurt, Harry G. *On Bullshit*. Princeton: Princeton University Press, 2005. [Ed. bras.: *Sobre falar merda*. Rio de Janeiro: Intrínseca, 2005.]
13. Disponível em www.goodreads.com/book/show/3491.The_Dictionary_of_Corporate_Bullshit.
14. Cipolla, Carlo M. *Allegro ma non troppo: le leggi fondamentali della stupidità umana*. Milão: Il Mulino, 1988, p. 58.
15. Disponível em www.ted.com/talks/monica_lewinsky_the_price_of_shame.
16. Seuss, Dr. *Oh, the Places You'll Go*. Nova York: Random House, 1990. [Ed. bras.: *Ah, os lugares aonde você irá!* São Paulo: Companhia das Letrinhas, 2001.]
17. Ferrazzi, Keith & Raz, Tahl. *Never Eat Alone: and Other Secrets to Success, One Relationship at a Time*. Nova York: Currency; Random House, 2005.
18. Stephens, Philip. “The Great Fragmentation”. *Financial Times*, 25 de fevereiro de 2015, p. 5.
19. Hewlett, Sylvia Ann. *Executive Presence: the Missing Link Between Merit and Success. Nova York:* Harper Business, 2014.

Capítulo 8

1. Branham, Leigh. *The 7 Hidden Reasons Employees Leave*. Nova York: Amacom, 2005, p. 33. [Ed. bras.: *Por que seus funcionários mais talentosos não querem ficar?* Rio de Janeiro: Elsevier, 2012.
2. Ver www.gallup.com.

3. "Dream Job? Most U. S. Workers Want to Change Careers – Poll". *Reuters*, 1º de julho de 2013, disponível em http://www.reuters.com/article/us-usa--work-idUSBRE96015Z20130701.
4. A pesquisa é citada por Branham, Leigh, op. cit, p. 3.
5. Disponível em www.fifa.com/governance/how-fifa-works/index.html.
6. Disponível em https://hbr.org/2003/01/one-more-time-how-do-you-motivate-employees.
7. Pink, Daniel. *Drive: the Surprising Truth about what Motivates us*. Nova York: Riverheads Books, 2009. [Ed. bras.: *Motivação 3.0*. Rio de Janeiro: Elsevier, 2010.]
8. Esse vídeo explica o mesmo sofrimento vivenciado com frequência no ambiente de trabalho: www.youtube.com/watch?v=0iTTbSWt67Y.
9. *A informante*, filme de 2010, dirigido por Larysa Kondracki; Bolkovac, Kathryn & Lynn, Cari. *The Whistleblower: Sex Trafficking, Military Contractors, and One Woman's Fight for Justice.* Nova York: St'Martin Press, 2011.
10. Agassi, Andre. *Open: la mia storia.* Turim: Einaudi, 2011. [Ed. bras.: *Agassi: autobiografia.* São Paulo: Globo, 2010.]
11. Ibarra, Herminia. *Working Identity*. Nova York: Harvard Business School Press, 2004. [Ed. bras.: *Identidade de carreira*. São Paulo: Gente, 2009.]
12. Disponível em www.nytimes.com/2012/03/14/opinion/why-i-am-leaving--goldman-sachs.html?_r=0.
13. Smith, Greg. *Why I Left Goldman Sachs: a Wall Street Story*. Nova York: Grand Central Publishing, 2012. [Ed. bras.: *Por que saí do Goldman Sachs: uma história de Wall Street.* Rio de Janeiro: Casa da Palavra; Leya, 2013.]
14. Heenan, David. *Leaving on Top: Graceful Exits for Leaders*. Boston: Nicholas Brealey Publishing, 2012.
15. Scalfarotto, Ivan. *Contro i perpetui*. Milão: Il Saggiatore, 2006.
16. Leon A. Danco, The Center for Family Business.
17. Yourcenar, Marguerite. *Memorie di Adriano*. Turim: Einaudi, 1988. [Ed. bras.: *Memórias de Adriano*. Rio de Janeiro: Nova Fronteira, 2015.]
18. Disponível em www.youtube.com/watch?v=bss6lTP8BJ8.

Capítulo 9

1. O estudo foi dirigido pelo dr. Robert Waldinger, que fala sobre isso com mais detalhes em uma palestra do TED, disponível em: https://www.ted.com/talks/robert_waldinger_what_makes_a_good_life_lessons_from_the_longest_study_on_happiness.
2. Partnoy, Frank. *Wait: the Art and Science of Delay*. Nova York: PublicAffairs, 2013.
3. Masters, Edgar Lee. *Antologia di Spoon River*. Org. Fernanda Pivano. Turim: Einaudi, 1971, p. 67.